国際シンポジウム

先住権とし…
川でサケを…権利

海と森と川（イオル）に生きる先住民の集い

2023年5月26日Fri.～28日Sun.

開催地 北海道十勝郡浦幌町

主催 ラポロアイヌネイション

共催 北大開示文書研究会、北海道大学先住民・文化的多様性研究グローバルステーション

2023年5月に浦幌町で開催された国際シンポジウムのようすを、写真を中心にご報告します。

レポート：三浦忠雄（北大開示文書研究会事務局長）

5/26　歓迎セレモニー

■ ゲストの皆さんの歓迎セレモニーが26日午後に浜厚内生活館前庭にて行われました。バスを降りたゲストのお一人おひとりにラポロメンバーが丁寧にご挨拶。差間正樹会長が「本当に心からお待ちしておりました。みなさんの知恵をお教えいただきたい」とスピーチされました。

ゲストの歓迎会場・浜厚内生活館と太平洋

■ カムイノミが沖津翼祭司のもとで行われ、続いて、ラポロの皆さんによる踊り、ゲストのラス・ジョーンズさん（カナダ・ハイダネイション）とお連れ合いのドリーさん（アラスカ・ネイティヴ）による歌、マラオスさん（台湾・タオ族）のパフォーマンスが披露されました。

■ 夜は森林公園バーベキューハウスにて懇親会が行われ、お互いの紹介と歌などで和みました。

5/27 AM　フィールドワーク

■ ラポロメンバーとゲストでフィールドワークを行いました。
過去に研究者によって発掘された先祖の遺骨 102 体と浦幌博物館から返還された 1 体の計 103 体を再埋葬した浦幌墓園をはじめ、遺骨発掘跡（北海道大学の学者が 1934 年に 95 体の遺骨を掘り起こした所— 2017,18 年返還）、十勝川と浦幌十勝川導水路の分岐、そして、浦幌十勝川河口等を見学しました。ここは数年前より毎年、ラポロのメンバーが伝統的儀式を再現するべくサケを捕獲している場所であり、先祖がサケを捕獲していた場所です。そして現在裁判で争っているサケ捕獲場所でもあります。

遺骨発掘跡

浦幌十勝川導水路分岐

浦幌十勝川河口

チャシ跡を遠望

再埋葬墓地

■ その後、会場となるコスミックホールに戻り、持田誠さん（浦幌博物館学芸員）より特別展示の副葬品の説明を受け、フィールドワークは終了。ゲストからは活発に質問がされ、自分たちの体験も語られました。

ラポロメンバーが手作りした丸木舟

5/27 PM ~ 5/28 AM　ゲスト講演

いよいよシンポジウムが開幕。
５か国８名のゲストが、２日間にわたり、主として海や川での漁についての先住権をテーマに、闘いや成果を報告してくださいました。
このうち７名は先住民族で４名は実際に漁師であり、権利回復の闘いをし続けている立場での講演でした。

アモス・リンさん（台湾）

差間正樹さん（ラポロアイヌネイション会長）

マラオスさん（台湾）

アウェイ・モナさん（台湾）

ジョー・ワトキンスさん（アメリカ）

ダニー・チャップマンさん（オーストラリア）

キャサリン・リッジさん（オーストラリア）

ラス・ジョーンズさん（カナダ）

アスラック・ホルンバルグさん（フィンランド）

5/28 PM

■ 講演の後は、ゲストのみなさんとラポロメンバーが壇上に半円を描くかたちで座り、加藤博文さんの司会で車座トークが行われました。ラポロのみなさんが積極的にたくさんの質問を行い、ゲストの皆さんが講演の補足を兼ねて丁寧に応答下さいました。
最後には、ゲストから共同声明（joint statement）を出すことが提案され、賛同を得ました。

司会：加藤博文さん

■ 最後の挨拶はラポロ全員が舞台に立ってゲストの皆さんと会場にお礼のことばがあり、会場はスタンディングオベーションで閉会となりました。

■ 5/27 日夜の立食パーティではゲストと参加したアイヌの人達が壇上に集まり盛りあがりました。

5/29

■ 東京の日本外国特派員協会で記者会見が行われ、差間正樹、ラス・ジョーンズ、アスラック・ホルンバルグ３氏が出席しました。

つながろう、たたかう世界の先住民！

Sharing Story: Indigenous Struggles in the World

国際シンポジウム2023報告集

先住権としての川でサケを獲る権利

——イオル——
海と森と川に生きる先住民の集い

Report of the International Symposium 2023
"The Right to Catch Salmon in Rivers as Indigenous Right"
— A Gathering of Indigenous People who Live from the Sea (*i*), the Forest (*o*), and the Rivers (*ru*) —

目　次
Table of Contents

刊行にあたって

ラポロアイヌネイション
会長　差　間　正　樹

2023年５月に浦幌町で開催した国際シンポジウム「先住権としての川でサケを獲る権利～海と森と川（イオル）に生きる先住民の集い」にご参加いただいた海外ゲスト８名の皆様に、心からのお礼と深い感謝の気持ちを申し上げたく思います。

そして、シンポジウムの成功のために協力いただいた北海道大学先住民・文化的多様性研究グローバルステーション、北大開示文書研究会など多くの団体や個人の皆様、参加者の皆様にも心からお礼申し上げます。

私たちは国と北海道に対して、私たちの地元の浦幌十勝川でのサケの捕獲権を認めるよう訴えています。しかし、国も北海道も、サケ捕獲権が私たちアイヌの生来の権利であることには触れようとはせず、現在の国内法に照らしてサケの捕獲権は一切ないと主張しています。

そこで世界の先住民族の現状を披露してもらい、日本の先住民族政策がいかに遅れているか、日本の現状は世界の中でいかに特殊なものかを、私たちラポロアイヌネイションのメンバーが学びかつ、このシンポジウムに参加していただく日本の皆様に理解していただく機会になればと考えて、今回の国際シンポジウムを開催いたしました。

開催地である浦幌町は、十勝平野の南端に位置する人口わずか4300人の小さな町です。浦幌を開催地としたのは、私たちが現に生活し、先住権を闘う、この川の河口でこそ、先住権の議論をスタートするべきだと考えたからです。

講演に先立って、私たちはフィールドワークを行い、ゲストの皆様を私たちの先祖の遺骨返還と再埋葬にまつわる墓地や、チャシなどの遺跡、そして私たちの川、かつての十勝川である浦幌十勝川をご案内しました。

先住民にとって、先祖や自然とのつながりはとても大事なことです。私たちの先祖が縄文草創期からずっと豊かな自然の恩恵にあずかって暮らしていたこと、そして私たちもまたそのように暮らしたいと願っていることを、ゲストの皆様は同じ先住民として深く受け入れ、理解してくださったようでした。浦幌で開催してよかったと、心から思うことができたのです。

このシンポジウムは世界の先住民が先住権の闘いについて語り合う場です。知識や研究目的ではなく、私たちが直面している実践的課題を語り合う場です。

そこで私たちは事前に、自分たちが抱えている悩みをゲストに知ってもらい、講演の中で、

⑴漁業権が歴史的にどのように奪われ、それを取り戻すためにどのような闘いをしたのか、

⑵地域の先住民の「集団としての権利」を認めさせるためにどのような闘いをしているのか、

⑶利益が競合する他の経済団体とどのように協調を図っているのか、

という具体的な質問をなげかけました。ゲストの皆様が同じ先住民として、私たちの思いを真摯に受け止め応えてくださったことは、シンポジウムを通してのゲストの言葉から伝わってきました。

講演の一部をご紹介します。

原住民基本法が整備されている台湾においても、沿岸警備職員や海上保安庁、時には国家公権力による不当な干渉が行なわれ、それらに対して裁判によって闘っていることが報告されました。

また、オーストラリアのニュー・サウス・ウェールズ州のアボリジナルの人々も、法律によって先住民の漁業権が認められているにも関わらず、州の取締官により逮捕されていることが報告されました。

アメリカのオクラホマ州のチョクトートライブでは、全米574のトライブがそうであるように、アメリカ政府によってそれぞれが一つの政府と認められています。チョクトートライブの経済力の豊かさとメンバー

に対する医療、教育、住宅供給などの充実したプログラムは、私たちアイヌとは状況があまりに異なるので驚きましたが、私たちの未来における一つの指針になると思いました。

カナダのハイダ・ネイションではブリティッシュ・コロンビア州と裁判や協議など多様な方法により、ベニザケ、マテ貝、子持ちコンブの漁業権を確実なものにする努力が続けられ、さらに森林や土地権の取得・管理も課題にされています。

フィンランドのサーミは、フィンランド憲法17条で言語、文化の権利は保障されいるものの、統治権、自治権は保障されていません。しかし、そのような状況下でも近時、サケを獲る権利の裁判では大きな勝利を勝ち取っています。

これらの国々では、日本とは異なり、憲法や法律に先住権規定があるか、法律にはなくても先住権を保障する判例の蓄積があります。しかし、ハイダ・ネイションの世襲チーフであるラス・ジョーンズさんは、「大切なのは、法律によって先住民の権利が作られたということではなく、そういったものは以前から存在しており、そのことをカナダ政府が認めて明記したことです」といいます。それは私たちアイヌを大きく励ましてくれる言葉です。日本の裁判官に聞かせたい言葉です。

このシンポジウムを通して、私たちラポロアイヌネイションに、ある思いが沸き上がってきました。それは世界の先住民族は今現在でも闘っているということです。憲法や法律に権利が明記されていても、それを実際に運用するためには闘わなければならないということです。

今、ラポロアイヌネイションの先住権としてのサケ捕獲権獲得の先にはまだまだ困難が待ち構えていますが、その克服のためには自らが闘い続けなければなりません。

アボリジナルの人々であるダニー・チャップマンさんは講演の最後に、私たちは自分たちの物語を続けると同時に、世界の先住民が連帯して物語を広めていくことが大事ですと、力強く呼びかけました。

この国際シンポジウムの報告集は、私たちの物語です。招へいに応じてくださったゲストたちの物語であり、それはあるときはきらめく星のように闇の中の指針となり、また、あるときは闘いの武器ともなる物語です。そしていつも私たちを励まし、勇気づける物語です。

私たちはこの物語を日本中、そして、全世界に広めるために、中国語と英語で語られた講演の一言一句をすべて正確に反訳（テープ起こし）をして、それらを日本語に翻訳しました。膨大で困難な作業が必要でしたが、幸いにも多くの人々の協力を得ることができ、日本語と英語の併記による報告集を完成させることができました。

どうぞ、これらの物語を広めるために力をお貸しください。

この報告集には国際シンポ終了後、ゲストと協議してまとめあげた「2023ラポロ宣言」が掲載されています。これはゲストとラポロアイヌネイションの先住権についての共通の課題をまとめた宣言です。この宣言の内容を実現するために、私たちは国際的な連携を踏み出しつつあります。これからは、十勝平野の南端から世界の先住民とつながって闘っていくのです。

このシンポジウムが終了し10日あまりして、チャールズ・ウィルキンソン教授がご逝去された旨のお知らせを受けました。チャールズ先生はコロラド大学ロースクールの自然資源法とアメリカインディアン法の専門家であり、私たちラポロアイヌネイションに漁業権の闘いを導いてくださった先生です。2024年はボルト判決50周年の年であり、2月の記念式典には、チャールズ先生のボルト判決についてのご著書も出版される予定です。

心よりご冥福をお祈りすると同時に、これからも世界の先住民と連帯して先住権のために闘うことを誓います。

まえがき

アイヌが本来持っている先住民族の権利が、日本政府と日本社会によって奪われてから150年余になる。奪われた権利を回復しようとするアイヌの抵抗とたたかいは、困難を極めながら続けられてきた。戦後には司法の場でもアイヌの権利が主張され、二風谷ダム判決（1997年）はアイヌが先住民族であり、ダム建設の土地強制収容は違法であると司法が初めて認めた。日本政府の杜撰なアイヌ政策を問うアイヌ民族共有財産裁判（2006年敗訴確定）もたたかわれた。しかし、いずれの判決も原告のアイヌが勝利したとは言えなかった。

2007年に国連で採択された「先住民族の権利に関する国際連合宣言」（UNDRIP）はアイヌの権利主張を励ます大きな力となり、2008年に日本の国会は「アイヌ民族を先住民族とすることを求める決議」を採択して、先住権をめぐるたたかいは新たなステージに入った。

2012年、日高のアイヌは自分たちの生まれ育ったコタンから発掘され、北海道大学に持ち去られた遺骨返還を求めて札幌地裁に提訴した。先住権の主張として、日高のアイヌコタンに遺骨を返せという集団の権利を主張した裁判は4年にわたって続けられ、和解という形だが、原告のアイヌは16体の自分たちの先祖の遺骨を旧杵臼コタンのアイヌ墓地に取り戻した。アイヌプリ（アイヌの伝統的儀礼）による再埋葬がおこなわれ、歴史家の榎森進氏は、アイヌのたたかいにおける初めての勝利だと高く評価した。

遺骨返還を求める運動は各地のアイヌ集団に広がった。2014年、浦幌アイヌ協会は遺骨返還を求めて北海道大学を提訴し、2018年には札幌医科大学を、2019年には東京大学を提訴した。遺骨返還の先頭に立ったのが差間正樹会長だ。差間会長のもとに若いアイヌが集い、遺骨返還のたたかいを担った。

遺骨を大学から取り戻し、浦幌町営墓地に再埋葬した浦幌アイヌ協会は、先住権を更に新たなステージへと導くたたかいをスタートさせた。彼らは自らのアイヌ集団の名称を浦幌アイヌ協会からラポロアイヌネイションに改めた。ラポロは浦幌のアイヌ語地名に由来する。ネイションという名告りには小なりといえども、自分たちは日本政府と向き合い、先住民族としての自己決定権を主張する「国家」であろうとする自負が込められている。ラポロアイヌネイションのアイヌは、古来、十勝川河口で複数のコタンに住居し、十勝川を上るサケの恵みで命を繋いできた人々だ。明治になり、入植者としての明治政府は、アイヌに一言の断りもなくアイヌモシリ（蝦夷地）を北海道と改め、サケの捕獲権をアイヌから奪った。主食であるサケを奪われたアイヌには餓死する者もあったという。ラポロアイヌネイションは主張する。元来サケを獲り、主食として、交易品として生きてきた先祖の権利は、断りもなく奪われたままであり、その権利は今も失われていない。先住民族として保持してきた権利を確認したい。そう訴えて、2020年8月、日本政府と北海道を被告として札幌地裁に提訴した。

2022年5月、口頭弁論が終わった夕刻、差間会長と裁判を支援している私たちは札幌の飲食店で歓談した。「どうも裁判所が先住権に深い理解を持っているとは思えないし、私たちも先住権をもっと学びたい。多くのアイヌや和人にも先住権の意味を伝えたい。世界各地で先進的に先住権をたたかっている先住民を招いてシンポジウムを開催できないだろうか」。

実は、差間会長とラポロのメンバー差間啓全さん、そして裁判を支援する北大開示文書研究会は2017年にアメリカのワシントン州オリンピック半島のマカトライブとローワーエルワクララムトライブを訪問し、ワシントン州北西部のサケの捕獲権の50パーセントを先住権として獲得して豊かに生きているアメリカインディアンと交流した。アメリカインディアンのたたかいの成果に励まされて、ラポロアイヌネイションはサケ捕獲の先住権裁判をスタートさせたのだ。

国際会議をやりたいね、と衆議一決した差間会長と私たちは、後日、北海道大学アイヌ・先住民研究センターに加藤博文センター長を訪問し、助言を請うた。こうしてラポロアイヌネイションが主催し、北大開示文書研究会と北海道大学先住民・文化的多様性研究グローバルステーションが共催する国際シンポジウム「先住権としての川でサケを獲る権利」開催への準備がスタートした。目まぐるしいばかりのZOOM会議と海外への連絡が、市川守弘弁護士のトマム法律事務所を拠点に進められ、開催に賛同する多くの団体と個人が名を連ねてくれた。クラウドファンディングがおこなわれ、団体や個人からもたくさんの支援金が寄せられた。

海外からのゲストはカナダからハイダ・ネイション、アメリカからチョクトー・ネイション、オーストラリアからアボリジナルの人々、フィンランドからサーミ、台湾から原住民に決まった。2023 年 5 月 26 日の歓迎カムイノミ、翌日の十勝川河口フィールドワークに続いて、浦幌町コスミックホールでシンポジウムがはじまった。成果の詳細はこの報告書を読んでいただくことにする。

シンポジウムが終了し、報告書作成の中で、ラポロアイヌネイションと海外ゲストの発言を集約して宣言を作成することになった。「先住権としての川でサケを獲る権利　2023 ラポロ宣言」は、先住権を主張する先住民が自ら連帯して発した国際的な権利宣言として歴史的な意味を持つだろう。ラポロと海外ゲスト、支援団体の交流はシンポジウム後も継続し、先住権をめぐる国際ネットワークの形成がはじまった。国際シンポジウムは先住民の国際連帯に新たなステージを提供した。

世界の先住民は、自らの権利を実現するために今もたたかい続けている。日本政府はアイヌを先住民族と認めても、先住民族が当然保持する先住権を認めようとしない。近代を覆ってきた植民地主義を克服し、犠牲を強いられてきた人々の権利が回復する社会を実現することは、抑圧者として振るまってきた非先住民の責務であり、先住民と非先住民の共同によって実現されるべき優れて現代史的課題だ。入植者の末裔である私たち和人は自らを省みながら、ラポロアイヌネイションと世界の先住民に学び、連帯して先住権の実現に力を尽くしたい。

このたびの国際シンポジウムには、日本内外の多くの人々から物心両面の支援があった。記して厚くお礼申し上げたい。

北大開示文書研究会　共同代表　**殿 平 善 彦**

シンポジウム
Symposium

ゲスト講演

5/27 Sat.

●台湾原住民

1 **The Dilemma of the Traditional Fishing and Hunting Lifestyles of Taiwan's Amis People**
台湾アミ族の伝統的な漁業と狩猟生活のジレンマ p.14
Amos Lin　アモス・リン　林光義（漢名）【台湾】アミ族・伝統漁業継承者

2 **No Sea, No Lanyu**
海なければ、蘭嶼（らんしょ）なし p.30
Maraos　マラオス　瑪拉歐斯（漢名）【台湾】タオ族・ジャーナリスト

3 **Indigenous Sovereignty over Natural Resource Rights in Taiwan : Review of Two Constitutional Court Decisions**
台湾における自然資源に関する権利をめぐる原住民の主権：憲法裁判所の２つの判決の再検討 p.44
Awi Mona　アウェイ・モナ【台湾】セディック族・法学者

●アボリジナルの人々

4 5 **Katungal, Sea Country : Rights and Recognition South Coast of New South Wales, Australia**
海のカントリー、カトゥンガル：権利と承認
オーストラリア、ニュー・サウス・ウェールズ州のサウスコースト p.60
Danny Chapman　ダニー・チャップマン【オーストラリア】NSWALC議長
Kathryn Ridge　キャサリン・リッジ【オーストラリア】Lawyer 弁護士

●北米インディアン

6 **Federal Relationships with American Indian Tribes and Tribal Economic Development**
アメリカのインディアン・トライブと連邦政府の関係性とトライブの経済的発展 p.100
Joe Watkins　ジョー・ワトキンス【アメリカ】チョクトー・ネイション・考古学者

- シンポジウムの全講演の動画は、ラポロアイヌネイションの WEB サイトからご覧になることができます。
  The lectures by the guests can be viewed at the following website.
  ラポロアイヌネイション Raporo Ainu Nation:
  http://raporo-ainu-nation.com/

［おことわり］
＊本講演集は、当日のスピーチをほぼそのまま収録したものですが、事後的に講演者が講演内容に手を入れている場合もあります。
＊講演に使われたスライドのすべてを掲載できなかったため、本文とスライドや写真が対応していない場合があります。
（詳しくは 265 ページを参照ください。）

1 台湾アミ族の伝統的な漁業と狩猟生活のジレンマ

アモス・リン［台湾］

Nga'ayho Mapulon! U Amis Kaku. Gi Safulu Ku Ga'gan Nu Maku.
皆さん、こんにちは。私は原住民族のアミ族です。私の名前は「サフル」です。

これは私の報告のアウトラインです。今日は「台湾アミ族の伝統的な漁業のジレンマ」というテーマで簡潔に報告します。時間に限りがありますので、不明な点がありましたら交流の時間にお聞きください。

■台湾のアミ族

現在、台湾にはおおよそ16の原住民族が政府に認定されていて、近年、原住民族としての認定を求めている平埔族は10民族近くになります。原住民族の人口も40万～50万人から徐々に増え、現在は65万人あまりとなっています。

中でもアミ族は人口が一番多く、22万人ほどいます。アミ族は台湾の東部に住んでおり、川のある場所を好むため、豊かな漁撈生活を育んできました。

アモス・リン（Amos Lin）（林光義）
アミ族（Amis Nation） 台湾

1961年、東台湾の小さな村に生まれる。幼少期に、父と兄から漁を学ぶ。一時期は村を離れたが、警察官として戻ってきた。現在、海釣りでの伝統漁法を継承しようとしている。観光と原住民族文化の関係性について修士論文を執筆。漁業を続けながら、台湾原住民族の真の自治を促進するために、自治運動に取り組んでいる。

1 The Dilemma of the Traditional Fishing and Hunting Lifestyles of Taiwan's Amis People

Amos Lin [Taiwan]

Nga'ayho Mapulon! U Amis Kaku. Gi Safulu Ku Ga'gan Nu Maku.

Hello everyone, I belong to the Indigenous people, Amis. My name is Safulu.

This is the outline of my report. Today, I'm going to report simply about "the dilemma of the traditional fishing and hunting lifestyles of Taiwan's Amis people". The time is limited, so if you have any questions, please ask me at the exchange session.

■ Amis in Taiwan

Currently, there are about 16 groups of Indigenous peoples in Taiwan. Recently, about 10 groups of Pingpu Indigenous peoples from the plains are trying to join the ranks of governmentally-recognized Indigenous peoples. The population of Indigenous peoples has gradually increased from the previous 400,000~500,000 to today's population of about 650,000.

Especially, the Amis have the largest population at 220,000. The Amis reside in the eastern part of Taiwan and prefer to live in places with rivers in order to lead rich fishing lives.

Amos Lin
Amis Nation (Taiwan)

Amos Lin was born in 1961 in a small village in East Taiwan. In his childhood, he learned fishing from his father and older brother. He left the village temporarily but returned as a police officer. Currently, he is endeavoring to pass on the traditional fishing method of sea fishing. He wrote a master's thesis on the relationship between tourism and Indigenous culture. Currently, while continuing to fish, he is working on a movement to promote true autonomy for Taiwan's Indigenous people.

■アミ族の漁撈生活

川に頼って川のものを食べ、海に頼って海のものを食べることはアミ族男性の伝統です。女性は主に岸辺の動物や山菜を採ります。そのため、豊富で多様な漁撈の方法や道具を発展させてきました。

近年は社会的な発展により漁具もさらに進化しています。とはいえ、トライブ*ではいまだに竹の筏や投網、竹の筌*、三角網、銛などが使われているのをよく見かけます。また、現代的な釣り竿や漁網、エンジン付きのボートも使われます。

＊訳注：トライブとは独占的・排他的支配領域を持つ集団で、自らの法（慣習）によって規律し、主権を有する集団をいう。台湾の「部落」は行政単位の村落とは違い、伝統的に自治権をもつ集団、つまりトライブに近いと解される。それぞれの原住民族には複数のトライブが存在する。

＊訳注：うけ。水中に入れて魚を捕える漁具。

現在、竹の筏を使用するトライブや人は少なく、大多数のアミ族の人々はプラスチック製の筏やエンジン付きのボートを使っています。竹の筏は魚が取れる季節や祭事で海に出る際に使われることがほとんどですが、時には河口にできた湖で観光用に使われることもあります。

■事例１　伝統的な海域における漁

事例一

（自由時報 記者　温于徳／台北）（2022/03/07）

1. 原住民であるアミ族男性の魏（ウェイ）氏が花蓮港の商港内で魚3尾、イセエビ3尾を捕獲し、航港局から10万台湾元の罰金を科せられた。魏氏は不服の意を示した。
2. 魏氏は、自分はアミ族で原住民であり、魚の捕獲は原住民族基本法の規定に沿っていると弁護士を通じて主張したが、台北地方裁判所は原住民であるという理由で関連する規定を無視してはならないとし、魏氏の敗訴判決と上訴が可能であることを言い渡した。
3. 魏氏は中学校しか出ておらず、年中行事や文化習慣、年齢別階級組織などアミ族の文化が完全に残されているリダウ（Lidaw / 里漏）村落の出身であり、魚捕りの祭儀に毎年参加し村落の漁撈の習慣を保っていたが、商港法については疎かった。
4. 弁護士は、罰金刑は重大な過ちだと考えている。魏氏は法定の原住民身分を有するのでアミ族の伝統的海域で魚を捕ることは原住民族基本法の規定に沿うものである。さらに、現場には魚の捕獲禁止に関する注意喚起標識は全く設置されておらず、沿岸警備職員による勧告もなかった。よって刑罰の撤回を求めた。

6

これは１つ目の事例で、去年台湾で起こった事件の記事です。アミ族の魏さんという人が、港で網を使って魚を取ったところ、海巡署*により検挙され、現在も上訴中です。問題なのは、一般行政機関は自らの関

■ The Fishing Life of the Amis People

It is the tradition of Amis men to depend on the rivers for river food, and to depend on the sea for sea food. Women mainly gather edible forest vegetables and hunt animals living on shore. As a result, Amis have developed rich and varied means and tools for fishing.

In recent years with technological innovations in society, fishing gear has become even more sophisticated. However, bamboo rafts, throw nets, bamboo fish traps[1)], triangular nets, harpoons and so on can still often be seen in our Indigenous tribes. On the other hand, modern types of fishing rods, nets, and boats with outboard engines are also in use.

1) bamboo fish traps: a kind of fishing gear placed in the water to catch fish.

Currently only few people and tribes use bamboo rafts and most of the Amis use plastic rafts and boats with engines. Bamboo rafts are mostly used when people go out to sea for festivals and during the season for catching fish, but sometimes they are used for tourism in lakes formed at the mouths of estuaries.

■ Case1: Fishing in Traditional Waters

This is the first case I will introduce to you. It's an article about an incident which occurred in Taiwan last year. Mr. Wei who is an Amis man was arrested by the Coast Guard Administration when he was catching fish using nets in the harbor. His appeal is still pending. The problem is that general administrative agencies don't understand "The Indigenous Peoples Basic Law" even though they understand their own related laws and regulations. This case reveals a typical error of application of the law, or, application of an inappropriate law, and of how Indigenous peoples' troubles consequently grow.

連法規は理解していても「原住民族基本法」を理解していないことであり、この件は法の適用の典型的な間違い、あるいは不適切な法の適用であり、原住民の困惑はさらに強まっています。

＊訳注：日本の海上保安庁に相当。

■伝統的な竹の筏の使用と制限

これはアミ族の人力で漕ぐ竹の筏、あるいはタオ族の寄せ板造りの船の出航に関する台湾での法規で、アミ族は３海里まで、タオ族は６海里までと定められています。国境管理関係の規定は、密貿易や密航防止、海岸の自然環境破壊、違法な事件の発生を防ぐことが目的です。

しかし、人力で漕ぐ竹の筏は動力においても構造的にも海岸で漁業を行うぐらいの能力しかなく、先に述べた違法な行為や国の安全を脅かす行動を行うことは不可能です。

伝統的な竹の筏に関する法律や原住民族行政機関の法規はあるものの、台湾東部のアミ族は海に出ると阻止されたり、時には検挙されたりすることもあります。そして、このようなことはたびたび起こっています。

■事例２　伝統的な銛の管理と問題

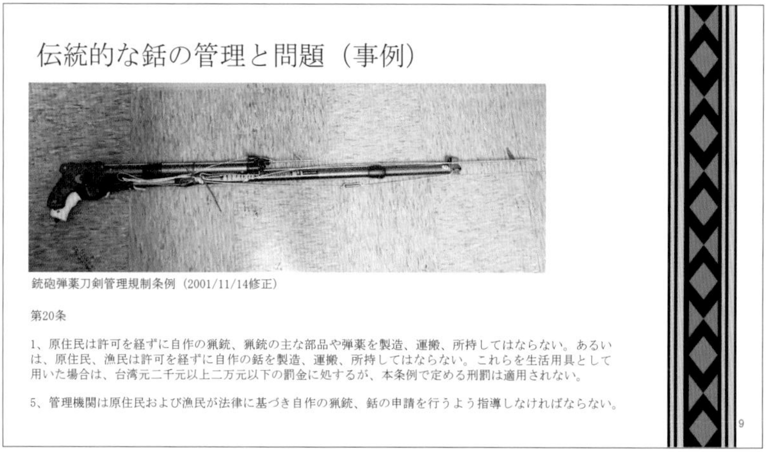
伝統的な銛の管理と問題（事例）
銃砲弾薬刀剣管理規制条例（2001/11/14修正）
第20条
1、原住民は許可を経ずに自作の猟銃、猟銃の主な部品や弾薬を製造、運搬、所持してはならない。あるいは、原住民、漁民は許可を経ずに自作の銛を製造、運搬、所持してはならない。これらを生活用具として用いた場合は、台湾元二千元以上二万元以下の罰金に処するが、本条例で定める刑罰は適用されない。
5、管理機関は原住民および漁民が法律に基づき自作の猟銃、銛の申請を行うよう指導しなければならない。
9

これは２つ目の例ですが、私自身の事例です。去年（2022年）、「法規に違反したので銛を没収する」と書かれた行政処分通知書を台東県政府

■ Use and Restrictions of Traditional Bamboo Rafts

This is a Taiwanese law regarding Amis' hand-propelled bamboo rafts and Tao plank sail boats. According to it, Amis can sail up to three nautical miles from shore, and Tao six. Now, the purpose of the regulations regarding border control is to prevent smuggling, stowaways, destruction of the natural environment of the seashore and illegal accidents.

However, due to bamboo rafts being hand-propelled, in terms of both power and structure, we can only use them for fishing near shore, and for this reason it would be impossible to use them to engage in the illegal activities or actions threatening national security mentioned above.

Although laws regarding traditional bamboo rafts and laws and regulations created by the Council of Indigenous Peoples are in existence, Amis living in the eastern part of Taiwan are prevented from fishing when they go out to sea and sometimes, they are arrested. Such cases often occur.

■ Case2: Management and Problems with Traditional Harpoons

This is the second example and is my own case. Last year, in 2022, I received an administrative disposition notification from the Taitung County Government stating, "we will confiscate your harpoon because you have violated the law" and in response to this I "petitioned" under the law.

Although in the beginning the administrative agency[2] didn't strictly adhere to the views of the law, in the course of "petition", they conceded indirectly that the law allows Indigenous peoples to own "harpoons". As a result, I was able to obtain "my rights".

2) administrative agency: administrative agency refers to "National Police Agency, Ministry of the Interior (NPA)" and a law enforcement agency controlled by the local government.

から受け取り、法律にもとづいて「不服申立」をしました。

当初、法律の見解を厳守していなかった行政機関*は、「不服申立」の過程において原住民族による「銛」の所有が法律により保障されることを間接的に認め、その結果、私は「権利」を獲得しました。

*訳注：行政機関とは、日本の警察庁に相当する「内政部警政署」（内政部は内務省のこと）と地方政府所轄の警察機関を指す。

この事例では、「銃砲弾薬刀剣管理規制法」*第20条に「原住民族は銛を所持することができる（非刑罰化）」と明記されているにも関わらず、政府機関は非刑罰の意図を無視し、行政規則を適用するというミスを犯した、というのが主な論点です。

*訳注：「銃砲弾薬刀剣管理規制法」の中国語名称は「槍砲弾薬刀械管制条例」だが、台湾華語の「条例」は「地域性、専門性、特殊性、臨時的な事柄を規定したもの」で、国会（立法院）で承認されたものを指すため、日本の「条例」とは違い「法律」にあたる。

現在、台湾の法律は原住民族が銛を「所持」することを許可しており（漁民以外の一般の漢民族は所持禁止）、さらに使用に関しては、免許に相当する許可書を申請し、毎年検査を受けて数年に一度更新し、許可書の発行手数料を払わなければならないという規定が別に設けられています。

また、銛の没収に関しては規定（例えば犯罪を起こしたり、原住民身分*を喪失したりした場合）もありますが、私の場合は許可書の申請を取りやめただけなのに、銛を没収されることになりました。これは明らかに法律の規定や意図に反しています。「不服申立」の結果、「権利」を得ることはできましたが、この件は日常生活において、いわれもない嫌がらせになりました。

*訳注：親が原住民身分を持っているなど、条件に合えば原住民という個人の身分が行政上認められ、原住民としての権利が認められる。

銛はアミ族の生活や文化、祭事で使われる道具であり、人々にとっての「包丁」のようなものです。それぞれ「殺傷力」はありますが、時と場所をわきまえて使えば社会の安全や安寧を阻害することはないでしょう。また、「伝統的な弓矢」は銛や包丁に比べれば「殺傷力」は強いかもしれませんが、通常は「スポーツ用品」と見なされており、一般的な法

The main issue at stake in this case is that, despite Article 20 of the "Controlling Guns, Ammunition and Knives Act" clearly stating that, "Indigenous peoples may possess their own harpoons (decriminalization)," the government agency ignored the intention to decriminalize and mistakenly applied administrative regulations.

Currently, Taiwanese laws allow Indigenous peoples to "possess" harpoons, and prohibit their possession by general Han people other than fishermen. Additionally, regarding usage, there is another regulation that stipulates they have to apply for a permit equivalent to a license, receive inspection every year to renew it once every few years, and pay an issuance fee.

Also, there are regulations pertaining to the confiscation of harpoons, such as for example in the case of committing a crime or losing one's status as an Indigenous person[3]. However, in my case, my harpoon was confiscated even though I had just refrained from applying for the permit. This is clearly against the spirit and letter of these laws. Although as a result of "appealing", I was able to obtain "my rights", this case clearly comprises a harassment with no grounds in my daily life.

3) one's status as an Indigenous person: If one meets certain criteria such as for example having a parent who has status as an Indigenous person, he/she will be given status as an individual Indigenous person and have his/her rights as an Indigenous person recognized.

The harpoon is a tool used in Amis' daily lives, cultures and festivals and is like a "kitchen knife" to us. Harpoons and knives both have "lethal power" but neither will disrupt the safety nor peace of society if used appropriately at the right time and right place. Meanwhile, our "traditional bows and arrows", while possibly having stronger "lethal power" than harpoons and knives, are normally regarded as "tools for sport," and are treated only as the object of general laws and regulations (the Social Order Maintenance Act). Whereas Article 20 of the Controlling Guns, Ammunition and Knives Act I mentioned just now effected "decriminalization" of Indigenous peoples' use of harpoons, the authorities should treat "harpoons" in the same way and exclude them

規（社会秩序保全法）を適用することになっています。原住民の「銛」も同様に扱うべきであり、前述の銃刀規制法第20条でも「非刑罰化」されていることから、行政規則（「銃砲弾薬刀剣許可管理規則」）の対象からは外すべきでしょう。

写真の銛は1989年に購入したものです。長い銛は昼間に使い、短い方は夜、眠っている「ブダイ」を捕まえるのに使います。アミ族の男性は子どもの頃から魚を捕まえたり銛で突いたりすることを学ぶので、皆、海に出て魚を取ります。遠洋漁業を除くと、トライブに専業の漁師はあまりいません。私は去年満60歳になりましたが、アミ族の「年齢別階級組織」の決まりでは「トライブの長老」という身分になり、潜って魚を刺して捕るにはふさわしくないので、銛は息子や孫たちに譲るつもりです。

■国家法のもとで衰えていく伝統的な生活

台湾原住民族は台湾の主人であり、考古学や人類学の研究でも、原住民族は台湾という土地ですでに数千年以上生活していることが証明されています。

私は台東で生まれ、幸い仕事もほとんど台東でしていました。自分の故郷で生活し仕事をしていたので、トライブの生活の変化や大変さが、より深く感じられます。

2005年に国の法律として「原住民族基本法」が可決されましたが、それに関する施行規則などは重視されていません。言語教育、身分認定、産業の発展、文化の保護については多少の進展はありましたが、「土地」や「自治」などに関する課題はいまだに重視されず、一般の人々も法の執行者も原住民の文化権や生存権に対する認識がまだまだ足りません。

トライブで生活していると不当な干渉を受けたり、邪魔をされたりすることがよくあります。祭事の期間に海に出て魚を取ったり刺したりすると、法の執行者から頻繁に検査されて邪魔をされます。法律では「非刑罰」とされているのに、銛を使ったり伝統的な漁で海に出たりすると邪魔をされ、どう見ても竹の筏を漕いで海に出ているだけなのに干渉されるのです。台湾政府はこれを真摯に反省し、法の執行機関が「原住民族基本法」の立法の意図を深く理解し、原住民族の生存権と文化権を尊重するようにするべきです。

もし、このようないわれのない嫌がらせを受けた場合、行動を起こし

from being the object of "The Regulations Governing Permission and Management of Guns, Ammunition, Knives and Weapons".

This is a photograph of a harpoon I bought in 1989. The long one is used in daytime and the short one is used to catch sleeping parrotfish at night. All Amis men go out to sea to fish, as we have learned how to catch fish and harpoon fish from childhood. Except for sea-going fishermen, there are few full-time fishermen in our tribes. I turned 60-years-old last year and became an Elder of the Tribe according to Amis rules for age-based social hierarchy. It's no longer appropriate for me to dive to spear or catch fish so I am going to hand over my harpoons to my son and grandsons.

■ Traditional Life Fading Under National Law

Taiwanese Indigenous peoples are the masters of Taiwan and it has also been proven archeologically and anthropologically that we Indigenous peoples have been living on this land of Taiwan for thousands of years.

I was born in Taitung and fortunately have been working in Taitung. I have been living and working in my hometown so I can feel a deep sympathy for the difficulties and changes in the everyday life of my tribe.

"The Indigenous Peoples Basic Law" was adopted as a national law in 2005; however, the enforcement regulations for the law are not being sufficiently emphasized. Although there has been some progress in language education, certification of Indigenous peoples' status, industrial development, and cultural protection, the problems regarding "land" and "self-government" are still not emphasized and not only general people but also people involved in law enforcement still lack an awareness of Indigenous peoples' right to exist and of their cultural rights.

In my life as a member of my tribe, I often face unreasonable interference and interruption. When we go out to the sea to catch and spear the fish during the festival season, law enforcement officers often disturb us to inspect our activities. Even though the law states that it has been "decriminalized", they disturb us when we use harpoons or go out

て法にもとづき訴えて闘わなければ、法の執行者が原住民族の権利を真摯に考えるようにならないのではと思います。

■まとめ

今回は台湾東部で起こったアミ族の２つの事例を皆様にご紹介できて大変うれしく思うと同時に、日本の北海道のアイヌの皆様の参考になればと願っております。

原住民族は最初にこの土地にやってきた人々であり、我々とこの土地や環境は互いに理解しあっており、この土地や環境資源を利用するにあたって、後から来た人々や政府にとやかく言われる筋合いはないということを、国に対して伝えましょう。私たちはすでにこの土地で永続的な生活を今まで続けており、これからも末永くここで生活していくのです。

初めてブヌン文化エコツアーに参加した時、ブヌン族の狩人と次の会話を交わしました。私が「山の知恵とは何ですか？」と聞くと、狩人は「山とともに生きることです」と答えました。そこで「どうやって山と共に生きるんですか？」と聞くと、狩人は「必要なものを拾って、捨てられたものを利用します」と答えました。

この会話はまさに、海辺に住もうが山に住もうが、台湾原住民族が自分なりの方法で自然と接する知恵と倫理観を持っているということを言い表しています。そして、アイヌの皆様もこのような知恵と精神をお持ちのことでしょう。

ご清聴ありがとうございます。また皆様にお会いできるのを楽しみにしております。

to sea for traditional fishing, and they interfere with us even when we clearly are going out to sea just rowing bamboo rafts. The Taiwanese government should sincerely reflect on such a situation and make law enforcement officers understand the spirit of "The Indigenous Peoples Basic Law" to deeply respect Indigenous peoples' rights to exist as well as their cultural rights.

When you have undergone unreasonable harassment like this, unless you take action to fight such a situation by litigating according to the law, I think the law enforcement officers will never try to think sincerely about Indigenous peoples' rights.

■ Summary

Today, I am glad to introduce everyone to the two cases of Amis that occurred in the eastern part of Taiwan. At the same time, I hope this helps Ainu people in Hokkaido, Japan. Indigenous people are the people who came to this land first and we and this land and environment understand each other. So let us tell the nation that there is no reason for the people who came later or the government to disturb us in our use of this land and environmental resources. We have spent our daily lives permanently on this land till now and we will live here forever from now on.

When I joined a culture ecotour of the Bunun people for the first time, I talked with a Bunun hunter like this. I asked him, "What is mountain knowledge?" He answered, "It is living with the mountains." Then I asked, "How do you live with the mountains?" He answered, "Picking up the things we need and using those things which have been thrown away."

This conversation exactly shows how Taiwanese Indigenous peoples have their own knowledge and ethics to live with nature no matter whether they reside by the sea or in the mountains. I imagine that Ainu people also have this kind of knowledge and spirit. Thank you for listening and I am looking forward to seeing everyone again.

台灣阿美族傳統漁獵的困境　（林光義）

（阿美語族）Nga'ayho Mapulon! U Amis Kaku. Gi Safulu Ku Ga'gan Nu Maku.

大家好！我是阿美族原住民。我的名字叫「沙夫洛」。

這是我的簡報大綱，簡要的報告今天的主題「台灣阿美族傳統漁獵的困境」，因為時間有限，如果有不清楚的地方，大家可以在交流及討論的時段提問。

目前台灣法律承認的原住民族有 16 族，最近一直爭取回復身分的平埔族群也有將近 10 族。人口數也從 4、50 萬人，逐漸在成長，目前大約有 65 萬之多。阿美族是人口最多的一族，約有 22 萬人。阿美族居住在台灣的東岸，喜歡找有海有河的地方生活，所以造就了豐富的漁獵生活及祭儀活動。

靠河吃河、靠海吃海是阿美族男子的傳統，女子則是採集岸邊的動植物及野菜為主。所以發展出豐富而多樣的漁獵方法及用具。近年來因社會發展，雖然各種漁獵用具已經更加進步，但部落仍常見有族人使用人力竹筏、八卦網、竹簍、三角網、魚槍等，比較進步的也有使用釣竿、魚網、動力漁船等。

人力竹筏目前只有少數部落還有族人在使用，大多數的族人都已經使用膠筏及動力漁船了。人力竹筏大多在魚汛期或祭典時才會出海，有些河口形成的湖，人力竹筏成了觀光遊憩的器具。

這是第一個案例，發生在去年台灣媒體的報導（花蓮魏姓阿美族人，因為在港區下網抓魚，被海巡單位送辦，目前還在上訴中）。問題在一般行政機關只知自己的主管法規，而不知《原住民族基本法》，這個案例，是標準錯用或不當適用法規，徒增了原住民的困擾。

這是目前台灣關於人力竹筏（阿美族）或拼板舟（達悟族）出海的相關規定（阿美族 3 海浬/達悟族 6 海浬）。按國境管理的相關規定，其目的在防止走私偷渡、海岸自然環境的破壞，以及預防違法事件發生等等，但傳統人力竹筏不論動力及船體結構也只能在海岸邊從事漁撈作業而已，萬不可能從事有上列違法或危害國安的行為。

傳統人力竹筏即便有法律上及原住民行政機關的規範，台灣東部的阿美族出海仍然會受到干擾，有時還會被移送法辦，這個案例並非個案。

這裡所展示的第二個案例，是我自己的案件。去年（2022 年）我收到了台東縣政府的行政處分書，說我違反法規，要收繳我的魚槍，我依法進行「訴願」。經過訴願程序，中央主管機關內政部警政署及地方警政機關並未堅持其法律見解，間接認同原住民族持有「魚槍」受到法律上的保障，本人後來得到了「權利」。

本案，我主要的論點是台灣的《槍砲彈藥刀械管制條例》第 20 條明定原住民族可以擁有「魚槍」（除罪化），而政府機關卻無視除罪的精神及意旨，誤用行政規則。台灣目前在法律上已經允許原住民族「持有」（一般漢人是禁止持有的，漁民除外），在使用上則另訂使用的規定，必須申請證照（如同使用執照）每年必須檢查一次，幾年後必須換照，並收取證照費。也有規定收繳魚槍的規定，比如：犯罪、喪失原住民身分等。我的案例，我只是放棄申請使用證照，而要收繳我的魚槍，明顯違背法律的規定與精神。經過提起「訴願」雖然後來得到了「權利」，但生活已經受到了無端的騷擾。

我認為，魚槍是阿美族生活及文化祭儀上使用的器具，就如同人們使用「菜刀」一般，雖然同具「殺傷力」，但只要使用的時機與場所適當，不至於妨害社會的安全與安寧。又比如「傳統弓箭」，雖然「殺傷力」要比魚槍及菜刀強，但一般人民也只將它視為「運動器具」而已，只需用一般法律規範（社會秩序維護法）即可，無需另訂法規特別的管理。我認爲原住民的「魚槍」也應該是如此，既然在上述條例的第 20 條中將原住民「除罪」，應該將原住民從相關行政規則中除去。

照片中的魚槍是我在 1989 年購買的，長魚槍是白天用的，短魚槍則是晚上用來打睡夢中的「鸚哥魚」。阿美族的男子自幼就要學習捕撈及射魚，所以人人都能出海捕魚，在部落專職的漁夫卻不多見（遠洋漁業除外）。去年我年滿 60 歲，按照阿美族「年齡組織」的規定，已經是「部落耆老」身分，已經不適合再潛水射魚了，我的魚槍會交給我的兒子或孫子們。

台灣原住民族是台灣的主人，依據考古人類學的研究證實，原住民族在台灣這塊土地上已經生活數千年以上。

我生在台東，又有幸工作大多時候也在台東，生活與工作都在自己家鄉，對部落生活的變化及困難有較深的感受與體會。雖然在 2005 年國家通過了《原住民族基本法》，但相關子法的立法卻沒有受到重視，對語言教育、身分認定、產業發展及文化的保護，雖然有些進展，但有關「土地」及「自治」等議題仍未受重視，一般人及執法者對於原住民的文化權及生存權等認識仍然不足。

我們在部落生活就常常會受到不當的干涉及干擾，在祭典期間，族人出海捕魚及射魚，也常受到執法者的檢查及干擾。魚槍的使用，以及傳統漁船出海等等，雖然法律已經明定「除罪」，卻受到干擾；明明只用人力的竹筏出海，卻會受到干涉等等，台灣政府應該認真的檢討，要讓執法單位深刻的瞭解《原住民族基本法》的立法意旨與精神，並能尊重原住民族的生存權與文化權。

如果遇到這些無端的干擾，我認為應該要起身訴諸法律與之抗爭，最終才能讓執法者認真對待原住民族的權利。這次很高興，有機會來分享台灣阿美族在東部發生的兩個案例，希望能為日本北海道 Ainu 族作參考。所以，我們要對國家說，原住民族是最早到達這塊土地的，我們跟這裡的土地及環境相識相知，要如何利用土地與環境的資源，後來的人及政府並不需要太多的指指點點，我們已經在這塊土地上永續生活至今，我們也會永久的在此生活下去。

這是我參加一次布農族文化與生態旅遊的活動中，與布農族獵人的對話。我問：山林智慧是什麼？獵人答：與山林共生。我再問：如何與山林共生？獵人答：我們取我們所需的，撿拾倒俯的。

以上的對話已經完美的說明了台灣原住民族，不論是靠海的或居住在山上的，都有自己一套與自然環境相處的智慧與倫理，所以我也相信 Ainu 也有相同的智慧與精神才是。謝謝大家的聆聽！後會有期！

2 海なければ、蘭嶼(らんしょ)なし

マラオス［台湾］

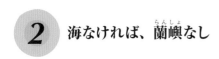

※写真に関する説明はプレゼンテーションに対するもので、本稿の写真の説明ではありません。

まず始めに、私の母語と伝統的な歌で皆様の幸運を祈りたいと思います。

皆様、こんにちは。私は台湾東部の蘭嶼島から来た「蘭嶼キャプテン」です。私はタオ族です。マラオスはタオ語の名前です。私はココナッツの家系の子孫です。

マラオス（Maraos）（瑪拉歐斯）
タオ族／ヤミ族（Yami Nation）台湾

原住民族文化事業基金会長。タオ族出身。タオ島は「蘭嶼」島と言われるが、タオ族の言葉では「ポンソ・ノ・タオ」（タオの島）という。蘭嶼に放射性廃棄物処理場ができた時に生まれ、若い頃からこの廃棄物処理場反対運動を続けてきた。祖父と父から漁を教えられ、伝統に従って、小舟での漁や潜って銛で魚を捕ったりしている。ジャーナリストとしても活躍しており、「蘭嶼隊長」というフェイスブックを運営し、環境問題、伝統文化および先住権について発信し続けている。

2 No Sea, No Lanyu

Maraos [Taiwan]

※Explanations regarding photographs were those created for the presentations at the symposium, not for this report.

At first, I would like to pray for everyone's happiness in my mother tongue with a traditional song.

Hello, everyone, I'm a "Lanyu Captain" coming from Lanyu or Orchid Island in the eastern part of Taiwan. I belong to the Tao people. Maraos is my Tao name. I'm a descendant of the coconut family.

蘭 嶼 (Lanyu) is called Orchid Island in English and the native name is Ponso no Tao, but this book employs the Chinese reading, Lanyu.

Maraos
Tao/Yami Nation (Taiwan)

Maraos is Chairman of the Indigenous Cultural Projects Fund, and a native of the Tao tribe. His island is known as "Lanyu" Island, but in the Tao language it is called "Ponso-no-Tao" (the island of Tao). He was born at the time that a radioactive waste dump was built there and has been campaigning against this waste dump since he was young. His grandfather and father taught him how to fish, and he followed tradition by fishing in small boats and diving to catch fish with a harpoon. He is also active as a journalist and maintains a Facebook page called "Lanyu Captain", where he continues to broadcast about environmental issues, traditional culture, and indigenous rights.

■伝統的な自然環境哲学

この写真は瑪瑙や黄金を身に付けた私の先祖たちで、この写真は台風で壊れないように地面より下に作られた建物です。

蘭嶼に行って蘭嶼の自然観や食べ物・飲み物の概念に関する知識体系への理解を深めるならば、この豊かな知識が島民の生活や動植物種の永続的発展をコントロールし、48平方キロメートルの蘭嶼島の安定とバランスをもたらしてきたことを理解できるでしょう。

わたしが年長者から学んでわかったことは、人類が環境をコントロールしているのではなく、大自然が私たちを受け入れてともに生活しているということです。

この写真は遠くの海への航海が可能な寄せ板造りの船です。私たちは南にあるフィリピンのバタン島まで船で行き、貿易や人々の結婚も行われていました。また、私たちの島では、土地使用の目的に合わせて近海、沿岸、森林地域にそれぞれ地名を付けることで、人の活動するテリトリーなのか精霊のテリトリーなのかを決めています。

■季節風と漁期

蘭嶼島に住むタオ族は季節風に深く影響されています。季節に順応して漁撈と採集を行い、捕獲や漁業の道具及び食用する魚を変えることによって、食料や動物や植物の種の多様性を存続させていることについては、疑う余地もありません。

写真は私が捕ったタコと海底にいる魚です。右下の写真は90代の私の祖母で、私が魚を取ると、いつも喜んでくれます。

■ Traditional Nature Environment Philosophy

This picture shows my ancestors wearing agate and gold and this picture shows a building which was built below ground level, preventing destruction by typhoons.

Visiting Lanyu to deepen your understanding of knowledge systems regarding our perspective on nature and concepts of food and drink will help you understand that this rich knowledge controlled the sustainable development of island peoples' daily lives and species and cultivated the stableness and balance of the 48 square kilometers of Lanyu Island.

What I learned from Elders is that it is not humans who control the environment but nature which accepts us and allows us to live together.

This picture is of plank boats that can sail to distant seas. Our ancestors were going to Batan Island in the Philippines to the south to trade and marry. Also, in our island, we name each nearby water body, seashore and forest area depending on the purpose of land use. By doing so, we have separated the territory of humans from the territory of spirits.

■ Seasonal Winds and Fishing Season

Tao in Lanyu Island are strongly influenced by the Monsoon. There is no doubt that the seasonal fishing and gathering system, as well as varying the species of fish eaten and tools of harvesting and fishing sustains the diversity of diet and species.

This picture shows an octopus I caught and fish on the seabed. The bottom right picture shows my grandmother who is in her 90s. She is always happy when I get fish.

真ん中の写真は私の曽祖父です。彼は日本の人類学者・鳥居龍蔵と鹿野忠雄が蘭嶼でフィールドワークを行った時の助手をしました。

蘭嶼島の人々は回遊魚と海底にいる魚を交互に捕獲し、生態系の多様性を適度に保持しています。また、それにより人々の歌や踊り、漁撈の知識も多様な進化を遂げました。

左上の写真は私たちが夏場の団欒に使う東屋*で、平屋建ての建物と同じぐらいの高さです。その当時、アイヌの人々が島に来ていないかどうか、ここから見ていたかもしれませんね（笑）。

*訳注：あずまや。屋根をふいただけの造り。

トビウオを捕る時期は毎年２月から６月までです。この期間は、私たちにとっては重要な漁撈の時期であり、タブー、儀礼、祭事、歌謡、食材に関して厳格な決まりがあります。多くのタブーがありますが、この時期に捕るのは回遊魚のみで、銛で海底に棲む魚を取ることは禁止されています。トビウオの季節は多くの魚を捕って保存し皆でいただきます。こうすることでともに働き、ともにいただく安定した社会を形成するのです。

蘭嶼島では文化的に二流と見なされる生き物は食べたり捕ったりしません。このような生物種は悪霊の使者であると考えられていますが、環境保護の観点から見るとこれは生物種の保全という持続可能な方法なのです。

蘭嶼島の魚は男の魚、女の魚、老人の魚に分けることができ、主に

The middle picture shows my great grandfather. He was an assistant of the Japanese anthropologists Torii Ryuzo and Kano Tadao when they conducted fieldwork in Lanyu.

People in Lanyu Island maintain the diversity of the ecological system appropriately by alternately capturing migratory fish and fish on the seabed. And by doing this, people's songs, dancing and knowledge of fishing have evolved in a variety of ways.

The picture on the upper left is of our pavilion[1)] where we gathered together during summer. It is as tall as a one-story house. At that time, our ancestors may have watched whether Ainu people were coming to the island or not from here, no?

1) pavilion: a humble house with only a simple roof

The season of catching flying fish is from February to June every year. This season is a very important fishing one for us and there are strict rules for taboos, rituals, ceremonies, songs and ingredients. There are many taboos in this season; for example, we are allowed to catch only migratory fish and are prohibited to catch fish on the seabed using harpoons. In the season of flying fish, we catch a lot of fish to preserve and partake of them together. By doing this, we form a stable society in which people can work and eat together.

In Lanyu Island, we don't eat or catch animals that we regard as culturally inferior. These species are considered as messengers of bad spirits, but from the perspective of environmental conservation, this is a sustainable way of maintaining species.

Fish in Lanyu Island can be divided into men fish, women fish and elderly fish. Mainly pregnant and breastfeeding women partake of delicious, non-fishy and non-poisonous fish and elders and men partake of fishy fish. When men go into the sea to catch fish, first they catch a high-class fish for the women in order to assert to them their high-speck ability of fishing. Some men do so to make their wives happy.

美味で生臭みや毒のない魚は妊娠中や授乳中の女性に食べさせ、生臭い魚は老人や男性が食べます。男性が海に入って魚を捕るときは、まず女性に食べさせるための高級な女の魚を捕り、自分の漁撈技術の高さを誇示します。このようにして妻の機嫌をとる男性もいます。

お見せしている写真は、網や銛で魚を捕っている「蘭嶼キャプテン」です。右下の写真は、釣り針が指に刺さり痛くて病院に行くことになった時のものです。病院に行ったら、釣り針がこのように刺さった私の手を見た医師に「魚になってしまいましたね」と言われました。

■国家権力による制約と伝統文化の対立

ここからは国家体制や外来の制約が蘭嶼島にどのように影響しているのか一緒に考えてみましょう。

60年前の蘭嶼は軍の管理下にあり、伝統的な寄せ板造りの船で海に出て魚を捕ることが制限され、漁撈の権利と生計に直接影響が生じました。また、これによって蘭嶼島の人々は国家の政策に対して大いに不信感を抱くようになりました。

国による数多くの制限と伝統文化の対立はさらに激しくなり、中でも、国立公園の設立構想に対しては、島民がデモで猛反対し、生存権を守るために立ち上がりました。その結果、政府は国立公園の設立を断念したのです。

また、蘭嶼島の核廃棄物貯蔵場に対しても強い抗争と反対を引き起こし、台湾の人権史における生存権固守の重要な運動へと発展しました。

In these pictures, you can see "Lanyu Captain" catching fish using fishing nets or harpoons. The picture on the bottom right was taken when I had to go to the hospital because a fishing hook stuck in my finger and it hurt. I went to the hospital and the doctor looked at my hand with a fishing hook stuck in it like this and said, "You also have become a fish!".

■ Conflict between Restrictions by the Nation and Traditional Culture

From here, let us consider together about how national systems and restrictions from the outside influence Lanyu Island.

Lanyu Island of 60 years ago was under control by the army, so going out to sea by traditional plank boats to catch fish was restricted and this directly influenced our rights to fish and livelihood. Also, this caused people in Lanyu Island to have a great sense of distrust toward the policies of the national government.

The conflicts between numerous restrictions by the nation and traditional culture had been getting fiercer. In particular, the islanders vehemently opposed the plan to create a national park, by holding demonstrations to protect their right-to-life. As a result, the government gave up making the park.

Also, a nuclear waste storage facility in Lanyu Island became a trigger of strong conflicts and opposition and this developed into an important movement in the history of human rights of Taiwan for peoples' right-to-life.

Conflicts between law enforcement and traditional customs still happen frequently now. Many fishing acts are punished severely by the nation. During these 10 years, the island people who caught humpheaded wrasse and green humphead parrotfish which are protected species the harvesting of which is deemed illegal, were arrested by the Coast Guard Administration, referred to prosecutors, and tried at the bar.

This species of fish is rare in Lanyu Island and never comes near the

現在も国による法の執行と伝統的な習慣との対立が度々起こっています。多くの漁撈行為が国から厳しく罰せられ、ここ10年ほどの間に保護種であるメガネモチノウオやカンムリブダイを捕獲して法に触れた島民が、海巡署*によって検挙されたり、書類送検されたり、法廷で審理されたりしています。

＊訳注：日本の海上保安庁に相当。

この種の魚は蘭嶼島では珍しく、岸にくることもありません。私たちは1年に1尾だけ捉えます。この写真の人は母親をねぎらうために魚を撮ったのですが、逮捕されてしまいました。

台湾の海巡署は蘭嶼島で取り締まりの任務を負っており、かつての軍の管理を受け継いで海での法の執行を開始しました。この役割は島民と対立し続けており、その状況は改善しなければならず、時間もかかります。

ここ10年ほどでは保護種の魚類を捕ったら違法とされたことのほか、トビウオの季節に自分たちをねぎらうため行う祭事に使うカニやヤシガニですらも取り締まりの対象とされています。

また、タオ族の伝統的な嗜好品であるビンロウは、少量の石灰をビンロウの木の実に挟んだ噛みタバコのようなもので、タオ族は貝殻からビンロウに使う石灰を作ります。この貝も保護種とされています。これらは全て私たちの必需品なのです。

shore. We catch only one in a year. The man in the picture caught the fish to show his gratitude to his mother but he was arrested.

The Coast Guard Administration in Taiwan is in charge of regulation in Lanyu Island and started law enforcement at the sea, which they inherited from the previous control by the army. This role continues to be in conflict with islanders. We need to improve this situation but it is taking a long time.

During these 10 years, not only catching protected species of fish but also catching crab and coconut crab which we use for ceremonies to celebrate our work in the season of flying fish are illegal and are targeted for regulation.

Also, binro, which is like chewing tobacco and is a traditional luxury item for the Tao, is made by sandwiching a small amount of lime between betel nuts. Tao create the lime for eating the betel nuts from seashells. This seashell is also recognized as a protected species. However, all these items are our essentials.

This picture is a scene from the season of flying fish. We conduct ceremonies to invite the fish and to welcome the flying fish near shore.

この写真はトビウオの季節の風景です。私たちは魚を招く祭事を行いトビウオが岸に近づくのを歓迎します。

現在蘭嶼で行われている生物の保護措置や法の執行手段は、多少乱暴で独断的です。

まず保護種の項目やその実施規則において、島民との協議制度が確立されていないことです。地元住民が関わることができず、不満が高まり対立が起こります。国の保護種政策において地元の組織や伝統的な知識が活用されていないのです。

次に、法の執行者の強硬な態度を野放しにしておくことも島民との緊張関係を生み出します。

さらに、法の執行機関の周知不足も漁民が法的に訴訟される状況を作り出しています。

世界中の原住民族の皆さん、頑張りましょう！アイヌの皆さん、頑張りましょう！

先祖たちは私たちを応援しています。頑張りましょう！

The ways of law enforcement and biological protection measures conducted in Lanyu Island now are somewhat violent and arbitrary.

First, the problem is that a consultation system with islanders regarding decisions on protected species and the implementation of rules has not been established. Not being able to be involved in decision-making causes local residents' dissatisfaction to grow and creates conflicts, because local organizations and traditional knowledge are not being put to use in national protected species policy.

Second, giving free rein to law enforcement's tough attitude makes for strained relations with islanders.

Moreover, lack of sufficient knowledge of the current laws by the law enforcement officers creates situations of fishermen of being sued legally.

Indigenous peoples around the world, keep on fighting! Ainu people, keep on fighting!

Our ancestors are cheering us, keep on fighting!

沒有海洋就沒有蘭嶼　（Maraos）

（這裡的圖片說明是針對發表呈現的照片做說明，而非文章中的圖片說明。）

首先要先用我的族語還有我的傳統歌謠來祝福大家。

大家好，我是蘭嶼隊長，來自台灣東部的蘭嶼島。我的族名是瑪拉歐斯。我是椰子家族的後裔。

這張照片是我的穿戴瑪瑙黃金的祖先。還有為了抵抗颱風，在地平線下的建築。首先如果去蘭嶼研究蘭嶼生態觀以及飲食觀的知識體系，我認為這個豐富的知識主宰了島民生活以及物種的永續，也孕育了 48 平方公里蘭嶼島的穩定平衡。

我跟隨家族長輩的體悟是，不是人類主宰環境，而是大自然接納我們一起生活。這是我們可以遠洋航海的拼板舟。我們航行南方到菲律賓巴丹島，貿易通婚，我們島嶼因為不同使用目的，分別給近海、沿岸及森林地區命名，界定人的活動區域或精靈的區域。

蘭嶼達悟族深受季風影響，季節性獵捕或者採集成為蘭嶼人的生活節奏，每個季節使用不同的器具捕撈及漁獵，不同季節食用不同海洋食材，毫無疑問，如此的蘭嶼季節性捕撈制度維繫了糧食和物種多樣性。這就是我抓了章魚和海底的魚，我 90 多歲的祖母，右下角這個，每次都很高興。

中間這張照片是我曾外公，是日本人類學家鳥居龍藏以及鹿野忠雄在蘭嶼的田野調查的助手。蘭嶼人對洄游魚群跟底棲魚交換捕獵，適當的維持了生態的多樣性，也增加了島民的歌謠樂舞以及漁獵知識的多元演化。

左上角是我們的涼亭，是夏天的聚會場域，大概一層樓高。可能那時候的人還在看有沒有愛努族的人接近島嶼。

飛魚季節捕撈在每年的 2 到 6 月，是我們很重要的漁撈的時間，有嚴謹的禁忌、禮儀、祭典、歌謠、食材。這個時間有很多的禁忌，只能夠捕撈洄游性的魚群，而且禁止使用魚槍來射底棲的魚種。飛魚季節捕獲的大量魚貨也會充分儲存之後共享食物，形成穩定的共勞共享的社會。

在蘭嶼我們不食用、不捕獵文化定義中的次等生物。因為這些物種可能是惡靈的使者。從保育的角度這就是維持物種的永續方法。在蘭嶼魚群種類分為男人魚、女人魚、老人魚，大部分鮮美、沒有腥味沒有毒的魚種都會給懷胎哺育的女性使用。魚腥味重的魚種就交給老人或者男性使用。男性下海捕魚，會優先捕獵高等的女人魚藉以餵養女性，彰顯自己優秀的魚獵技術，也有人說這樣可以討好老婆的歡心。這些照片是用魚網、魚槍魚獵的蘭嶼隊長，還有右下角很痛苦的，我的魚鉤鉤到我的手指，去醫院。

我去醫院的時候醫生說你怎麼變成魚，魚鉤鉤到你的手，這樣穿過去。

現在讓我們一起來思考，國家體制跟外來制約如何影響蘭嶼，蘭嶼六十年前的軍管時期，管制傳統拼板舟出海捕撈，直接影響捕撈權利與生活生計。也種下許多對國家政策的不信任感。許多國家管制與傳統文化的衝突更劇烈，尤其，設立國家公園引起蘭嶼抗爭反對，演變成捍衛生存權運動，成功阻止蘭嶼國家公園設立。蘭嶼的核廢料掩埋場也引起強烈的抗爭與反彈，演變成台灣人權史上重要的捍衛生存權的運動。

當今國家執法傳統慣習的衝突經常發生。很多魚獵的行為都遭到國家嚴辦，近十年有案例島民捕獵保育類的龍王鯛和隆頭鸚哥魚觸法，遭受海巡的舉發、檢調單位的移送、法院的審問。

這種魚在蘭嶼很稀少，他不容易登岸。所以我們一年只會捕到一隻。這個人其實是要捕來慰勞他母親的，後來他被逮捕。

台灣海巡單位在蘭嶼駐守肩負取締的任務，接手從過去軍管時期就開始的海洋執法的角色。這種角色一直跟島民發生衝突，需要改善，需要時間。近十年除了捕獵保育類魚種觸法之外，就連飛魚季節我們用來慰勞的節日，螃蟹跟椰子蟹都被拿來取締。檳榔是達悟族傳統的嗜好之物，相似嚼菸，將少量石灰夾在檳榔果實。達悟族用某種貝殼來製造用於檳榔的石灰，這種貝類也是保育類。這都是我們的必需品。

這是我們飛魚季節的場景。我們會舉行招魚祭歡迎飛魚上岸。

目前在蘭嶼執行的保護措施、執法手段。略顯粗暴獨斷。有幾個問題，第一，缺乏物種保育品項以及實施細則進行島民協商的機制。缺乏在地民意參與，造成民怨與衝突。國家保育政策沒有善用在地組織及傳統知識。再來放任執法人員強勢執法造成關係緊張。最後執法機關宣導不足也造成漁民觸法遭受司法訴訟。

全球的原住民加油！愛努族加油！

祖先要我們繼續奮鬥，加油！

3 台湾における自然資源に関する権利をめぐる原住民の主権：憲法裁判所の2つの判決の再検討

アウェイ・モナ［台湾］

アウェイ・モナと申します。台湾原住民のセディック族です。

まずは、ラポロアイヌネイションがこのような光栄な機会を与えてくださり、台湾での私たちの経験を皆様にお話しできることに心から感謝申し上げたいと思います。

■はじめに

さて、台湾における原住民の状況について事例をまじえた2つの講演をお聞きいただきました。そこで私はこの機会に、私たち台湾原住民が権利を求める裁判を通じてどのように闘ってきたかについてお話ししたいと思います。

アウェイ・モナ（Awi Mona）
セディック族（Seediq Nation）台湾

台湾原住民セディック族出身の法学者・活動家。国立東華大学法学部教授・学部長（原住民法）。台湾法律扶助財団原住民法務センター所長。台湾の地域社会と共に、原住民の権利運動に関する活動を幅広く行っている。主な研究領域は先住民法、国際人権法、文化及び教育法。台湾原住民の法的問題についても、数多くの論文を執筆している。

3 Indigenous Sovereignty over Natural Resource Rights in Taiwan: Review of Two Constitutional Court Decisions

Awi Mona [Taiwan]

My name is Awi Mona. I'm from the Seediq Indigenous Nation in Taiwan.

First, I'd like to express my sincere appreciation to the Raporo Ainu Nation who gave me this honor and opportunity to be here to share our experience in Taiwan.

■ Introduction

And you just heard two Indigenous cases and situations in Taiwan already. And now I will use this time to talk to you about how we Indigenous Peoples in Taiwan have fought for our rights through court decisions.

Awi Mona
Seediq Nation (Taiwan)

Awi Mona, is an Indigenous scholar and activist. He is a professor of law and Indigenous studies in the Department of Law at National Dong Hwa University. Also, he is the Director for the Indigenous Legal Service Center, Legal Aid Foundation, Taiwan.
Awi has done extensive collaborative work on Indigenous rights movements with local communities in Taiwan. His principal research areas are Indigenous law, international human rights law, and cultural and education laws. He has written numerous articles on Taiwan's Indigenous legal issues.

学術研究によれば、台湾原住民はオーストロネシア語族に属し、様々な言語と文化を持っています。そして現在、台湾政府はすでに16の原住民族を承認しています。

■ 民主制移行後の台湾

〈闘いの３つの段階〉

台湾原住民の権利を求める闘いについて端的に言うならば、その進展を３つの段階に分けることができます。

第一段階は1990年代です。この時期の重要な事案として、蘭嶼島の核廃棄物処理場に対する反対運動があります。

この時期に、私たちは憲法改正を求めて闘い、台湾の憲法に原住民の権利に関する条項を盛り込ませることに成功しました。

次に、2000年ごろから2008年までが第二段階です。この時期、政府は原住民族に関する方針を定め、その内容を具体的なアジェンダとしました。そして、私たちの闘いの成果として原住民族基本法が成立しました。

そして第三段階は2016年からです。これについては後で説明します。

Based on the academic research, Taiwan Indigenous peoples are belonging to Austronesian linguistic family, and we have a variety of languages and cultures. And right now, the government has already recognized 16 different Indigenous Nations.

■ Post Taiwan Democratic Transition

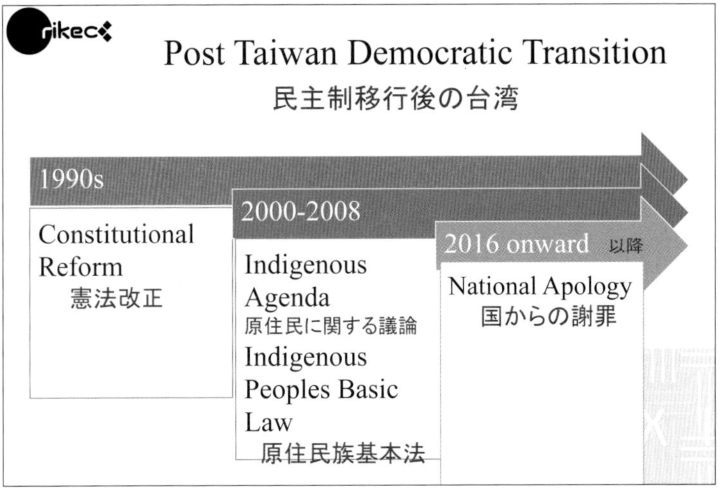

〈Three Phases of Development〉

So I will cut to the point. In Taiwan, we can divide our Indigenous peoples' rights developments into three different phases.

And first phase is around 1990s. One of this significant case is about how we want the nuclear waste dumpsite out of the Orchid Island.

And during that period, we successfully made the constitution reform and we incorporate Indigenous rights article into the Constitution of Taiwan.

Next, the second phase is from around year 2000 through 2008. During that period, the government has set up an Indigenous agenda. And we successfully passed the Indigenous Peoples Basic Law.

Then the third phase is from 2016. And I'll explain to you later.

この各時期における成果は、それぞれに原住民の運動があったからこそ獲得されたものです。

中でも重要なのは、2000 年から 2005 年までです。政府が原住民と交渉せざるを得なくなったのです。

私たちには２つの政治文書があります。ひとつは台湾政府との新しいパートナーシップ条約。もうひとつは、私たち台湾の原住民族が台湾政府と対等な「国と国」との関係にあることを政府が宣言した文書です。

先ほど申し上げたように、第３段階は 2016 年に始まります。この年、原住民族の日という祝日にあたる８月１日に、現職の蔡英文総統が原住民族に対し、国としての謝罪を行ったからです。この謝罪が、権利についての法律の改正に寄与したのです。

〈変革のためのポイント〉

原住民の権利に対する態度を変えるには、いくつかの重要なポイントがあることがおわかりいただけるでしょう。

まずは個人が差別されることなく、その権利が平等に守られることですが、ここから、原住民の自決、そして自治政府の設立へと向かいます。

個人の権利だけでなく集団的な権利の追求のためにも、新たな法的な考え方の大きな枠組みの構築が必要となります。

さらに、国家法だけでなく原住民族の法的伝統すなわち慣習法も尊重し、法律に取り入れる必要があります。

台湾には後で述べるような判例があり、原住民族の権利は憲法に組み込まれています。つまり、原住民族の権利は憲法上の権利なのです。

So all these achievement are from our Indigenous rights movement on each different period.

Among all these, one of the most significant is the period from 2000 through 2005. You can see the government has been forced to negotiate with Indigenous peoples.

We have two political documents. The first one is new partnership treaty with Taiwan Indigenous peoples. And the second political document is that the government declared we Indigenous peoples in Taiwan has an equal nation-to-nation relationship with the Taiwan government.

Like I said before, the third phase is from 2016. Because on August 1—that's the day we celebrate Indigenous Peoples Day—on that day, our incumbent President Tsai Ing-wen delivered a National Apology to Indigenous Peoples. Because of this apology, the rights improvement made into the legislation.

〈Key Points of Change〉

You can see there are a few key points that change the attitude toward Indigenous rights.

The first one is from the equal protection and anti-discrimination of individual rights towards Indigenous self-determination and self-government.

We are not just talking about individual rights, we are talking about the collective rights. That's why we have to introduce a new legal paradigm.

Further, we are not only talking about the state's law, we have to use and incorporate more Indigenous legal traditions, or what we call customary laws.

Due to the following cases, I would continue to explain to you right now in Taiwan, Indigenous peoples rights are embedded in the Constitution. In other words, Indigenous peoples rights are constitutional rights.

■ **原住民の権利に関する法的枠組み**

台湾では、原住民の権利に関する既存の法的枠組みは、この図（右頁）のようになっています。原住民族の権利は一般的な権利ではなく、「集団的な権利」という性格をもつ独自のものであり、その概念は「土地と自然資源の統治」に根ざしています。

では、この主張をどのように裏付けるのか？私たちは、土地所有権と統治に関する権利の正当性を「伝統的な生物多様性に関する知識と伝統的な知的創造物」を用いて裏付けます。

この新しい法的パラダイムを根拠として、このスライドの下部に示した、原住民の日常生活を支える３つの中核的権利が導かれます。

第一に、私たちは法的伝統に基づいて「自然資源を利用する権利」を持っています。

また、伝統的な領土を統治する権利があるため、政府であれ民間企業であれ、原住民族の土地で工事を行う場合には、地元の原住民から、その「自由意思に基づく、事前の、十分な説明を受けた上での同意」を得る必要があります。

さらに、私たちの伝統的な生物多様性に関する知識には、環境を保護するための管理という考え方もあるため、私たちは、国有林を政府と「共同管理」することができます。原住民族が政府と共同で自然資源を管理する権利を享受することは、法的に認められています。

■ The Legal Framework for Indigenous Peoples' Rights

In Taiwan the existing legal framework for Indigenous people right is like this map shows here. We say the Indigenous peoples right is not a general right. It is of a sui generis nature of Indigenous collective rights. And the concept of Indigenous rights is rooted in land and natural resources governance.

So how do we support this argument? We will use our traditional biological diversity knowledge and also our traditional intellectual creations to support our rights to land tenure and governance.

And because of this new legal paradigm, on the bottom of these three are the three core rights to support Indigenous people on daily life.

First one is we have a right to utilize the natural resources based on our legal traditions.

Further, because we have the right to govern our traditional territory, whether you are a government or a private entity, if you want to do land constructions, you need to get the free, prior and informed consent from local Indigenous peoples.

And because our traditional biological diversity knowledge also has the idea of conservation to protect the environmen, on the national forest lands, we can manage with the government. It is legally recognized that

原住民がその権利を有することは法律で定められているにもかかわらず、実際の生活では多くの場合、法律の文言とその実施には大きな隔たりがあることについては、ここにいる皆さんも同意されると思います。「机上の法律」に対する「世の中を動かす法律」とはよく言われるところです。だからこそ私たちは、法律を実際に適用するよう政府に働きかける必要があるのです。そのために私たちは法廷という場を利用しています。

■ **裁判例**

このスライドをご覧ください。

〈最高行政裁判所 第 894 号 上訴 2019 年〉

右側は原住民の伝統的な領土での採掘に関する事案です。この会社は以前には原住民の同意を得る必要がありませんでした。しかし現在、裁判所は原住民の同意を得ることなく採掘を継続してはならないという判決を下しています。これがこの判決のポイントです。

Indigenous peoples enjoy the right to co-manage the natural resources with the government.

I think everybody here will agree that a lot of time even the law already written says that Indigenous people have the right but in actual life there's a huge gap to implementation. There's a common saying, "the law on paper and the law in action". That's why we need to push the government to implement the law and the court is the platform we are using.

■ Court Cases

Let's take a look at this slide.

〈Supreme Administrative Court No. 894 Appeal, 2019〉

The right one here is about the mining on the Indigenous traditional territory. This company, they are not required to get the consent from Indigenous peoples in the past. But right now, the court has already ruled the company have to get the consent from the Indigenous peoples otherwise they cannot continue to operate. That's the core of this court's decision.

〈司法院大法官会議（憲法裁判所に相当）解釈 第 803 号 原住民による狩猟〉

そして左側。これは台湾における画期的な判決です。私たちはよく、この訴訟をオーストラリアのマボ訴訟にあたるものだと言っています。これは、原住民の狩猟権をどのように理解するか、つまり憲法におけるこの権利の性質と基盤をどう理解するかについての裁判です。

原住民族の狩猟に関する憲法裁判所の判決を引用しながら説明しましょう。

台湾憲法裁判所の大法官は、狩猟は自然資源の利用法のひとつであり、原住民にとって重要な伝統であると述べています。

狩猟は、伝統的な儀式やコミュニティの知恵の継承において重要な活動であるだけでなく、原住民コミュニティの一員である個人にとっては、その文化を自らのアイデンティティとして認識するための主要な基盤でもあります。

このことから、個人の権利が集団の権利へとつながっていくことがおわかりいただけると思います。

〈台湾憲法裁判所の視点〉

私の見るところでは、台湾憲法裁判所（TCC）は、原住民族文化が確実に持続可能な発展を遂げられるよう、原住民族独自の伝統文化を保存、実践、継承するために、個人の尊厳、文化的アイデンティティ、個々の文化的自治、人格の自由な発達の完全性を擁護するという観点からこの問題を判断したのだと思います。

そして TCC は、原住民はその伝統文化に従って生きることを選択する権利を有し、さらに、この権利はすべての原住民が享受するもので、基本的権利として憲法で保護されていると判断しました。

〈裁判所判決は原住民の主権の否定〉

しかし、偉大さなどというものはないと思います。裁判所の判決には常に欠落があるものです。今回ご紹介したいのは次の２点です。

１点目は、狩猟が犯罪ではないと認められるのは自給自足のための自作ライフルを使用する場合に限られるとする裁判所の主張です。つまり、利害対立があるというのは、裁判所の思い込みにすぎません。裁判所は

〈Judicial Yuan Interpretation No. 803 Indigenous Hunting〉

And the left one. That is the landmark case in Taiwan. We usually compare this case with the Australian Mabo cases. That's the case about how we understand Indigenous hunting rights, which means the nature and foundation of this right in the Constitution.

I'll explain with a quote from the decision from the constitutional court about Indigenous hunting.

The grand justice of the Taiwan Constitutional Court says that hunting is a way to use natural resources and an important tradition for Indigenous peoples.

Hunting is not only an important activity in traditional ceremonies and community education, but also a fundamental basis for an individual member of the Indigenous community to identify with their culture.

So you can see, here is the connection from the individual right to collective rights.

〈The Perspective of the Taiwan Constitutional Court〉

From my observation, I think the TCC (it stands for Taiwan Constitutional Court) viewed the issue from the perspective of defending personal dignity, cultural identification, individual cultural autonomy, and the integrity of free development of personalities for the purposes of preserving, practicing, and passing down their unique traditional cultures in order to ensure the sustainable development of Indigenous culture.

And the TCC determined that Indigenous people have the right to choose to live in accordance with their traditional cultures. In addition, said right is enjoyed by all Indigenous people and is protected by the Constitution as a fundamental right.

〈The Court Decision as a Denial of Indigenous Sovereignty〉

But I think there is no such thing as greatness. There's always deficiency in court decisions and these are the two things I would like to share with you.

The first is the argument made by the court saying that the

原住民の文化的権利と野生保護とは相いれないものだと考えているのです。

そして２点目は、狩猟は野生生物、特に保護種を危険にさらすものであり、したがって、別段の承認がない限り保護種は狩猟の対象としてはならないとする主張です。

〈所見〉

こうした主張からすると、この判決は憲法上の比例原則に基づいて組み立てられていると考えられ、野生生物の保護と原住民の権利のバランスを考慮しているわけですが、それはより広い意味での人種差別の文脈の中でなされたものであり、そこには原住民を見下す態度があり、原住民族の生活様式を原始的で劣ったものであるとする考えが投影されていると、私は思います。

私に言わせれば、多数派の見解は、原住民族を劣ったものとみなした植民地時代の態度の延長線上にあるもので、原住民を「生蛮（野放しの野蛮人）」または「熟蛮（馴らされた野蛮人）」と呼んだことに根ざしています。ちなみにこの２つの言葉は、日本政府が台湾を占領したときに使われたものです。

■おわりに

最後にまとめを述べたいと思います。私の議論は批判的人種理論に基づいています。原住民の狩猟権に関するTCCの判決は、台湾における原住民族と国家の関係を理解する上で〝批判的人種理論〟（Critical Race Theory;CTR）に則って考えることの重要性を実証するものです。この判決は、裁判所の中立性や憲法秩序が保たれているかのような見かけにもかかわらず、原住民を、狩猟を行い保護種を危険にさらす野蛮人として描くことにより、結局は、自分たちとは異質の他者であるとみなしているのです。

このように裁判所の欠陥をいくつか説明しましたが、肯定的な面に目をやれば、台湾における原住民族の権利はすでに憲法で保障されています。政府に対する私たちの今後の交渉を前進させるためには、これが大

decriminalization of hunting should apply only to self-made rifles used for subsistence. So, the conflict is in the imagination of the court. They think there is a conflict between Indigenous cultural rights and wild conservation.

And the second contention I have is that the court argued that hunting endangers wildlife, especially protected species and, therefore, protected species must be excluded from hunting activities unless otherwise approved.

〈Some Thoughts〉

I think although the decision was framed in terms of constitutional proportionality (that's why the court balanced wildlife conservation and Indigenous rights), it was made in a broader context of racial discrimination, accompanied by attitudes of superiority and by a projection of Indigenous lifeways as being primitive and inferior.

I would say the majority views are the continuation of colonial attitudes that regarded Indigenous peoples as inferior, rooted in calling Indigenous peoples shengfan and shoufan, literally "raw savages" and "cooked savages". And by the way, these two terms were used by the Japanese government when they occupied Taiwan.

■ Concluding Remarks

To finish, I would like to give some concluding remarks here. I use Critical Race Theory (CRT) to develop my reasoning. TCC's decision on Indigenous hunting rights demonstrates the relevance of CRT to understand the Indigenous-state relationship in Taiwan. This court decision, despite all appearance of court neutrality and constitutional order, ended up Othering Indigenous people by portraying them as savages who hunt and endanger protected species.

Although I explained some of these courts' deficiencies, on the positive side, we can already be assured that the Indigenous peoples right

きな土台となります。

３人の講演をまとめると、原住民の統治について、そしてこの統治をどのように発展させるかという問題について、私は、統治と文化の統合が重要な要件であると申し上げたいと思います。

マラオスさんの講演を思い出してください。マラオスさんが皆さんに伝えようとしていたのは、良い統治についてです。そして、原住民の観点からすると、良い統治の概念は、私たち自身の文化的特徴に合ったものでなくてはなりません。実際には、原住民の権利の基本形は、特定の原住民族の文化に基づく歴史的慣習、習慣、伝統によって決まっています。台湾のすべての原住民族に統一された方法はないのです。海外の先住民を見ても同様です。

そして台湾では今、私たちは原住民の統治ビジョンに向けて前進しているところです。それが国づくりへの道です。われわれが考える国づくりの枠組みとは、原住民族の独特な文化に不可欠な慣習、習慣、儀式を取り入れた統治のあり方です。そして、この原住民の統治ビジョンは、文化的に適合する統治制度を構築し、それを継続的に機能させることです。

結論として、原住民は文化的に適合した統治制度を構築する権利に基づき自らの生活様式や生き方を選択する権利を有するという判決は、このようにより広く解釈してよいと言えるでしょう。

以上で私の発表を終わります。ご清聴ありがとうございました。

最後に私の民族の言語でご挨拶します。

knbeyax ta naq ka ita ！（共にがんばりましょう！）

in Taiwan is constitutionally protected. And that is the great foundation we can move forward to negotiate with government in the future.

To conclude our three individual's presentations, I think the idea is about Indigenous governance and how do we develop this governance. I would propose that culture integrity is the important requirement.

Let's recall Maraos' presentation. The idea he is trying to give it to you is about a good governance. And from Indigenous peoples point of view, the concept of good governance should be compatible with our own cultural characteristics. In actuality, the basic contours of Indigenous rights were determined by the historical practices, customs and traditions integral to the culture of the particular Indigenous peoples. There's no uniform way for all Indigenous peoples in Taiwan, or even across the globe.

And in Taiwan, we are right now in a position to move forward to Indigenous visions of governance. It is the way towards Nation-building. The idea of nation-building we are trying to frame is the attributes of governance that is attaching to those practices, customs and rituals integral to the distinctive Indigenous culture. And this Indigenous vision of governance is the formation of a culturally-matched governing system and we are in the midst of the ongoing function of that systems.

To conclude, I would say this is an appropriate way to expand the court decision, saying that Indigenous people have the right to choose our own living styles and living ways because we are entitled to construct a culturally-matched governing system.

And this concludes my presentation. Thank you for your listening.
The last sentence here is also from my peoples languages.
knbeyax ta naq ka ita!   (Let's fight together!)

4-5 海のカントリー、カトゥンガル：権利と承認
オーストラリア、ニュー・サウス・ウェールズ州のサウスコースト

ダニー・チャップマン［オーストラリア］
キャサリン・リッジ［オーストラリア］

パート1　ダニー・チャップマンさんのお話

温かい歓迎をありがとうございます。

そして、ラポロアイヌの人々に敬意を表し、過去と現在の長老たちに敬意を表したいと思います。そして、この数日間、私たちを温かく迎えてくださったことに心から感謝いたします。ありがとうございました。

ダニー・チャップマン（Danny Chapman）
アボリジナルの人々（ユインネイション・ワルブンジャクラン）

ダニー・チャップマンは、ユインネイションのワルブンジャクランに属する海の男。ニュー・サウス・ウェールズ先住民土地評議会議長。NSWALC https://alc.org.au/
ベイトマンズベイで生まれ育ち、現在もこの地域に住む。アボリジナルの人々の土地権の請求、健康、教育、先住権の分野で活動する。先住権を提唱し、国連において先住民族の人権のため、またニュージーランドやカナダにおいて、世界的な漁業権のために、サウスコーストとニュー･サウス･ウェールズ州の人々の代表として活動を行っている。

キャサリン・リッジ（Kathryn Ridge）
アボリジナルの人々のための弁護士

エネルギッシュで有能な弁護士。漁業法違反の刑事事件でサウスコーストの人々を徹底的に弁護して、これまでにすべての弁護を成功させている。近時、漁業担当官が漁業犯罪の疑いでアボリジナルの人々に接触する場合には、文化的な先住権に基づく漁業の場合は確実に除外するように、法改正がなされた。
現在、シドニー工科大学芸術社会科学部博士課程在学中

4-5 Katungal, Sea Country : Rights and Recognition South Coast of New South Wales, Australia

Danny Chapman [Australia]
Kathryn Ridge [Australia]

Part I Danny's Story

Thank you very much for the warm welcome.

And I just want to acknowledge the Raporo Ainu people and pay my respects to the elders past and present.

And thank them very much for the warm welcome to the country that we received the last couple of days. Thank you very much.

Danny Chapman
Aboriginal people (Walbunja Clan from the Yuin Nation)

Danny Chapman is a Saltwater man of the Walbunja Clan from the Yuin Nation, and the Chairperson of the New South Wales Aboriginal Land Council, NSWALC https://alc.org.au/
Born in Batemans Bay and having lived in the area all his life, he has a range of experiences in land rights, land claims, health and education, and Aboriginal rights and Native title.
He advocates for Aboriginal rights and has represented People of the South Coast and NSW at the United Nations on the human rights of Indigenous people and lobbied for world fishing rights in New Zealand and Canada.

Kathryn Ridge
Lawyer for Aboriginal Peoples

An energetic and effective lawyer, she regularly defends South Coast People from fishery criminal charges. To date, all defences have succeeded, and a recent legislative amendment occurred to ensure that fishery officers exclude cultural and native title fishing before approaching Aboriginal people regarding suspected fishery offences.
Kathryn is currently a doctoral candidate at the University of Technology, Sydney, Faculty of Arts and Social Sciences

また、台湾の方の講演や考えにも敬意を表します。本当に素晴らしかった。

台湾で闘っている原住民の方も私たちの問題と同じような話をしてくれました。オーストラリアにはないものがいくつかありますが、それは、私たちの場合は、憲法で先住民族の存在とその権利が認められていないということです。

■ニュー・サウス・ウェールズ州南海岸の人々の物語

それを念頭に置いて、私たちの講演では、私たちの闘争の始まりから私の物語を語ることが有益だと思います。

その話は、まず私のことから始まります。私はオーストラリアのニュー・サウス・ウェールズ州出身で、シドニーのすぐ南、ベイトマンズ・ベイとマリーナ周辺のニュー・サウス・ウェールズ南海岸に住む海の男、漁師です。

私たちは50年から60年以上、漁業権をめぐって争ってきました。その闘いは、とりわけ苛酷で、汚く、不公平なものでした。私たち、つまりニュー・サウス・ウェールズ州南岸の人々は、とても貧しい人々です。資源も仕事もあまりありません。私たちが知っている唯一のことは漁業です。私たちはみんな漁師なのです。

私の話を聞いている多くの人は分かってくださると確信していますが、もし魚がなかったら、そして魚が獲れるときに獲る方法を知っていなかったら、私たちは生き残れなかったでしょう。

私が話している魚は、私たちの文化としての魚介類であり、私たちの生活を支え、私たちが捕獲し、それによって生存してきた魚介類であるということ、そしてそれはアワビとロブスターであるということを、すべての人に理解してもらうことが本当に重要です。

Can I also acknowledge the Taiwan presentation or thought. That was absolutely wonderful.

They—the Taiwan mob—told a similar story to us. With the exception of a few things that we haven't got in Australia and that is a Constitutional recognition of our people and our rights.

■ Story about People on the South Coast of New South Wales

With that in mind, I think it'd be useful for our presentation to commence with a story from me about our struggle from the start.

And the story starts with me: I'm a saltwater man from New South Wales, from Australia, from the New South Wales south coast around Batemans Bay and Marina, just south of Sydney.

We've been struggling for our fishing rights for over 50 to 60 years. And it's been a particularly nasty struggle and a dirty struggle and an unfair one. We—my people on the south coast of New South Wales—are very poor people. We haven't got many resources, we haven't got many jobs. The one thing we do know how to do is fish. We're all fishermen.

And I'm sure—like many of you in the audience and people who will probably be listening to this—if it wasn't for the fish and it wasn't for our knowledge of how to catch the fish when they were coming, when they were available, we would not have survived.

It's really important that all understand that the fish that I'm talking about and that is our cultural fish, our fish that we've lived on, caught and survived on, is abalone and lobsters.

They weren't the only ones that we lived on but they are probably critical to the presentation that I'm about to tell you, and the struggle we've had, the nasty dirty struggle that we've had with the New South Wales Government about continuation of our fishing rights and their

私たちが食べてきたのはアワビとロブスターだけではありませんが、これからお話しする内容や、ニュー・サウス・ウェールズ州政府との漁業権の存続をめぐる闘い、私たちから漁業権を奪おうとする忌まわしい闘いを語る上では、おそらく欠かせないものでしょう。

1985年から1994年頃まで、ニュー・サウス・ウェールズ州南岸のアボリジナルの人々は自由に漁をしていました。私たちは平和な生活を維持していたのです。私たちは私たちの魂を維持していたのです。私たちは生き延びることができたのです。私たちは家計を支えることができました。私たちは、アワビやロブスター、貝類など、手に入る資源によって生活のすべてを賄っていたのです。

ちょうどその頃、ニュー・サウス・ウェールズ州政府は、私たちが先住権としての漁業権を行使できないように、魚類に対する財産権という彼らの法を通じて私たちに過酷な法律を制定したのです。つまり、さまざまな人々が魚類を捕獲できるように権利を分け与えたのです。太古の昔からその権利を享受してきた私たちアボリジナルの人々を完全に排除したのです。

私たちが反撃を開始したのはこの頃です。私たちは自分たちの権利を奪われたと考えました。そして私たちは長い反撃を開始したのです。

私たちに対する攻撃は非常に汚いものでした。漁業取締官や警察が、あらゆる場面で私たちを逮捕し、人々を海の中まで追い廻しました。私たちが先住権を主張し、それを前進させようとするのを阻止するために、彼らがどれほど攻撃的な態度をとってきたか、ビデオで直接お見せしましょう。

これはいつも私に対しても行われていることなのです。

attempt to take them away from us.

Up until about 1985 to 1994 Aboriginal people on the south coast of New South Wales fished freely. We sustained our peace of people. We sustained our soul. We survived. We paid our bills. We did everything on the resources that we had available to us like abalone and lobsters and shellfish.

About the time that I just mentioned the New South Wales government bought in draconian laws that prevented us from exercising our rights to fish—our native title rights to fish—and they created through their own legislation a property rights within fish. So, they actually sold shares to different people to enable them to catch the fish, and they completely left out us, the Aboriginal people who had enjoyed that right from time immemorial.

It was about this time that we started to fight back. We thought that we had been dispossessed of our rights. They were taking that away from us and we began the long fight back.

And for us it has been extremely dirty. It entails fishery compliance officers and police arresting us at every step, chasing people into the water. We've got a video here to show you directly about how much aggression these people have used to try and stop us from agitating for our rights and trying to advance our rights as aboriginal people.

This always happens to me, too.

■ビデオ上映
“ユインネイション─ニュー・サウス・ウェールズ州ナルーマ”

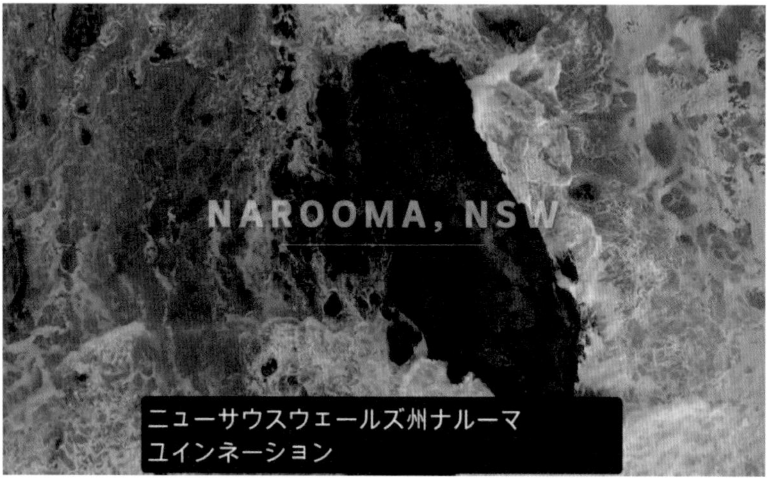

ニュースキャスター:

ユインの透き通った海は、何万年もの間、この海岸線の多くの家族を支えてきた海です。ケビン・メイソンさんは幼い頃から海産物を求めて深い海に潜ってきました。年長者から受け継がれた文化的習慣なのです。

ケビン・メイソン（インタビューに答える）:

何十万年もそうしてきたんだ。狩猟と採集の方法を教えられてきたんだ。今は、私や家族の暮らしがどうなるのか、おびえているんだ。

ニュースキャスター：

３年前の10月の午後、ニュー・サウス・ウェールズ州南海岸のナロマで、家族を養うために潜っていた、この家族の曾祖父にとって、最悪の事態が発生しました。

７月30日までに得られた映像によると、ケビン・メイソンさんが水中でアワビを採っていると、ニュー・サウス・ウェールズ州の漁業取締官が近くの岩の上で彼を監視していました。彼はケビン・メイソンさんを追って湾に飛び込んだのです。

■ Video Screening "NAROOMA, NSW — YUIN COUNTRY"

Newscaster:

The crystal clear waters of the Yuin nation have sustained families along this coastline for tens of thousands of years. Since he was a child, Kevin Mason has dived into the deep for seafood. A cultural practice passed down from his elders.

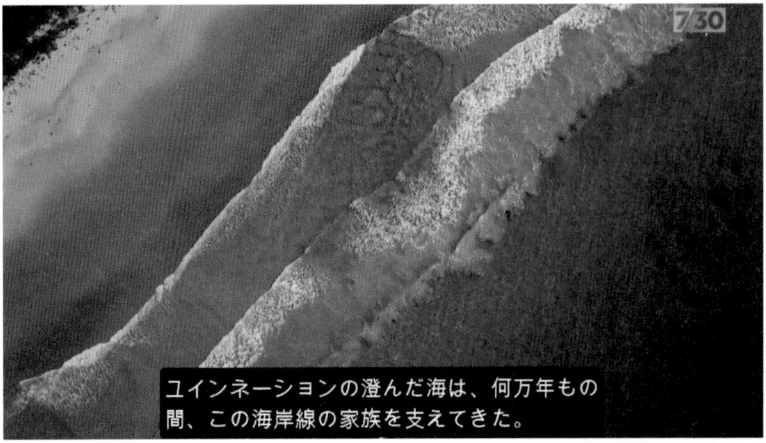

7/30
ユインネーションの澄んだ海は、何万年もの
間、この海岸線の家族を支えてきた。

Kevin Mason (being interviewed):

We've done it hundreds of thousands of years you know, that's been taught into me how to hunt and gather and I'm afraid for me mob.

ケビン・メイソンさん

Newscaster:

On an October afternoon three years ago at Narooma on the New South Wales south coast, a dive to feed his family turned ugly for the great grandfather.

As Kevin Mason is in the water gathering abalone, camera vision obtained by 7/30 shows a New South Wales fisheries officer is watching him on the rocks nearby. He springs into the bay chasing after Kevin Mason.

漁業取締官：ケビン、止まれ。漁業管理局だ。止まれ、ケビン、その魚を調べたいんだ。ケビン、そこで止まれ。

ニュースキャスター：

ケビンさんは繰り返し、自分は伝統的な権利を持った漁師だと取締官に言っています。

ケビン：…あなた方はここのルールを知っているでしょう。私はここの先住権者として権利を持っている。

漁業取締官：わかったから。ここへ来て話しなさい。

ケビン：いや、今話しているんだ。

漁業取締官：来なさい。

ケビン：私の食べ物に触るな。

漁業取締官：ケビン？

ケビン：私の食べ物に触らないでください。私の食べ物に触らないで。

ニュースキャスター：

警官はこの老人に、捕獲した物をあきらめるよう指示しました。

漁業取締官：こっちに来なさい、ケビン。

漁業取締官：私のところに来て。さあ、こっちだ。

ケビン：いやだ、手荒なことはしないで。

漁業取締官：ケビン。傷つけるつもりないんだ。やめなさい。

ケビン（インタビューを受けている）：

やつらを見るだけで怖い。見るだけで怖いんだ。

ケビン：私には法があるんだ。

漁業取締官：わかった。やめなさい。

ニュースキャスター：

岸辺で彼は質問され、注意され、漁獲物と漁具を押収されました。

ケビン（インタビューに答える）：

私はアボリジナルの人々の一人で、先住権を持っていて、どこの禁止水域でも好きなものを獲れると言ったんだ。私には権利があるんだ。

＊　＊　＊　＊　＊

今ビデオでご覧になった、白いあごひげと黒い顔の男性は、ナロマの一家の 74 歳の曽祖父です。

Fisheries Officer: Hey, Kevin, stop. Fisheries. Stop, stop Kevin, I want to check those fish. Kevin stop there.

Newscaster:

Kevin repeatedly tells the officer he's a traditional owner.

Kevin: … you know the rules here, I am a native title owner here.

Fisheries Officer: Okay, come and talk to me.

Kevin: No, I am talking to you right now.

Fisheries Officer: Come on.

Kevin: Come on, don't touch my food.

Fisheries Officer: Kevin?

Kevin: Don't touch my food, please. Don't touch my food.

Newscaster:

The officer instructs the elder that he must give up his catch.

Fisheries Officer: Come on in, please, Kevin.

Fisheries Officer: Come with me. Hey, come on.

Kevin: No, don't get rough with me.

Fisheries Officer: Kevin. I am not going to hurt you. Just stop.

Kevin (being interviewed):

It's just scary just to see them. Just it scares the daylights out of me.

Kevin: I got my laws.

Fisheries Officer: All right. Stop.

Newscaster:

On the shore he is questioned and cautioned and his catch and gear are seized.

Kevin (being interviewed) :

I said, No. I said I'm Aboriginal, native title holder and said I can take anything I want in any closed waters anywhere. I have got a right to…

* * * * *

That man that you just saw on the video, the guy with the white beard and the black face is a 74-year-old, great, great grandfather from Narooma.

この映像は、取締官が肩に担いでいるビデオカメラから撮ったものです。

見ていただいたように、彼らはケビンを水の中まで追い回しました。ヘッドロックをかけ、彼を捕まえ、アワビを取り上げたのです。

彼らは、彼をアワビの所持で起訴し、また暴行罪で起訴しました。二人の屈強な漁業取締官に追いかけられた74歳の男が、74歳の一家の曽祖父が、暴行罪で起訴されたのです。

このような話、本当に恐ろしい話はたくさんあるのですが、ここではそれらの話をする時間がありません。私がここに招かれたのは、この話を皆さんにお届けするためです。この話はオーストラリア全土に広がり、多くの人々が憤慨しています。

しかし、この取締官や警察の行為はそれだけで終わりません。彼らは今でも人々を水の中まで追いかけまわしています。彼らは監視し、監視し、新しい技術で監視し続けているのです。

私たちはある日、ニュー・サウス・ウェールズ州南岸のベイトマンズ・ベイの南にダイビングに行きました。私たちは犬を連れて行ったのですが、海に飛び込んで漁をしようとあるポイントに出ようとしたとき、犬が茂みに飛びこみ、丘を駆け上がっていく木を追いかけ始めたのです。木に扮した漁業取締官が私たちの後をついてきていたのでした。

他にも、軍隊のように顔を黒く塗って丸太に見せかけた監視官もいました。ばかげた話でしょう。しかし、最近の監視はより洗練されています。私たちの上空にドローンを飛ばしたりしています。道路を封鎖したり、その他あらゆる手段を使って、私たちが漁をするのを妨害しているのです。

ニュー・サウス・ウェールズ州政府は、私たちが太古の昔から持っている先住権を行使して漁業をすることを阻止しようとしているのです。彼らの法律で私たちの先住権を奪いさるまで。

The video you just saw was taken from the compliance officers video camera that they hold on their shoulders.

That same bit they chased him out into the water. They grabbed him; they got him in a headlock. They took his abalone off him.

They charged him with possessing abalone and they charged him with assault. A 74-year-old man chased by two burly big fisheries officers, charged the 74-year-old great, great grandfather for assault.

I have many stories like that, some really terrifying stories but we haven't got time here tonight to discuss these. This is one thing when I was invited to come here, that we have to bring this story to you. This story went nationwide in Australia and has left a lot of people outraged.

But these compliance officers and police don't stop there. They chase people into the water. They have surveillance, surveillances, innovative surveillances.

We went diving one day just south of Batemans Bay on the south coast of New South Wales. And we took a dog with us and as we were going out to the point to jump in the water to fish the dog took off up the bush and it started chasing a tree that was running up the hill. This was a fisheries compliance officer dressed up as a tree following us down the road.

There are other surveillance officers dressed up with black painted faces like the army trying to look like a log. Those are the funny ones. But they have made their surveillances more sophisticated these days. They have drones that fly over all of us. They have roadblocks and every other mechanism that they have available to them, they throw at us to prevent us from fishing.

So that's the kind of level that the New South Wales Government will go to try and prevent an Aboriginal right to fish that we have had since time immemorial. Until they've tried to take that away through legislation.

■マボ判決―先住権法―漁業管理法

〈マボ判決 1992〉

私のプレゼンテーションを少し早めますね。というのも、私たちの弁護士による重要な話があるからです。台湾の講演者の方がおっしゃっていましたが、すみません、その方の名前を忘れてしまいました、オーストラリアには「マボ判決」と呼ばれる連邦最高裁判所の判決があるとおっしゃっていました。

マボ判決は、アボリジナルの人々がその土地とのつながりを証明できれば、その土地に対して先住権を持つとするものです。つまりその土地に対して権利を持ち、その自然資源に対して権利を持つとしました。

これは最高裁の判決であり、連邦政府はその判決を現実のものとするための法律を作らなければならなかったのです。連邦政府がこの判決を受けて考えたことは、オーストラリアですでに土地や資源に対する財産権を持っているアボリジナルの人々ではない人たちに、安心感を与える必要があるということでした。

〈先住権法（1993・連邦法）〉

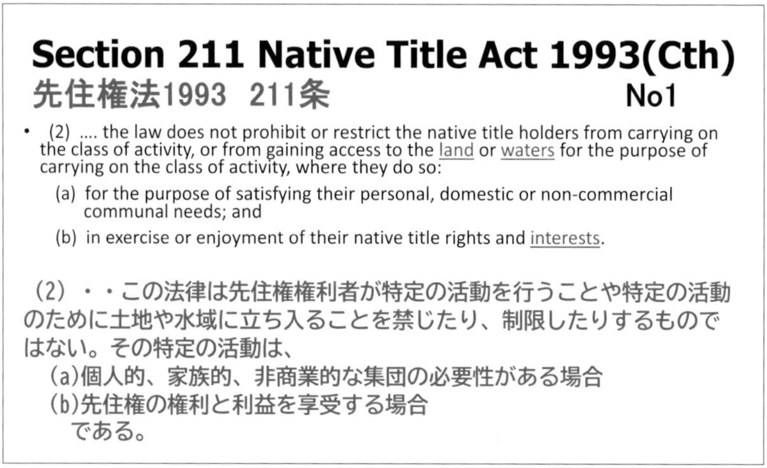

■ Mabo Decision - Native Title Act- Fisheries Management Act

〈Mabo Decision 1992〉

I'll just fast forward a little bit for my presentation. Because we have an important presentation by our lawyer here. As was mentioned by the presenter, the Taiwanese presenter—I forgot his name now—my apologies—he mentioned that in Australia we had a High Court decision called the Mabo Decision.

That Mabo Decision provided us with a native title right in Australia, which meant that Aboriginal people, if they were able to prove connection to country, had a right over that country. We had a right of say, we had a right to land, and we had a right to resources.

That was a court decision and the Federal Government had to create legislation that would enable that decision to become practical. What they realized was that they had to provide reassurance to non-Aboriginal people who already had a property right in Australia.

〈Native Title Act 1993（Commonwealth）〉

They introduced legislation to try and provide that certainty to people who were panicking that Aboriginal people had a right to the property in their backyards. As part of that discussion that we had, we were able to insert a provision in that legislation called Section 211 which specifically dealt with Aboriginal fishing rights.

They also set up what they called a National Native Title Tribunal which tried to lessen the adversarial approach that the Mabo decision created; that created a court process and the tribunal adopted a conciliatory approach to two parties warring over the same property right.

It was during this time that we were having discussions that one of the government officials came up to me and said, “Danny, why don't you

連邦政府は、アボリジナルの人々が自分たちの裏庭の土地に対する権利を持つ、とパニックに陥っている国民に確実性を与えるための法律を導入したのです。その際の議論の過程で、私たちはその法律に、アボリジナルの人々の先住権としての漁業権に特化した211条という条項を挿入することができました。

また、連邦政府はマボ判決が生み出した対立的な側面を緩和しようと、先住権調停機関を設けました。これは司法手続きとして、同じ財産権をめぐって争う2つの当事者に対して、話し合いによる解決を図る調停機関を作ったのです。

その時のことですが、次のようなことがありました。政府の役人が私のところに来て私とこんな会話を交わしました。「ダニー、もう君には権利はないんだから、権利を買い戻す必要があることを認めたらどうだ？」

私はもちろんノーと言いました。

すると彼はこういったのです。「我々が君からその権利を買い取るのはどうだ？」

私の答えは単純です。「私の漁業を営む先住権は売り物ではないよ。なぜならそれは私のものではないのだから。私は一時的に先住権を保有しているにすぎないし、それは次の世代に渡していくものなのだから。私がどうして売ることができるのかね？」

というわけで、私たちは最初と同じように対立的な立場に立たされることになりました。私たちは、一時的にしか持っていないものを売ることなどできません。そして、彼らは私たちが望むものを理解せず、それを提示することすらできなかったのです。だから、別の手続きで何かをしなければならなかったのです。

〈漁業管理法（1994・州法）と漁業管理法の改正（2009）〉

2009年、私たちニュー・サウス・ウェールズ州のアボリジナルの人々は、州政府を説得し、漁業管理法を改正して、第21AA条*1という先住権に基づく漁業に関する規定を挿入することができました。

just concede that you don't have the right anymore and that you need to buy back those rights?"

I, of course, said no.

And he said, "Well, what if we bought them back from you?"

My response to him and his government was this, simply this: that my Aboriginal rights to fish are not for sale because they don't belong to me; I hold on for a little while then I hand them on to the next generation, so how can I sell that?

So that left us in I guess the same adversarial place where we began. We couldn't sell something that we only held temporarily. And they weren't prepared to give us what we wanted. So we had to do something in different jurisdictions.

〈Fisheries Management Act 1994 and Fisheries Management Amendment Act 2009〉

In 2009, we—we the Aboriginal people of New South Wales—were able to convince the New South Wales Government to amend the Fisheries Management Act to insert an Aboriginal fisheries provision called section 21 AA.

Section 21AA: Special Provision for Aboriginal Cultural Fishing
Fisheries Management Amendment Act 2009
(NSW) No1
第21AA条：アボリジナルの文化的漁業に関する特別規定
漁業管理修正法(2009年)(ニューサウスウェールズ州)

＊1　訳注：2009年に成立した漁業管理修正法（州法）は、21AA条という特別規定を設けた。この条項では、先住権に基づく文化的漁業について規定し、アボリジナルの人々は文化的漁業による魚介類の捕獲及びその保有する権利を有することが認められた。
ここでいう文化的とは、一般に先住民族の集団が、漁業、狩猟という伝統的活動や生活する権利、その生活様式をさすとされる。
国連人権員会の一般的意見23（1994年）は、「文化は、特に先住民族の場合に、土地資源の利用に結びついた独特の生活様式を含む、様々な形態をとる」としている。文化的漁業とは、このような先住民族の集団が営む生活としての漁業のことである。

このようなことはすべて、アボリジナルの人々が漁業取締官に追われている状況下で、起こっていたことを忘れてはならないと思います。

彼らは弁護の手立てもなく、法廷に引きずり出されていました。彼らは留置場に繋がれていました。

ニュー・サウス・ウェールズ州では、一度漁業犯罪で起訴されると、漁業取締官は２年間は彼らの裁判を始める必要がないのです。皆さん、お気づきになると思いますが、この間、家族は過酷な状況に追い込まれ、精神的にもつらい立場に立たされるのです。そのような状況の中で、私たちは、私たちを追いかけて留置場に入れようとし、私たちを殴り、私たちの目を突いた相手と、座って話し合わなければならなかったのです。そして誠実に、礼儀正しく、21AA条の意味について、つまりアワビを何個獲れるのかについて、彼らときちんと話し合うよう求められたのです。

それでも私たちは交渉を開始しました。そして私たちは、すでに乱獲されているニュー・サウス・ウェールズ州の漁業には、先住権としての漁業規定（による私たちの権利（訳者注））を挿入する余地などほとんどないことをすでに知っていました。しかし、たとえ検討する余地がないとしても、私たちが一番気にかけている環境問題と、私たちの特別な資源と種の存続にかかわることなので、交渉したのです。

当然ながら、私たちは政府から、何らの規制もなく21AA条の内容を実現する、つまり、アボリジナルの人々が漁に出て好きなものを取ることができることの同意は、得られませんでした。

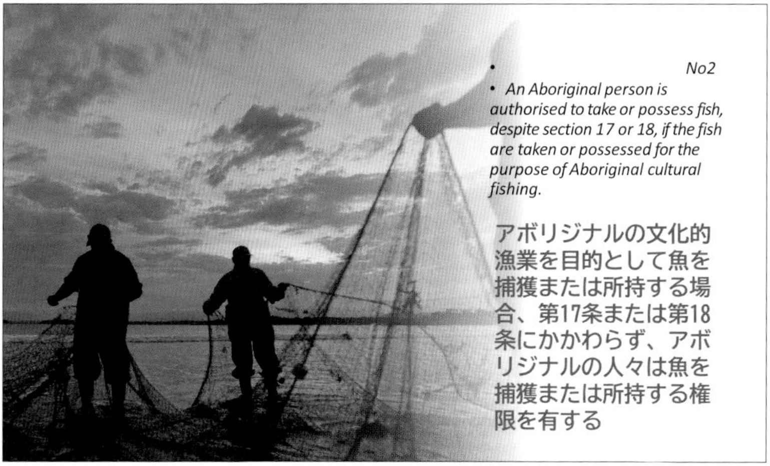
No2
An Aboriginal person is authorised to take or possess fish, despite section 17 or 18, if the fish are taken or possessed for the purpose of Aboriginal cultural fishing.
アボリジナルの文化的漁業を目的として魚を捕獲または所持する場合、第17条または第18条にかかわらず、アボリジナルの人々は魚を捕獲または所持する権限を有する

Now, you must remember that all this was going on in the context of Aboriginal people being chased by fisheries officers.

They were being dragged to court with no resources to defend them. They have been jailed.

Once a person gets charged for a fisheries offense in New South Wales, fisheries does do not have to take them to court for two years, which causes a real big strain on their families, their mental health and everything else that you can think of.

So, it was in that context that we had to sit down and talk to someone that had pursued us, tried to jail us, bashed us, poked us in the eye. And we were asked to be cordial, polite and have a proper discussion with them about what does section 21 AA mean: in other words, how many abalone could you catch?

So we started the negotiations. And we already knew that there was little room for an Aboriginal fisheries provision to be inserted into an already overexploited New South Wales fisheries. But if we care about nothing else, we care about the environment and we care about the survival of our very special resources and species.

私たちの提案によれば、もし環境問題や特定の種の乱獲が懸念された場合には、政府関係者に、産業界や環境保護運動と同様に私たちとも話し合いの場を設け、私たちの漁業は継続しつつも、環境保護のために一部の漁業を後退させる方法を議論できるように求めたのです。

結局、交渉は決裂しました。つまり、アボリジナルの人々にとっては、現行法がまだ変更されずに存在するということです。

現行法では、私たちの伝統的な魚介類であるアワビとロブスターについて、その漁の許可や権利を持たない者は、それぞれの種を2尾ずつしか取ることができない、とされています。

もしアボリジナルの人々が2尾以上、あるいは男性が3尾以上捕獲した場合、…会場にいる女性の方すみませんでした、例えば女性が3尾以上捕獲した場合、彼らは裁判で有罪となり、10年の実刑判決を受ける可能性がある。

これがニュー・サウス・ウェールズ州の現行法なのです。

■明るいニュース

さて、皆さんは今までのところ、この男には良いニュースがないか、と思っていることでしょう。

〈水域に対する権利の要求〉

よろしい。少しこの議題での明るい話をしましょう。南海岸では、アボリジナルの人々の先住権の要求をしています。これはアボリジナルの人々に権利を認めたマボ判決に基づいています。私たちはシドニーのすぐ南、ビクトリア州との州境までの海域について、その権利を主張しています。

この要求は、おそらく今週のシンポジウムのテーマに関連していると思います。つまり、河口部だけでなく、沖合約12キロメートルまでの先

Not surprisingly, we were unable to get the government to agree to commencing 21 AA without regulations, that would have meant Aboriginal people could go and fish and take what they wanted.

According to our proposal, if there had been any concerns about environmental issues, about overfishing a certain species, then we [would have] required them to sit down with us as well as the industry and the environmental movement to discuss ways in which we could still continue on with our fisheries but wind back other parts of it to make sure that the environment was protected.

In the end the negotiations broke down. That means the current law still exists unaltered for Aboriginal people.

The current law provides that a person who has not got a license or a property right in that fish, in abalone and lobsters which is our traditional fish, can only take two of each of the species.

If an Aboriginal person gets caught with more than two, if he gets caught with three—or she gets caught with three, I apologize to the ladies in the room, they can be found guilty in a court of law and be sentenced to 10 years' jail.

That is the current law in New South Wales.

■ Shining Good News

Now I bet by now you are saying this guy's got no good news for us.

〈The Claim Over Waters〉

Well, there is a bit of a shining light on the subject and that is that on the south coast, we have a native title claim which is born out of the Mabo decision, which created property rights for Aboriginal people. We have lodged the claim over waters just south of Sydney down to the Victorian border.

Part of the claim probably relates to our topic that we're discussing this week. That is, we've claimed around 12 kilometers out to sea, as well as the estuaries, and the government did not contest that and I mean that

住権の権利を主張したのですが、政府はこれに異議申し立てをできたにもかかわらず、しませんでした。

私の後にキャシーが教えてくれるでしょうが、政府は異議申し立てをしなかったので、この権利の主張は認められるのです。

〈ニュー・サウス・ウェールズ 南海岸先住権漁業グループ (NSW Aboriginal Fishing Rights Group)〉

同じ頃、南海岸のアボリジナルの人々は、“南海岸先住権漁業グループ”という漁業作業グループを立ち上げました。

私がこうして皆さんの前に立っているのは、私たちが漁業権を主張し訴えてきたこと、それを世界やオーストラリアのできるだけ多くの人々に知ってもらうために活動してきたことからです。それが私たちがここにいる理由であり、私がここにいる理由だと確信しています。このようなグループが、このシンポジウムの主催者の目に留まったのだと思います。

そして本日２人目の講演者、端に座る不細工な男が、皆さんの前に立ったのです。

〈素晴らしい支援者たち〉

私たちが今までなしえたことや、少しでも立法過程に参加できたことは、素晴らしい人々に支えられてきたからです。

私たちは裕福ではありません。私たちは貧しいのです。

私の隣に素晴らしい女性が座っています。彼女は隠れようとしていますが。彼女のご主人をはじめ、あちこちにいるたくさんの弁護士、研究者、私たちが必要とするあらゆるもの……私たちは、自分たちでは決してできないような方法で、法廷で私たちを弁護してくれる素晴らしい人たちを得ることができました。

キャシーのラッパを吹こうかと考えているが、それは彼女自身に任せましょう。

しかしここ数年で、ニュー・サウス・ウェールズ州漁業局が80人を起訴しようとした際に、キャシーが全員を釈放させたのです。

they didn't – they could have filed.

Kathy would be able to help me out here, they – because they didn't oppose it, the claim stands.

〈NSW Aboriginal Fishing Rights Group〉

And around about the same time the Aboriginal people on the south coast set up a fisheries working group called South Coast Aboriginal Fishing Rights Group.

And probably the reason why I'm standing here before you is because of the work that we've been doing in relation to that by prosecuting our fishing rights and making them known to as many people as possible around the world and around Australia. That we can is the reason why we're here and I'm sure why I'm here. And I'm sure that that group caught the eye of the organizers of this symposium, and hence our invitation and thank you very much for that.

And like that, the second last presenter that we have today, the ugly guy on the end, stands before you today.

〈Wonderful Supporters〉

So because of what we've done, and because of some of the legislative things that we were able to get done, we have been supported by a group of wonderful people. And because we were not rich. We are poor.

We've got a wonderful lady here sitting beside me. She's trying to hide. Her husband and a lot of other lawyers around the place, researchers and everything that we need—we've been able to get these wonderful people to advocate for us in court in a way in which we would never be able to do ourselves.

And I'm thinking about blowing Kathy's trumpet, but I'll let her do that herself in a moment.

But over the last couple of years, when there's 80 people that have been tried to be prosecuted by New South Wales Fisheries, Kathy's got them off.

■私たちの物語を分かち合い、連帯しましょう！

世界からの先住民族の代表のみなさん、そしてアイヌの皆さん、私たちの物語はまだ終わっていません。あなた方の物語もまだ語り尽くされていないでしょう。私たちの敵対者たちは、私たちの物語を語らせようとはしません。彼らは私たちをできる限り深く葬り去ろうとするでしょう。

私たちは怒りを維持しなければなりません。今日のように互いに話し合い、連帯感を得なければなりません。

私はこの会議で、台湾の兄弟や北海道の人たちから、そしてこの美しい土地から学んだことを持ち帰り、それを私の仲間たちと分かち合い、また私が行くどこの場所でも分かち合いたいと思います。

そのことを約束します。今、少し感情的になって呼びかけていますが、本当に皆さんには闘い続けてほしいと思います。

ありがとうございました。

■ Share Our Stories and Unite !

Delegates and Ainu people, our stories haven't been finished yet. Yours hasn't been fully told yet either. At won't get told by our adversaries. They will try to bury us as deep as they can.

We have to maintain the rage. We have to talk to one another as we are now, we have to gain solidarity.

I will take from this conference what I've learned from my Taiwanese brothers and the Hokkaido people from this beautiful land and I will share it with my people and I'll share it wherever I go.

I promise you that and I just want you I'm getting a bit of emotional right now but I really want you to stay the fight and keep it up.

Thank you very much.

パート２　キャサリン・リッジさんからの報告

ダニー、ありがとう。そして、アイヌの長老たち、ラポロアイヌネイションの皆さん、この会議に参加してくださった他のアイヌの皆さん、会議の主催者の皆さん、ありがとうございます。また、今日ここに台湾から来てくださり、話してくれた素晴らしいスピーチに感謝しています。そして、この部屋に集う先住民の皆さんに感謝します。私は皆さんと皆さん方の闘いを知り、敬意を表したいと思います。

私はアニー・キャス・ウォーカーという女性を思い出します。彼女はコンドムカネイションの人（有名な詩人（訳者注））ですが、いつも手紙の最後を「Yours in the struggle（闘いの中にいるあなたとともに）」という言葉で締めくくっていました。そしていつも笑いながら言うのです、「これは決してピクニックなんかではないのよ。これこそが闘いなの。そうでしょう？」

■この 30 年間の先住権をめぐる騒動

ダニーは、連邦法である先住権法（Native Title Act 1993）の交渉チームの一員でした。彼はこの法律の草案作りを手伝いましたが、この法律は、我が国において非常に重要なものです。

この法律には非常に複雑な概念があり、その中には「過去の行為」という考え方が含まれていて、「過去の行為」というのは、政府によってなされた法律の中間期の行為をさしています。この中間期とは、先住権法の成立時 1993 年と 1995 年 1 月 1 日までの間をさします。そしてこの中間期において、州法において（アボリジナルな人々の権利の—訳者追記）消滅を強化することができたのです。1994 年に、マボ判決への州政府の最初の対抗手段の一つは、州法である漁業管理法の「将来の行為」条項が効力を持つ前に、漁業関連法を変更することでした。

つまり、この年表（86・87 頁）のポイントは、アボリジナルの人々に対して国が彼らの権利を法律で認めると約束したにもかかわらず、政府が行った行為やその騒動をすべてお見せすることです。そして、皆さんは、そのプロセスは 30 年前に始まり、今日ダニーが指摘したように、

Part II Report From Kathryn

Thank you, Danny. And thank you to the Ainu elders and the whole Raporo Ainu Nation and the other Ainu who have joined this conference, and to the conference organizers, and the excellent speeches from the Taiwanese people who have come here today. And to all of the other First Nations people who join us in the room. I'd like to acknowledge and respect you and your struggles.

I remember Annie Kath Walker, a Quandamooka woman, and she always signed off with, "Yours in the struggle," and she used to laugh and say, "I really mean that you know they don't call it a picnic. It's not called a struggle for nothing."

■ Conflicts over Aboriginal Rights in this 30-year Timeframe

So, Danny here was part of the team, the negotiation team for the Commonwealth Native Title Act Legislation. So he helped draft that legislation, which is very significant in our country's law.

And in that Act, there are some very complex concepts, including this idea of past acts, so acts done by governments in the past and then there was this intermediate period. So that was the period between the start of the Act and 1st of January 1995.

And in the intermediate period, they could reinforce extinguishment in State laws. And so in 1994, one of the first responses of the State government to Mabo was to change the fishery laws before the future act requirements of the Fisheries Management Act came into force.

So, the point of the timeline (p.86, 87) is to show you all the activity, the noise, where the State promises to Aboriginal people, that they will recognize their rights in the law. And so you can see that process started 30 years ago, and Danny pointed out today it still hasn't

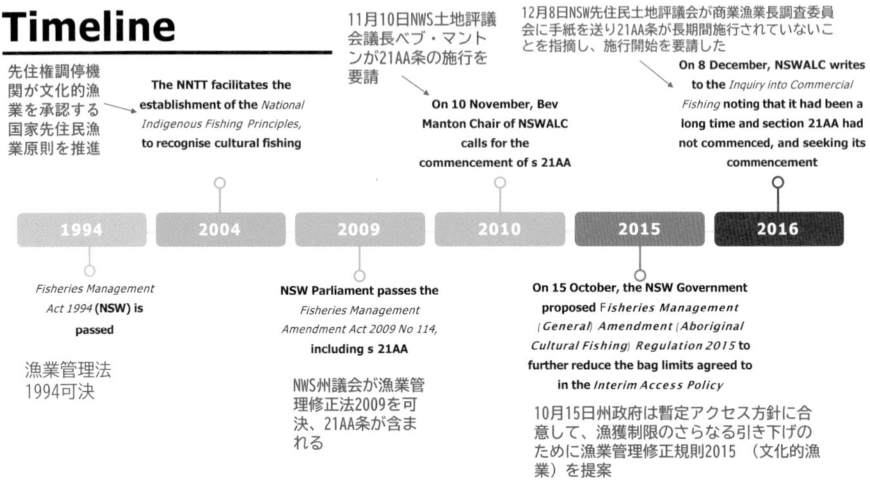

Timeline
先住権調停機関が文化的漁業を承認する国家先住民漁業原則を推進
The NNTT facilitates the establishment of the National Indigenous Fishing Principles, to recognise cultural fishing
11月10日NWS土地評議会議長ベブ・マントンが21AA条の施行を要請
On 10 November, Bev Manton Chair of NSWALC calls for the commencement of s 21AA
12月8日NSW先住民土地評議会が商業漁業長調査委員会に手紙を送り21AA条が長期間施行されていないことを指摘し、施行開始を要請した
On 8 December, NSWALC writes to the Inquiry into Commercial Fishing noting that it had been a long time and section 21AA had not commenced, and seeking its commencement
1994
2004
2009
2010
2015
2016
Fisheries Management Act 1994 (NSW) is passed
漁業管理法1994可決
NSW Parliament passes the Fisheries Management Amendment Act 2009 No 114, including s 21AA
NWS州議会が漁業管理修正法2009を可決、21AA条が含まれる
On 15 October, the NSW Government proposed Fisheries Management (General) Amendment (Aboriginal Cultural Fishing) Regulation 2015 to further reduce the bag limits agreed to in the Interim Access Policy
10月15日州政府は暫定アクセス方針に合意して、漁獲制限のさらなる引き下げのために漁業管理修正規則2015 （文化的漁業）を提案

ニュー・サウス・ウェールズ州ではいまだにその権利を認めるようには変更されていないことが分かるでしょう。

そして、この30年間に、南海岸の500人を超えるアボリジナルの人々の男性、ほとんどが男性ですが、彼らの法と慣習に従って漁業を行ったために、私たちが弁護を開始する前に起訴され、前科の履歴が残されました。

というわけで、ビデオに映っていたアンクルケビン・メイソンさん、ニックネームはファントム（幽霊）ですが、ビデオ映像に写っていた事件の起訴は、彼の３度目の起訴で、次から次へと起訴されたのでした。そして、その前回以前も、前回も含めて、私たちが法廷に入るその日まで、検事は事件を維持していました。そして、彼らは不利な判決が出てそれが悪い前例になることを心配して、訴えを取り下げることを選んだのでした。

このビデオが上映される前にダニーが強調したように、重要な点は、州政府は当時、いかなる目的での漁業権にも反対していなかった点です。

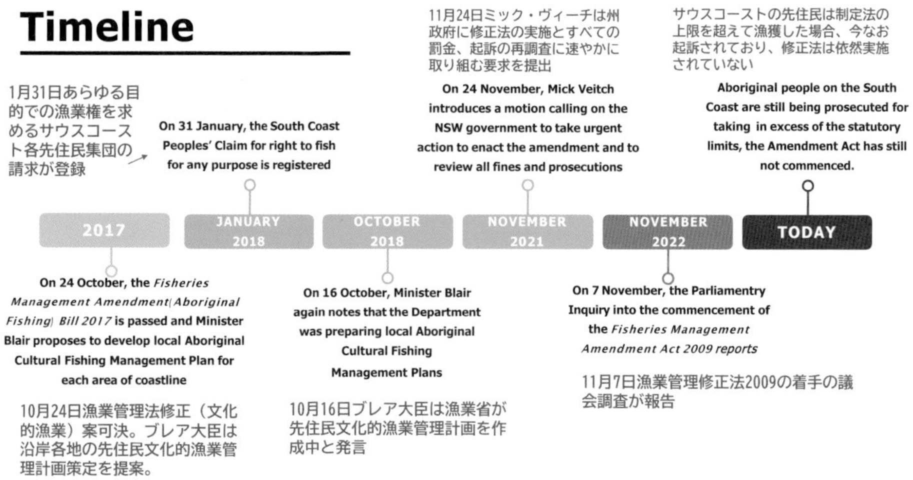
Timeline
1月31日あらゆる目的での漁業権を求めるサウスコースト各先住民集団の請求が登録
On 31 January, the South Coast Peoples' Claim for right to fish for any purpose is registered
11月24日ミック・ヴィーチは州政府に修正法の実施とすべての罰金、起訴の再調査に速やかに取り組む要求を提出
On 24 November, Mick Veitch introduces a motion calling on the NSW government to take urgent action to enact the amendment and to review all fines and prosecutions
サウスコーストの先住民は制定法の上限を超えて漁獲した場合、今なお起訴されており、修正法は依然実施されていない
Aboriginal people on the South Coast are still being prosecuted for taking in excess of the statutory limits, the Amendment Act has still not commenced.
2017
JANUARY 2018
OCTOBER 2018
NOVEMBER 2021
NOVEMBER 2022
TODAY
On 24 October, the Fisheries Management Amendment(Aboriginal Fishing) Bill 2017 is passed and Minister Blair proposes to develop local Aboriginal Cultural Fishing Management Plan for each area of coastline
10月24日漁業管理法修正（文化的漁業）案可決。ブレア大臣は沿岸各地の先住民文化的漁業管理計画策定を提案。
On 16 October, Minister Blair again notes that the Department was preparing local Aboriginal Cultural Fishing Management Plans
10月16日ブレア大臣は漁業省が先住民文化的漁業管理計画を作成中と発言
On 7 November, the Parliamentry Inquiry into the commencement of the Fisheries Management Amendment Act 2009 reports
11月7日漁業管理修正法2009の着手の議会調査が報告

been changed to provide those rights in New South Wales.

And in this 30-year timeframe, over 500 South Coast Aboriginal men, largely men, have been prosecuted and given criminal records convictions before we started running the defenses for fishing in accordance with their law and customs.

So, the man, Uncle Kevin Mason, nickname Phantom, whom you saw in the video. The prosecution from the video footage was the third time he'd been prosecuted, one time after the other. And each time before that last time, and including the last time, the fisheries prosecutor maintained the case until the day we walked into the courtroom. And then they chose to withdraw the case because they were worried about an adverse judgment setting a bad precedent.

And just to reinforce the point, as Danny noted on before that footage was taken, the State government had not opposed the right to fish for any purpose at that time.

■アボリジナルの人々と海とのつながり

〈慣習法上の権利〉

Customary Right
慣習法上の権利
• The right to fish is a right possessed and exercised by First Nations for many thousands of years.
• It is a right contingent on being a member of the relevant society and following the normative rules of that society.
• Under First Nations law there is a property right in the marine resources.
漁業権は何千年もの間先住民の各集団によって保持され、行使されてきた権利
それは関係する社会集団の一員であることを条件とする権利であり、その社会集団の決まりに従う
先住民の各集団の法の下、海洋資源に財産権が存在する

また、この法的権利の根源は、アボリジナルの人々の慣習法であり、アボリジナルの人々と海との関係であり、この海との精神的つながりなのです。そして法律が破壊しようとするのは、この彼らの固有の文化的活動としての漁業なのです。

もし自らの慣習と法に従って漁をしなければ、アボリジナルの人々は先住権を失うことになるのです。そして、もし慣習と法にしたがって漁をすれば、その人は起訴されるのです。

アワビは大金、それもかなりの大金を生み出す、価値あるものです。ニュー・サウス・ウェールズ州では、毎年100トンの商業用漁獲が行われ、アボリジナルの人々に許されている慣習的な漁獲は、1トンです。

そして毎年、漁獲量を規制している管理諮問委員会は、これまで1トンを超えて慣習的漁獲がされたことは一度もなかったと指摘しているのです。それにもかかわらず、彼らはアボリジナルの人々の漁業を抑え込んでいるのです。

皮肉なことに、アボリジナルの人々の権利が主張された当時、訴追の数は劇的に増加しました。なぜなのか正確にはわかりませんが、アボリジナルの人々の権利の主張を協議する前に、アボリジナルの人々の心を潰そうとしているのではないかと疑っています。

■ Relationship of Aboriginal People with Sea Country

〈Customary Rights〉

So, the source of the legal right, is the Aboriginal customary laws and the relationship of the Aboriginal people with their sea country and their spiritual relationship with this sea country. And it is that inherent cultural activity that the laws are designed to disrupt.

If you don't fish in accordance with your law and custom, you'd lose your native title rights. And if you do, they prosecute you.

Abalone are worth a lot of money, a lot of money. And in New South Wales they take 100 tons every year for the commercials, and they allow for one ton of customary take.

And every year, the Management Advisory Committee which regulates notes that that one ton is never exceeded. And yet they are still locking up Aboriginal people for fishing.

Ironically, at the time that the claim was lodged, the number of prosecutions increased dramatically. We don't know why precisely but we suspect that it's an attempt to try and crush the spirit of the South Coast People before they negotiate their native title claim.

We too have heard and have received judgments where the judges say to allow Aboriginal people to fish would be to create a sustainability or environmental issue.

However, at the same time that they're prosecuting the Aboriginal people they have increased the amount of commercial take by 30 tons per annum. So, there is not really a sustainability issue.

アボリジナルの人々に漁業を許可することは、持続可能性や環境の問題を引き起こすという判決を、私たちも聞いたことがあります。

しかし、アボリジナルの人々を起訴する同じ時期に、彼らは商業捕獲量を年間 30 トンも増やしているのです。つまり、持続可能性の問題ではないのです。

〈先住民の法による漁業の決まり〉

伝統的なアボリジナルの人々の捕獲の決まりが行きわたっているニュー・サウス・ウェールズ州南海岸のアワビは、オーストラリア海域に残っている最も良質なアワビです。

現行のオーストラリア漁業政策では、アワビは 11.5 センチ以上のものしか採れませんが、南海岸の長老たちが懸念しているのは、それでは繁殖できるアワビが海から失われてしまうということです。

だから、アウェイ教授が説明した決まりの話は、南海岸で適用される決まりと非常に似ていることがわかります：必要な分だけ取り、他の人のために少し残し、獲物を分け合い、大きさに関する決まりを守り、殻と内臓は海に返す。

これこそが漁業管理計画でなければなりません。この決まりは一つの持続可能な管理の形であり、漁業法と同様に有効であるというのが、私たちが漁業局と交わしている最も強い議論のひとつです。

■南海岸漁業権カード

〈保護のために〉

先住権を有する漁業者を守り、漁業取締官と先住権を持つ権利者との対立を減らすために、南海岸先住権漁業グループは、先住権を有する者のカードを作り、そこには「私は南海岸の先住民であり、私たちの法律と慣習に従って漁業をしています」という言葉と写真を印刷しました。それによって彼らは漁業取締官が彼らを引っ張っていこうとした際でも取締官と争う必要がなくなりました。

先住民の法による
漁業の決まり:基準
Fisheries regulation by Aboriginal Law: normative
必要な分だけ獲り無駄にしない
季節ごとのルールを守る
ほかの人、明日のために残す
長老と家族で収穫を分かつ
魚の大きさのルールを守る
貝殻、内臓は海に戻す
• Take only as much as is needed and do not waste
• Observe rules on the season
• Leave some for others and tomorrow
• Share the catch with Elders and family
• Observe rules about size
• Return shells and guts to the ocean

〈Fisheries Regulation by Aboriginal Law〉

The abalone on the south coast of New South Wales, where traditional Aboriginal rules around take have prevailed, are the healthiest abalone left in Australian waters.

Under Current Australian Fisheries Policy you can only take abalone that are bigger than 11.5 centimeters and the concern the South Coast elders have is that that removes the breeding stock from the environment.

So, you'll see the laws that were explained by Awi are very similar to the laws that apply on the south coast: take only as much as you need, leave some for others, share your catch, observe the rules around size and return the shells and guts to the ocean. This is a fishery management plan. And it's one of the strongest arguments that we have with the Fisheries Department, that these laws are a form of sustainability management and they're just as valid as the fishery laws.

■ South Coast Fishing Rights Cards

〈For Protection〉

To help protect native title fishers and to reduce conflict between fishery officers and native title holders the South Coast Aboriginal

〈教育のために〉

　このカードはまた、アワビやロブスターを漁獲する権利を保護し支持する現行法の該当条項の順守をも、取締官に指摘しているのです。

　これは重要なことです。というのも、私たちが行ってきた漁業事件では、取締官が、「私たちは先住権が適用される法律についての教育を受けていないし、誰が先住権の権利保持者なのかわからない」と言うのです。

■先住権の法的保護と闘い

〈漁業管理法 287 条と先住権法 211 条〉

Section 287 FMA Argument

漁業管理法287条の論拠　　**No1**

- Section 287 provides:　287条の規定

"This Act does not affect the operation of the Native Title Act 1993 of the Commonwealth or the Native Title (New South Wales) Act 1994 in respect of the recognition of native title rights and interests within the meaning of the Commonwealth Act or in any other respect."

連邦法の範囲内で、その他のあらゆる関連で、先住権の権利と利益を承認することに関し、この法律は先住権法1993あるいはNSW先住権法の施行に何らの影響を与えるものではない

　これは 1994 年に成立した漁業管理法の第 287 条です。287 条は、この法律のいかなる条項も、先住権の権利行使に影響を及ぼすものではない、と明確に記載されているのです。

　そして、ダニーが指摘したように、先住権法 211 条は、販売をしないかぎり、先住権としての狩猟と漁業の権利を保護しているのです。

　最高裁は、これらの権利について検討し、誰かが何かを獲る権利を持っているならば、獲った瞬間にそれはその人の個人の財産になると述べています。そして、いったん自分の所有物となれば、それを好きなように利用することができるのです。

Fishing Rights Group have printed cards which have a photo of the native title holder and have these words printed on it "I am a South Coast Aboriginal person and I am fishing in accordance with our law and custom" so that they don't have to engage with the fishery officers when they get pulled over.

〈For Education〉

The cards also point out to the compliance officers the applicable provisions of the current legislation which protect and uphold the rights to fish for abalone and lobster.

This is important, because in the fishery cases that we've been running the compliance officers say, "We have no training in the laws that applied a native title, we don't know who is a native title holder," so the cards are protective and educative.

■ Legal Protections and Struggles for Aboriginal Rights

〈Section 287 FMA & Section 211 Native Title Act〉

So this is a Section 287 in the Fisheries Management Act that was passed in 1994 . And it says in black and white very clearly that nothing in the Act affects the operation of Native Title.

And Section 211 of the Native Title Act as Danny pointed out, protects those rights to hunt and fish as long as there is no sale.

The High Court has since considered these rights and have said if you have the right to take something, the moment you take it, it becomes your personal property. And once it's your property you can do with it what you like.

〈頑固さと意地悪さと〉

　では、そのような法的保護があるにもかかわらず、たとえ起訴が取り下げられたとしても、どうしてこのような事件が依然として起きてしまうのでしょうか？　それは頑固さというか、ダニーが言ったように意地悪さというか、たとえアボリジナルの人々がこれらの権利を持っていたとしても、取締官たちはその日に行われた漁が法と慣習に従った漁であったことには同意せず、先住権権利者にその度にいちいち証明することを求めようとするのです。

　だから、それは法律をどのように運用するかの問題ではないのです。不幸なことに、台湾の友人たちも経験している批判的人種理論の問題を引き起こしているのです。
　つまり、非常に複雑な先住権法について特別な教育を受けたわけでもない南海岸の地方の裁判所の裁判官が、座ったままで何が伝統的で何がそうでないかを判断しているのです。

　他の人が大丈夫な場合でも、その網の目をくぐり抜けてしまうケースがあります。ある裁判官は、―取締官が（起訴を）取り下げたのを目撃していたのですが―その事件のほとんどは私たちが闘ってきた事件です―別の弁護士が扱ったほかの事件でこのように言いました。「アボリジナルの人々ではない者が参加したある地域のパーティーで、伝統的に捕獲されたアワビとロブスターが提供されるのは伝統的な活動ではない」と。つまり、アボリジナルの人々ではない者がいれば、それは伝統的活動ではない、ということです。

　しかしアキバ（Akiba）事件での最高裁は、ひとたび法と慣習に従って捕獲されれば、それは伝統的権利者の所有物であると判示したのです。上訴する権利が制約されているため、このようなことが起こりうるのです。

〈Stubborn & Nasty〉

Okay, so how come with those legal protections, these cases still get run even if they are withdrawn? It comes down to a stubbornness or as Danny characterized it, a nastiness, to say that even though these people have these rights at one level, they're not going to agree that the fishing done on the day was fishing in accordance with law and custom and they're going to put native title holders to proof every single time.

So that is not how it's meant to operate. And it unfortunately introduces the Critical Race Theory problem that our Taiwanese friends are also experiencing.

So, you have the situation where our South Coast local court magistrate with no specific training in the very complicated native title laws, sits back and judges what is traditional and what is not.

And they're the cases that get through the net, where other people are at. The judge—the same judge that has seen fisheries withdraw—so many cases that we've run together—sits back and says in another matter with different lawyers, a party where a community member who has non-Aboriginal people at the party are fed Abalone and Lobster caught traditionally is not a traditional activity; with non-Aboriginal people present, it is not a traditional activity.

Yet the High Court in Akiba has determined that once caught in accordance with law and custom, it is the traditional owner's property. This can occur, because the appeal rights are limited.

〈国会による調査〉

自国の法律の履行を怠って30年後—彼らは国会で法律を通過させたものの、依然として起訴し続けている—、南海岸先住権漁業グループは、国会での調査が必要だ、何が起きているのかを国会に示す必要があると主張しました。

そしてその調査は、漁業法を施行していた政府省庁に対し、非常に深刻な調査結果を明らかにしました。

台湾の友人の話に戻りますが、この法の執行上の間違いは私たちも経験していることであり、私たちはそれを明らかにするために国会調査という仕組みを利用することにし、そして、国会は省庁の抵抗を乗り越えて南海岸先住権漁業グループに同意したのです。

〈密漁者から基本的人権をもつ人々へ〉

私たちは、あのビデオのメディアと国会の両方を利用して、本質的に、密猟者から基本的人権を持つ人々へと物語を変え、この状況において誰が悪者なのかを変えようとしているのです。私たちは人々の心を開き、この問題に対する人々の考え方を変えようとしているのです。

その後、彼らは国会で、調査勧告にあることをすべて実行したかのようなふりをしようとしました。そして、すべての訴訟を取り下げたにもかかわらず、自分たちの言い分を反映させるために法律を変えようとしました。

〈Parliamentary Inquiry〉

So after the 30 years of failure to implement their own law—they had passed the law in the Parliament and are still continuing to prosecute—the South Coast Aboriginal Fishing Rights Group said that we need to get a Parliamentary Inquiry, we need to show the Parliament what is going on.

And that Inquiry made these very serious findings against the Government Department which was implementing the fisheries law.

So again, back to our friends in Taiwan, this implementation failure is something we experience and we use the Parliamentary Inquiry mechanism in that instance to highlight it and the Parliament agreed with the South Coast Aboriginal Fishing Rights Group over the objections of the Department.

〈From Poachers to People with Human Rights〉

So essentially, we're using both the media from that video and the Parliament to change the narrative from poacher, to people with fundamental human rights and change who is the bad actor in the situation. We're trying to open people's minds and change how people think about this issue.

They then tried to jip or pretend to the Parliament that they've done everything in the Inquiry recommendations. And they just wanted to change the law to reflect what they said the position was, despite having withdrawn all the cases.

〈立証責任の転換〉

そして南海岸先住権漁業グループは、その時に、法律に新たな規定を挿入する機会を得ました。

そして立証責任を逆転させたのです。

つまり、アボリジナルの人々がその漁業が合法であることを証明しなければならない代わりに、漁業取締官が順守措置を取る前に、違反行為が発生していることを証明することを求めたのです。この点は、これらの事件で私たちが常に主張してきたもので、彼らは決してそれを認めようとはしなかった点です。今、国会はこれを明確な規定にしたのです。

この法律が昨年末に成立して以来、南海岸でアボリジナルの人々が関与した漁業については、捜査は１件のみで、起訴はまだありません。

だから最後に、オーストラリアでよく言われる一般的な言葉で締めくくろうと思います。それは、

「これまでも、これからも、アボリジナルの人々の土地はアボリジナルの人々のものだ。そしていかなる政府ができようとも、アボリジナルの人々の権利は有史以前からのものだ。このことは神聖なものであり、これからもずっとそうである。」

ありがとうございました。

〈Reversal of Burden of Proof〉

And the South Coast Aboriginal Fishing Rights Group took the opportunity to insert a new provision into the law at that time.

And we've reversed the onus of proof.

So instead of Aboriginal people having to show that their fishing was lawful, we instead require the fishery officers to show there's an offence occurring before they take any compliance action, which is what we've always argued here in these cases was the case but they didn't agree with us. So now the Parliament has put it in clear legislation.

So since this went through at the end of last year, there's only been one investigation, not yet a prosecution that we're aware of for fishing involving Aboriginal people on the south coast.

So, I'd just like to conclude with a common phrase that we say all the time in Australia which is,

"Always was, always will be Aboriginal land and note that governments may come and go, but your rights are ancient. And they are sacred. And they always will be."

Thank you.

6 アメリカのインディアン・トライブと連邦政府の関係性とトライブの経済的発展

ジョー・ワトキンス［アメリカ／チョクトー・ネイション］

Halito! Achukma? Sia Joe Watkins and Chahta Oklahoma sia!

私の母語のチョクトー語で「こんにちは、お元気ですか？　私の名前はジョー・ワトキンスで、オクラホマのチョクトーインディアンです。」とあいさつをしました。

アイヌ民族の伝統的な土地に来ることができたことを大変喜ばしく、光栄に思っています。

まず、私たちが集うこの土地の伝統的な所有者に敬意を表したいと思います。また、過去のアイヌの先人たち、今ここにいるアイヌの人々、そしてこれからも存在し続けるアイヌの人々に敬意を表したいと思います。

ジョー・ワトキンス（Joe Watkins）
チョクトー・ネイション（オクラホマ州）

アメリカ･オクラホマ州のチョクトー･ネイションの登録メンバー。子どもの頃には毎夏、南東オクラホマ州の家族の農場で、兄弟とともに、狩りや釣りをしたり、家族やチョクトー族の歴史の話を聞いたりして育つ。
米国のサザングレートプレインを主な研究対象に、50 年間以上、考古学研究に従事。アメリカインディアンの遺産を含むアメリカの遺産管理にも関心を持つ。2022 年 7 月から 1 年間、北海道大学先住民・文化的多様性研究グローバルステーション客員教授。これまで、国や地域などの人類学学会や考古学学会で様々な役員を歴任し、直近では 2019 年～ 2021 年に米国考古学会の会長をつとめた。

6 Federal Relationships with American Indian Tribes and Tribal Economic Development

Joe Watkins [Choctaw Nation of Oklahoma]

Halito! Achukma? Sia Joe Watkins and Chahta Oklahoma sia!

In my native Choctaw language, I say "Hello. I hope you are well. My name is Joe Watkins, and I am an Oklahoma Choctaw Indian."

I'm very honored and very glad to be on Ainu traditional lands. First, I would like to acknowledge the traditional owners of the land where we are meeting. I also would like to pay my respects to the Ainu ancestors who have gone before, the Ainu people who are here today, and the Ainu people who will continue to be here for another time immemorial.

Joe Watkins
Choctaw Nation of Oklahoma

Joe Watkins is an enrolled member of the Choctaw Nation of Oklahoma. He spent the summers of his childhood with his brother and sister on the family homestead in southeastern Oklahoma hunting, fishing, and listening to stories of family and Choctaw histories.

He has been practicing archaeology for more than 50 years, with primary geographical research interests within the Southern Great Plains of the United States. He is also interested in heritage resource management in the United States and the involvement of American Indian tribes in managing their heritage resources. He had been a Visiting Professor in the Global Station for Indigenous Studies and Cultural Diversity, Hokkaido University, Japan, since July 2022 until June 2023.

He has held numerous service positions within national, regional, and local anthropological and archaeological professional societies throughout his career. More recently, he was President of the Board of Directors of the Society for American Archaeology from 2019-2021.

■講演概要

今日はトライブの主権と自己決定権についてお話ししたいと思います。さらにアメリカインディアンと連邦政府の関係性、そして米国でのトライブの経済的発展についてお話しします。まずアメリカインディアンについての説明、そして米国連邦政府との関係についてお話しします。さらに、チョクトーネイションについて具体的にお話しします。

私は「アメリカインディアン」と「ネイティブアメリカン」という言葉を同じような意味で使っています。現在の米国の先住民族を「アメリカインディアン」と呼ぶことに反対し、「ネイティブアメリカン」とのみ呼ぶ方もいます。私はどちらの言葉にも政治的意味合いがあると理解しています。

■連邦政府とアメリカインディアンの関係性

現在米国には345のアメリカインディアンのトライブと299のアラスカネイティブコーポレーションが存在しますが、今回はアラスカネイティブコーポレーションとネイティブハワイアンについてはお話ししません。

米国では連邦政府とトライブの関係性は条約を通じて定められてきました。これらの条約は当初ヨーロッパの国々とトライブ、後に米国政府とトライブの間で結ばれたものであり、当時トライブは独立的な国家とみなされていました。トライブは条約を通じて主権国家として認められ、トライブと連邦政府は国と国との関係となりました。

米国とインディアントライブの初の条約は米国建国の2年後である1778年に結ばれました。その後、最後に条約が批准された1868年までの間におよそ368もの条約が結ばれました。

■トライブの主権と自己決定権

アメリカインディアンのトライブには“tribal sovereignty”、トライブの主権があります。米国最高裁により、トライブはトライブ内のメンバーを統治する権利を持っていると定められています。さらに、最高裁はトライブは「国内に依拠する国家」であるとの判決を下しています。トライブは米国内で活動し、その存在の持続性は連邦政府にかかっていますが、自らを統治する権限を持っています。

■ Outline of Today's Talk

I'm going to talk about tribal sovereignty and tribal self-determination. I will talk about federal relationships with American Indians and tribal economic development in the United States. I will start by describing who American Indians are and their relationship with the United States federal government. And I am going to be talking specifically about the Choctaw Nation.

I use the terms "American Indian" and "Native American" interchangeably. There are some people who are strongly opposed to "American Indian" and will use only "Native American" to describe the first people of what is now the United States. I acknowledge that there are political implications in either term.

■ Federal Government-American Indian Relationships

There are currently 345 American Indian tribes in the United States and 229 Alaska Native corporations, but I'm not going to talk about the Alaska Native corporations, nor Native Hawaiians in this paper.

In the United States, the relationship between the federal government and the tribes have been established through treaties. These treaties initially were between European and later the United States governments and tribes which were considered independent nations at that time. The tribes are recognized as sovereign nations as a result of those treaties, and that has created a nation-to-nation relationship between them and the federal government.

The first treaty between the US and an Indian tribe was in 1778, two years after the United States was formed. Approximately 368 treaties were ratified between 1778 and 1868 when the last treaty was ratified.

■ Tribal Sovereignty and Self-determination

American Indian tribes have what's called "tribal sovereignty." That is, it's the right that has been established by the United States Supreme Court that they have the authority to rule over their own members. Also, the Supreme Court decisions established that tribes are "domestic

トライブと州は管轄する範囲を共有しています。トライブの土地がある州はトライブを統治やコントロールできません。トライブは州と共に存在します。これが米国におけるトライブの関係性の奇妙な点です。トライブには所得税の支払い義務がありません。しかし、様々な州政府との協定により、収益の一部をインフラのための支払いとして共有しています。

連邦法および規則の下、トライブには経済的進路においての自己決定権があります。トライブは民間企業を通じてトライブのプログラムや事業のための資金を得ています。これは、トライブの政府計画の資金となります。さらに重要なことは、トライブはこの資金をメンバーへのサービスを直接提供するために使う事ができることです。

■オクラホマ州チョクトーネイションにみる米国でのトライブの経済的発展
～政府の統治構造、商業、トライブメンバーへのサービス～

私のトライブ、オクラホマ州のチョクトーネイションは、米国で3番目に大きいインディアン国家であり、21万人以上のトライブのメンバーが登録されています。オクラホマ州の南東にあるリザベーションは290万ヘクタールにも及びます。

チョクトーネイションの印章
the Great Seal of the Choctaw Nation

dependent nations." Tribes operate within the United States boundaries, and they depend on their on-going existence on the federal government, but they have the authority to govern themselves.

The tribes and the states share jurisdiction: the state where the tribe has its land cannot govern or control the tribe. The tribe coexists with the state. It's one of the strange relationships about tribal relations in the United States. And tribes don't pay income tax. However, they have agreements with many state governments to share a portion of their revenue with the state to help pay for infrastructure.

Under federal laws and regulations, the tribes have the right to determine their own economic path forward. Tribes can use private enterprises to get money for tribal programs and businesses. They can use the funds they earn to fund and develop their own government programs. And more importantly, tribes use their funds to provide services directly to their members.

■ Tribal Economic Development in the United States- The Case of The Choctaw Nation of Oklahoma ~ Government Structure, Commerce and Member Service ~

The Choctaw Nation of Oklahoma, my tribe, is the third largest tribe in the United States with more than 212,000 registered tribal members. Its reservation in southeastern Oklahoma covers approximately 2.9 million hectares.

このスライドは、北米大陸におけるオクラホマ州の地理的位置とアメリカインディアンが存在する地域の人口密度を示しています。最近の国勢調査では、米国の人口の1%、250万人がアメリカインディアンであるとされています。

オクラホマの南東に位置するチョクトーネイションは、1984年6月9日に制定されたチョクトーネイション憲法により統治されています。この憲法は、米国連邦制度をモデルにして行政府、立法府、司法府を定めています。12の地区でトライブの代表が選出され、立法府として機能する統治評議会で4年の任期を務め、法律や規則を制定します。チョクトーのチーフとアシスタントチーフは4年に一度チョクトーネイション政府の行政府のトップとして選出されます。行政府はトライブの法律と法令を施行します。3つ目は司法府で、憲法裁判所、そして一般事件を管轄する裁判所として機能し、法律と法令を解釈する役割があります。

このシステムの下でチョクトーネイションは自らの商業プログラムを展開してきました。コンビニエンスストアやガソリンステーション、レストランやトライブ所有の農園など、40以上の事業があります。しかし、他のアメリカインディアンのトライブと同様、カジノが一番の収入源となっています。そしてまた、チョクトーネイションは、メンバーへのサービスのための政府の助成金を申請・受け取り、政府が後援するその他のプログラムからも資金を得ています。

The following slide shows the geographical location of Oklahoma, as well as the population density of where American Indians are located within the continental United States. At the last census 1% of the US population or 2.5 million people identified as being American Indian.

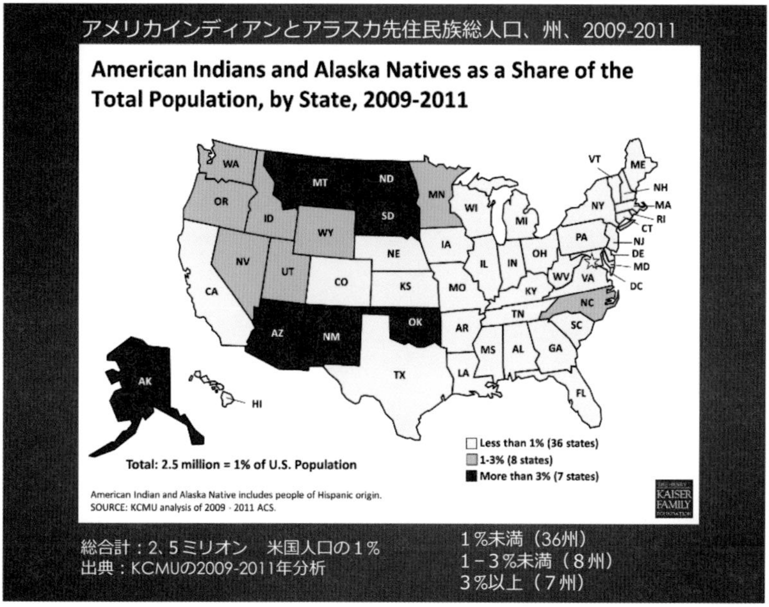

Source: Kaiser Family Foundation, "Health Coverage and Care for American Indians and Alaska Natives", Figure ES-1: American Indians and Alaska Natives as a Share of the Total Population, by State, 2009-2011. Online at https://www.kff.org/racial-equity-and-health-policy/issue-brief/health-coverage-and-care-for-american-indians-and-alaska-natives/.

Located in the southeastern corner of Oklahoma, the Choctaw Nation is governed by the Choctaw Nation Constitution, which was ratified by the people on June 9, 1984. The constitution provides for an executive, a legislative and a judicial branch of government, modeled after the US Federal system. It has 12 districts where tribal representatives are elected to serve four-year terms on a governing council that serves as the legislative branch of the government; they make the laws and rules and regulations. The Choctaw Chief and Assistant

2019年にトライブはオクラホマ州に25億ドルの経済効果を与えました。これにより、オクラホマ州で1万8000人の労働者に職と8億3900万ドルもの利益を与えました。さらに、チョクトーの学生に奨学金や助成金などを通じて財政支援に720万ドル以上を投資し、その他の学生にも350万ドルを投資しています。個人的にさらに重要な点として、2億5900万ドルを医療を支援するためにも費やしました。これにより2万1000回近くのインフルエンザの予防接種を実施、そして150万回以上薬を処方する事ができています。

今回は、どのようにトライブが民間企業や連邦政府から得た収入を利用し、メンバーに170以上のプログラムを通してサービスを提供しているのか短い時間で紹介しました。これらは医療、法律、住宅供給、教育、そして文化などの幅広いプログラムの一部にすぎません。トライブは地域のもっとも重要な雇用者であり、政治的影響を持っています。さらに、トライブのメンバーは300キロ離れた都市に移動する必要なく地域の人々と利益を共有することができています。

Chief are elected every four years as head of the Executive Branch of the Choctaw government. The Executive Branch functions to enforce the tribe's laws and tribal codes. The third branch is the judicial branch, which serves both the function of a constitutional court as well as a court of general jurisdiction. Its job is to interpret the laws and regulations.

Under this system, the Choctaw Nation has developed its own commerce programs. It owns more than 40 businesses including convenience stores and gasoline stations, restaurants, tribally owned farms, and other miscellaneous businesses. But probably the biggest moneymaker as with many American Indian tribes is its casinos. It also applies for and receives government grants for service to the tribal members, and it continues to get revenue from other government sponsored programs.

In 2019, the tribe had a $2.5 billion economic impact on the state of Oklahoma. It provided more than 18,000 jobs to Oklahomans and paid benefits of more than $839 million. It provided more than $7.2 million in scholarships, grants and other forms of financial support to Choctaw students, as well as $3.5 million to other non-Choctaw students. And to me, perhaps more importantly, it spent more than $259 million to support healthcare. It provided nearly 21,000 flu shots and filled more than 1.5 million prescriptions.

This has been just sort of a very short presentation on some of the services that the tribe uses its income derived from private enterprise and federal funding to provide services to its members out of its more than 170 different programs. These represent just some of the broad programs in terms of medical, legal, housing, education and cultural programs. The tribe has grown to be one of the region's largest employers, as well as the region's greatest political influence. And its tribal members enjoy benefits that local people can share in without having to travel 300 kilometers to go to a large city.

■まとめ

要約すると、アメリカインディアンは条約や最高裁判所の判決により、主権が限られています。トライブのメンバーだけでなく、地域のトライブ外の人々にも利益やサービスを提供しています。自己決定権によりトライブはその存在する地域内、そして米国の全体のシステムにおいて大きな力を持つ経済的パートナーとなっています。トライブのメンバーは利益や権利を持ちますが、トライブへの責任も抱えています。一般的にトライブのメンバーはトライブ外の人々よりも多くの権利を持っています。ただその権利は、米国の連邦制度内という限られた主権のために制限されています。

■ Summary

In summary, American Indian tribes have limited sovereignty due to treaties and Supreme Court decisions. They provide benefits and services to their tribal members as well as to local non-tribal members. Self-determination has allowed tribes to become economic partners with a great deal of power within the regions where they exist and within the entire United States system. Tribal members have benefits and rights, but they also have responsibilities to their tribe. And, in general, tribal members have more rights than non-tribal members but those rights are constrained by the tribes' limited sovereignty within the US Federal system.

7 ハイダ・ネイションとカナダにおける先住民族の漁業権の承認

ナング・ジングワス / ラス・ジョーンズ［カナダ］

皆様こんにちは。私はハイダ・グワイから来ました。ハイダ・ネイションの世襲チーフの一人です。ハイダ・グワイはカナダ西海岸に位置しています。今日私たちがいるこの地はラポロアイヌネイションの伝統的領域であることに感謝しています。

今日の私のお話は、カナダにおける先住民族の漁業権とハイダ・ネイションや他のカナダの先住民族のネイションの権利獲得への取り組みについてのお話です。

■ 講演概要

これが私のお話の概要です。まず、ハイダ・ネイションとカナダの関係の背景やハイダの統治システムを説明します。次に、どのようにハイダが陸及び海における自らの権利を主張してきたかをお示しします。さらに、権利主張を可能にしたいくつかの重要な裁判所の決定や政策の変更について述べます。また、ハイダの海洋計画や、先住民族の権利に関する国際連合宣言を基にしたカナダとの reconciliation ※1 の際のいくつかの基準についても簡潔に触れます。そして、これまでの成果やハイダの

ナング・ジングワス / ラス・ジョーンズ
(*Nang Jingwas* Russ Jones)
ハイダ・ネイション

ハイダ・ネイションの世襲チーフであり、30 年以上にわたり漁業・海洋分野に取り組む。2011 年のハイダの海洋に関する伝統知識の研究、2015 年のハイダ・グアイ海洋計画やニシン再生計画など多くの海洋関連の研究で重要な役割を果たす。現在、太平洋サケ委員会の委員。ハイダの倫理と価値観、漁業共同管理、ニシン漁に対するハイダの権利主張、カナダにおける先住民海洋問題の reconciliation など、多様なテーマで論文を執筆している。

7 The Haida Nation and the Recognition of Indigenous Fishing Rights in Canada

Nang Jingwas Russ Jones [Canada]

Good day, everyone. I come to you from Haida Gwaii. I'm one of the Hereditary Chiefs of the Haida Nation. We're located on the West Coast of Canada.

I would like to acknowledge our presence here today on the traditional territory of the Raporo Ainu Nation.

My talk today is about Indigenous fishing rights in Canada and efforts by the Haida Nation and other Indigenous nations in Canada to gain recognition of those rights.

■ Outline

This is an outline of my talk. I will provide background on the relationship between the Haida Nation and Canada and describe the Haida governance system. I'll provide examples of how the Haida asserted their rights both on the land and the water. I'll describe some of the important court decisions and policy changes that made this possible. I'll briefly touch on Haida ocean planning and outline some criteria for

***Nang Jingwas* Russ Jones**
Haida Nation

Nang Jingwas Russ Jones M.Sc. is a hereditary chief of the Haida Nation and has worked in the field of fisheries and marine planning for more than 30 years. He played a key role in many marine-related studies, agreements and plans including a 2011 Haida marine traditional knowledge study, a 2015 Haida Gwaii Marine Plan and a Haida Gwaii herring rebuilding plan. He is a Commissioner on the Pacific Salmon Commission. He has written papers on a variety of topics including Haida ethics and values, fisheries co-management, assertion of Haida rights to Pacific herring fisheries, and reconciliation of Indigenous Ocean issues in Canada.

土地や水域での権利主張への取り組みを支えるファクターをお話してまとめとするつもりです。

※1　カナダにおける先住民族とカナダ政府等との関係を構築するプロセス。個人レベルや社会一般と先住民族の関係を含むこともある。裁判例では先住権を定めるカナダ憲法35条1項の目的とされ、連邦等の立法権を制限する一方、同時に先住権を制約する根拠にもなっている。「和解」あるいは「調和」という訳語があてられることがある。

パート1　ハイダ・ネイションとカナダ

■カナダにおける先住民族コミュニティーと条約

この地図は680以上のファーストネイションズ、メイティ、イヌイットの人口分布を示しています。メイティはフランス系カナダ人とインディアンを祖先に持つ人々です。先住民族はカナダの人口の4.9%を占めています。地図に示されているように、ハイダ・グワイはカナダのブリティッシュ・コロンビア州の北西端に位置しています。

歴史的条約[※2]はカナダ東部及び中央、また西部ではバンクーバー島のわずかな地域で結ばれました。

※2　1701年以降に締結された先住民族が伝統的に占有してきた土地の権利を、保留地や他の利益との引き換えに、英国国王やカナダ政府に譲渡すること等を主な内容とする条約。入植者側による不正な手段に基づくものもあった反面、先住民族側からの働きかけで締結されるケースもあった。

現代的条約[※3]の締結は1970年代の初めにカナダ北部で始まりました。ブリティッシュ・コロンビア州は少数の現代的条約は結んでいますが、ハイダ・グワイも含めて大部分の土地や海はいまだ条約やreconciliationの協定合意の対象になっていません。

※3　先住権の可能性を初めて認識した1973年カナダ最高裁Calder判決等を契機とした、先住民族の土地所有権や自治権等を定めた先住民族とカナダ政府等との条約。ただし、条約の交渉では、政府側は多くのケースで先住権の消滅や縮小を求めていた。

この地図は来年出版されるカナダでの海洋問題のreconciliationに関する報告書が出典です。

reconciliation based on the United Nations Declaration on the Rights of Indigenous Peoples. Then I'll close with a summary of our progress and factors that have supported our efforts to assert Haida title and rights on the land and water.

Part 1 The Haida Nation and Canada

■ Indigenous Communities and Treaties in Canada

This map shows the location of the more than 680 First Nations, Métis and Inuit communities in Canada. Métis are people of French Canadian and Indian ancestry. Indigenous people make up 4.9% of Canada's population. Haida Gwaii is located on the northwest corner of British Columbia, as shown in the map.

Historic treaties were negotiated in Eastern and Central Canada with a few in Western Canada on Vancouver Island.

Modern treaties began to be negotiated in Northern Canada beginning in the 1970s. British Columbia has a few modern treaties, but most of the land and ocean area, including Haida Gwaii, is not yet subject to a treaty or a reconciliation agreement.

This map comes from a paper that will be published next year on reconciliation of ocean issues in Canada.

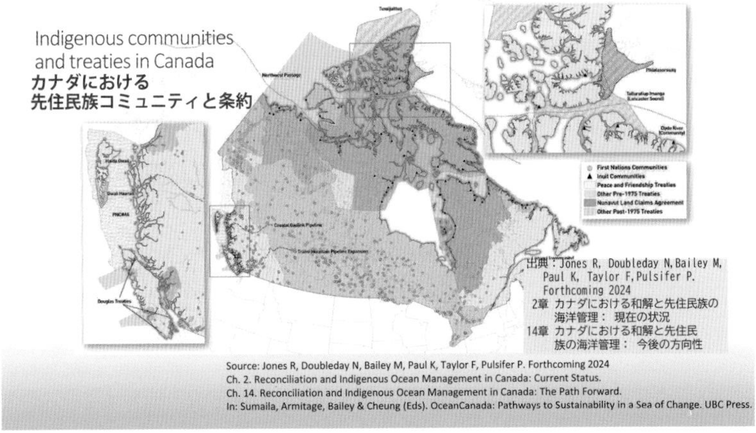
Indigenous communities and treaties in Canada
カナダにおける
先住民族コミュニティと条約
First Nations Communities
Inuit Communities
Peace and Friendship Treaties
Other Pre-1975 Treaties
Nunavut Land Claims Agreement
Other Post-1975 Treaties
出典：Jones R, Doubleday N, Bailey M, Paul K, Taylor F, Pulsifer P. Forthcoming 2024
2章 カナダにおける和解と先住民族の海洋管理： 現在の状況
14章 カナダにおける和解と先住民族の海洋管理： 今後の方向性
Source: Jones R, Doubleday N, Bailey M, Paul K, Taylor F, Pulsifer P. Forthcoming 2024
Ch. 2. Reconciliation and Indigenous Ocean Management in Canada: Current Status.
Ch. 14. Reconciliation and Indigenous Ocean Management in Canada: The Path Forward.
In: Sumaila, Armitage, Bailey & Cheung (Eds). OceanCanada: Pathways to Sustainability in a Sea of Change. UBC Press.

■ハイダの社会と文化

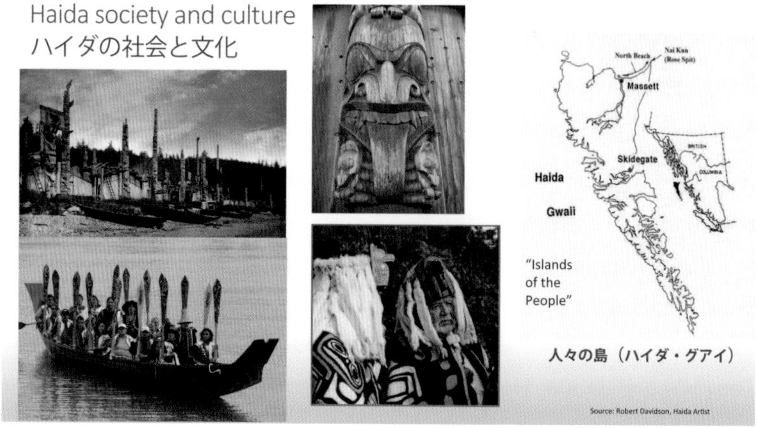

ハイダ・グワイは「人々の島」を意味しています。150年以上の間クイーン・シャーロット諸島と呼ばれた後、私たちの祖先が用いた島々の名前は、2009年に認識され復活しました。

ハイダの人々は、かつてはハイダ・グワイ全体にある多くの村々に住んでいましたが、人口減少のために、1900年頃に、*Gaauu*あるいはマセット及び*Gaagilda*あるいはスキドゲイト二つの村に移住することになりました。それぞれの村に伝統的領域全体に権威をもつ世襲チーフが一人以上いました。

ハイダの文化はロングハウス、トーテムポール、またレッドシダーの木でできた遠洋航行用のカヌーのような大きな芸術作品が有名です。

ハイダの価値観はハイダと自然環境の親密な関係を表現しています。価値の一つは尊敬を意味するYahguudangです。全ての生物に精神が宿るというのが私たちの信条です。Yahguudangが人間同士の関係や他の生物との関係を導きます。

ハイダ・グワイに住む4,300人のほぼ半数の人々がハイダを祖先に持ちます。ハイダ語は孤立した言語であり、流暢な話者が20～30人ほどしか残っていないために消滅の危険があるとされています。

■ Haida Society and Culture

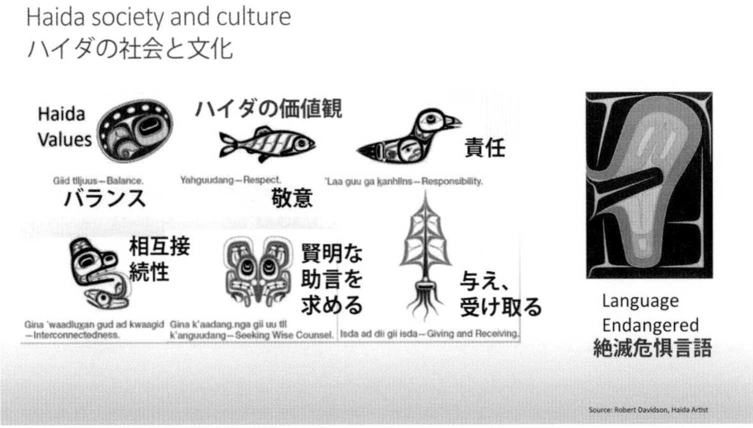

X̲aayda Gwaay.yaay or Haida Gwaii means islands of the people. Our ancestral name for the islands was recognized and restored to our homeland in 2009 after more than 150 years of being called Queen Charlotte Islands.

Haida people once lived throughout Haida Gwaii in many villages but due to population decline migrated to the two villages of G̲aauu or Massett and HlG̲aagilda or Skidegate around 1900. Each village had one or more hereditary chiefs with authority over a traditional territory.

Haida culture is distinguished by monumental art such as long-houses, totem poles, and ocean-going canoes constructed from the red cedar tree, as shown here.

Haida values capture the close relationship between the Haida and our natural environment. One value is Yahguudang which means respect. Our belief is that all living creatures have a spirit. Yahguudang guides our relationship among humans and our relationship with all living things.

About 4,300 people live in Haida Gwaii and almost half are of Haida ancestry. The Haida language is a linguistic isolate and is considered endangered because we only have a few dozen fluent speakers left.

■ハイダ・ネイション評議会による統治の仕組み

次に、ハイダ・ネイション評議会による統治の仕組みについてお話しします。

CHN と呼ばれるハイダ・ネイション評議会は約 50 年前に作られた選挙によるハイダの統治機関です。CHN の任務は、ハイダ・ネイションが集団的な権利をハイダの領域に対してもつことを宣言するハイダ憲法に定められています。

私は昨夜、ラポロアイヌネイションの会長にハイダ・ネイションの旗を差し上げました。ハイダを祖先にもつ人すべてが投票権を持つ市民です。CHN とバンド・村議会また世襲チーフとの関係は、ハイダ協定と呼ばれる内部文書を通して明らかにされています。

■ハイダ・グアイの漁業資源

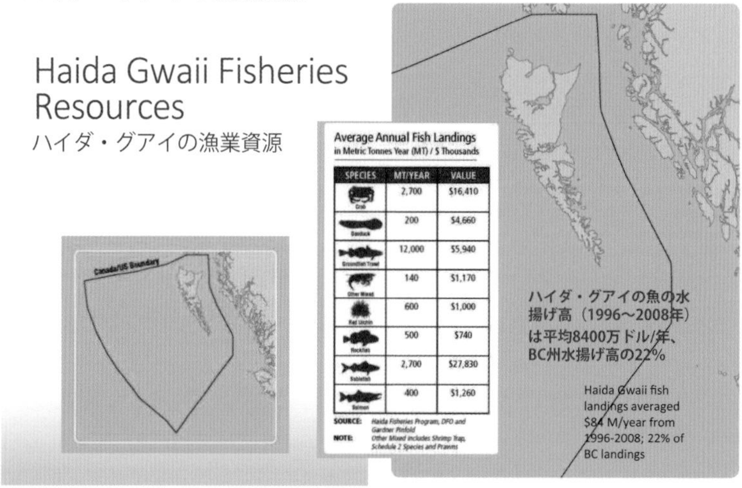
Haida Gwaii Fisheries Resources
ハイダ・グアイの漁業資源
Canada/US Boundary
ハイダ・グアイの魚の水揚げ高（1996〜2008年）は平均8400万ドル/年、BC州水揚げ高の22%
Haida Gwaii fish landings averaged $84 M/year from 1996-2008; 22% of BC landings
Average Annual Fish Landings
in Metric Tonnes Year (MT) / $ Thousands

SPECIES	MT/YEAR	VALUE
Crab	2,700	$16,410
[illegible]	200	$4,660
Groundfish Trawl	12,000	$5,940
Other Mixed	140	$1,170
Red Urchin	600	$1,000
Rockfish	500	$740
Sablefish	2,700	$27,830
Salmon	400	$1,260

SOURCE: *Haida Fisheries Program, DFO and Gardner Pinfold*
NOTE: *Other Mixed includes Shrimp Trap, Schedule 2 Species and Prawns*

ハイダ・グワイは、カレイ、ギンダラ、サケ、ニシンやたくさんの貝類を含む豊かな水産資源に恵まれています。右頁の図に示されていますように、私たちの漁業は季節に従って行われており、伝統的に春夏と秋はフィッシングキャンプや狩りで獲った物や食料を集める場所に移動します。

現在ハイダ・グワイによる水揚げ量は、ブリティッシュ・コロンビア

■ Council of the Haida Nation Governance Structure

Next, I'll talk about the Council of Haida Nation governance structure.

The Council of the Haida Nation which we often call CHN was formed about 50 years ago and is the elected governance body of the Haida Nation. The CHN's mandate is defined in the Haida Constitution, which declares that the Haida Nation collectively holds title and rights to Haida territories.

I gifted a Haida Nation flag to the President of the Raporo Ainu Nation last night. All persons of Haida ancestry are citizens with a right to vote. The relationship between the CHN and Band/Village Councils and Hereditary Chiefs is clarified through an internal document called the Haida Accord.

■ Haida Gwaii Fisheries Resources

Haida Gwaii is rich in fisheries resources including halibut, black cod, salmon, herring, and numerous shellfish species. As shown in the diagram below, our harvesting practices were in accordance with the seasons, and we traditionally moved to fishing camps and hunting or food gathering places in the spring, summer, and fall.

Haida Gwaii currently accounts for more than 20% of the commercial fishery landings in British Columbia with an average landed value of more than $80,000,000 per year.

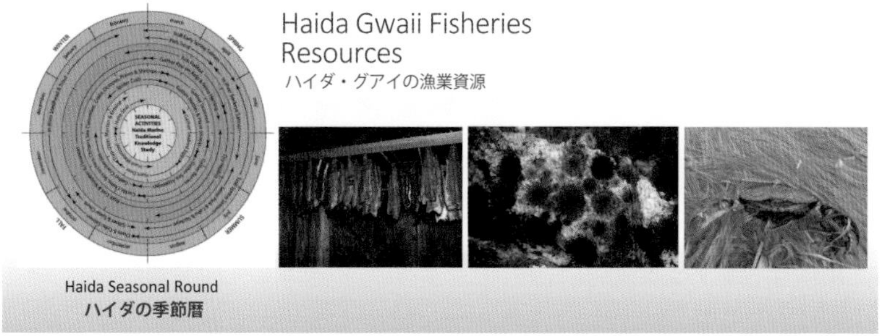
Haida Gwaii Fisheries
Resources
ハイダ・グアイの漁業資源
Haida Seasonal Round
ハイダの季節暦

州の商業漁業の20%以上を占めており、平均の水揚げ額は年間8,000万カナダドルを超えています。

また、前ページの地図は、ハイダ・グワイとカナダ本島の間に境界線があり、そして深海帯に及ぶハイダの領域も示しています。

■先住民族とカナダの関係

カナダと先住民族との関係を簡単に要約しておきます。初期の条約は大英帝国とカナダの存続にとって重要でした。当初の接触と相互依存は先住民族を国家の被保護者として扱う植民地化・同化の前兆でした。カナダのインディアン法や漁業法といった歴史的な立法はそのような政策を支えていました。

ハイダの人口は、疫病のために1800年代半ばには1万人程度あったものが、1915年には600人を下回りました。子どもたちは、先住民言語を使用させないようにする寄宿学校に行くことを余儀なくされました。小さな保留地を除いて土地は奪われました。富の分配や社会的な地位を確認するのに重要なポトラッチのような文化的実践は禁止されました。

1969年頃、カナダは現代的条約の交渉のための手続をカナダ北部において開始しましたが、これは一つには先住土地権存在の可能性を認めた裁判によるものです。一連の画期的な立法、判決、そして政策の転換がここ50年にわたり行われました。このことは、現在のreconciliationの気運や先住民族の漁業権の承認に資するものでした。画期的な出来事について後でお話することにします。

カナダの大学教授マーガレット・ムーアは植民地化における3つの主な不正義を明らかにしました。第1に、政治的支配、自己決定の否定が植民地化の中心的な不正義です。土地・資源や領域の収奪が第2の不正義です。資源や収益に対する補償あるいは移転は、領土の収奪あるいは喪失による不正義を十分に是正することはありません。文化的押し付けが第3の不正義であり、それは文化的習慣の否定、言語の喪失、そして支配的な社会の価値観の適用です。これらの不正義を是正することがカナダにおける先住民族との間のreconciliationの中心にあります。

The previous map also shows Haida territory, with its boundary line midway between Haida Gwaii and the mainland, and then going out to the abyssal depths.

■ Canada's Relationship with Indigenous People

I'll briefly summarize the history of Canada's relationship with Indigenous people. Early treaties were important for the survival of the British Empire and Canada. Initial contact and mutual dependency were a prelude to colonization and assimilation in which Indigenous people were treated as wards of the state. Historic legislation such as Canada's Indian Act and Fisheries Act supported these policies.

The Haida population was reduced through disease from as many as 10,000 people in the mid-1800s to less than 600 people in 1915. Children were forced to attend residential schools where use of indigenous language was discouraged. Land was taken except for small reserve areas. Cultural practices such as the potlatch that were important for distribution of wealth and recognition of social status were banned.

Then about 1969, Canada began a process to negotiate modern treaties that started in Canada's north, and this was in part due to court cases that were acknowledging that Indigenous title may exist. A series of landmark legislation, court decisions, and policy changes have taken place over the last 50 years. This has contributed to the current climate of reconciliation and recognition of indigenous fishing rights. I'll talk more about the landmark events later on.

A Canadian university professor, Margaret Moore, identified three major injustices from colonization. First of all, political domination and denial of self-determination are a central injustice of colonization. The taking of land, resources, and territories is a second major injustice. Compensation or transfer of resources and revenue will never fully

■パート２　グアイ・ハーナス“美しい島々”における権利の主張

Assertion of Rights in Gwaii Haanas “Islands of Beauty”
グアイ・ハーナス "美しい島々" における権利の主張 No1

私が最初に挙げる例は、美しい島々を意味するグワイ・ハーナスにおけるハイダの権利主張になります。グワイ・ハーナスは濃い青で示されたハイダ・グワイ南部の地域です。

1985年頃に、ハイダ・ネイションはハイダ・グワイにおける皆伐を食い止めるために立ち上がり、グワイ・ハーナスをハイダのハイダ遺産に指定したのです。ライエル島・アスリイ・グワイで伐採用の道路をハイダが封鎖したことは全国的な注目を集めました。

結果としてカナダとブリティッシュ・コロンビア州はハイダ・グワイ南部を保護区域として伐採から除外し、グワイ・ハーナス国立公園保護区を定めたのです。ハイダは、管理及びツーリズムからの保護のため、ウォッチメン・キャンプを村の跡地に建てましたが、カナダとの間にその区域の管理のための我々の役割に関する合意はありませんでした。ウォッチメン・キャンプはこの図の記号で示された昔の村の跡地に当たる場所にあります。

correct for the injustice of the taking or loss of territory. Cultural imposition is the third injustice, and the impacts include denial of cultural practices, language loss, and imposing the values of the dominant society. Addressing these injustices is central to reconciliation between Indigenous peoples in Canada.

Part 2 Assertion of Rights in Gwaii Haanas "Islands of Beauty"

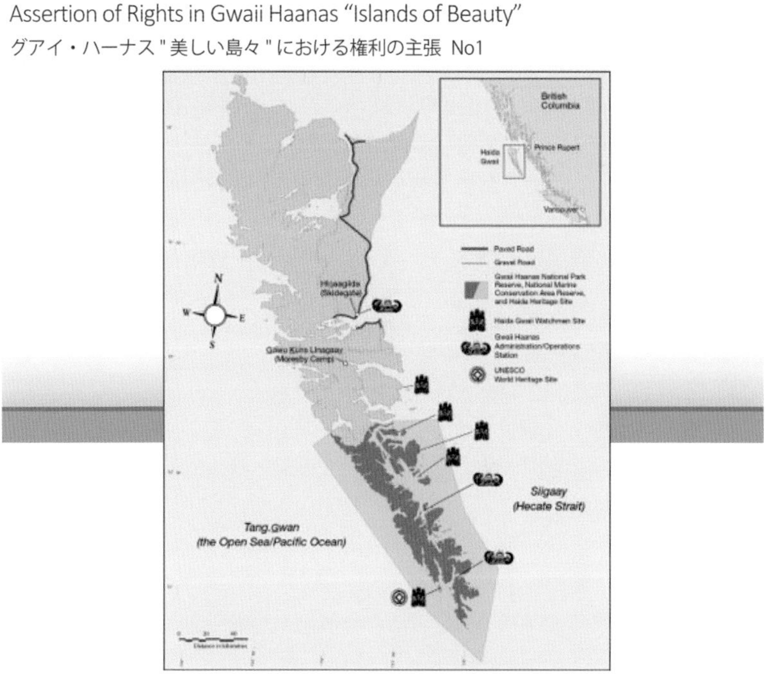

So, my first example will be assertion of Haida rights in Gwaii Haanas, which means Islands of Beauty. Gwaii Haanas is the area in southern Haida Gwaii that's shown in the darker blue.

About 1985, the Haida Nation took a stand to stop clearcut logging in the forests of Haida Gwaii, and designated Gwaii Haanas as a Haida Heritage Site. A Haida blockade of logging roads in Lyell Island, Aahlii

ハイダ・ネイションがカナダと1993年にグワイ・ハーナス協定を結ぶまでさらに5年間かかりました。その協定により、同数のカナダ人とハイダのメンバーによる決定方式を全体のコンセンサスとする群島管理委員会が設立されました。

1993年協定は土地、つまり陸域に対応するものでしたが、2009年にグワイ・ハーナス海洋協定を結ぶまでもう16年間かかりました。それによりカナダは、当該海域をグワイ・ハーナス国立公園保護区及び国立海洋保護区に指定し、保護区に陸域と海域を含めるようにしたのです。

そして管理計画を完成させるのに、もう10年がかかりました。それが2018年 Gina’Waadluxan KilGuhlGa 陸海人管理計画です。そこでは、ハイダとカナダ共同の群島管理委員会が、グワイ・ハーナスにおける山頂から海底、またグワイ・ハーナスの特定された40%の海域を厳重に保護するための指針が定められています。

Gwaii, got national attention.

In the aftermath, Canada and British Columbia set the southern part of Haida Gwaii aside as a protected area and created Gwaii Haanas National Park Reserve.

The Haida established watchmen camps at village sites to manage and protect them from tourism but did not have an agreement with Canada on our role in looking after the area. The watchmen camps are the places marked with these symbols, which were old village sites.

It took another five years for the Haida Nation in Canada to negotiate the 1993 Gwaii Haanas agreement. It established an Archipelago Management Board with equal numbers of Haida and Canada members that now manage the area using consensus decision making.

The 1993 agreement addressed the land area, the terrestrial area, and it took another 16 years to negotiate and sign the 2009 Gwaii Haanas Marine Agreement. Following that, Canada designated the marine area so that Gwaii Haanas National Park Reserve and National Marine Conservation Area now included the land and the water.

And then it took another 10 years to complete the management plan. That's the 2018 Gina 'Waadlux̱an KilG̱uhlG̱a Land Sea People Management Plan that sets direction for the joint Haida-Canada Archipelago Management Board to manage Gwaii Haanas from mountaintop to seafloor and identifies about 40% of the marine area for strict protection.

パート３　カナダにおける漁業権

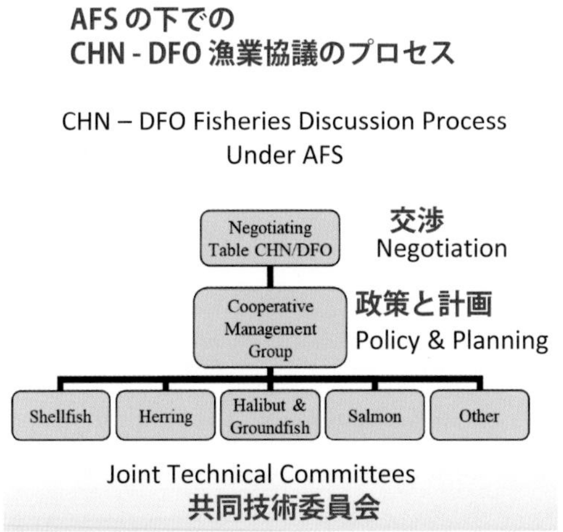

■カナダ憲法35条1項

それでは、今からカナダにおける漁業権についてのお話を始めます。立法と裁判例が先住民族の漁業権に関する政策変換の基礎になっています。

イギリスからカナダに憲法移譲[※4]された1982年カナダ憲法35条1項は、現存する先住民族の先住権及び条約上の権利はこれにより確認されると定めています。繰り返しますが、ここで先住民族というのはファーストネイションズ、イヌイット、メイティを意味します。移譲の時代の間、憲法の中に先住権に関する条項を盛り込むために多くの先住民族によるデモやキャンペーンがありました。憲法の条項が先住権を生み出したものではないと留意するのは重要なことです。それは憲法移譲までに権利が存在していた、そして存在し続けていたことを承認しただけなのです。

※4　カナダでは1931年に事実上の独立が果たされた後も憲法制定権及び改正権の一部がイギリスに留保された。その後1982年憲法法により、留保された権利のカナダへの移譲がなされた。

■スパロー判決

1990年のスパローと呼ばれる最高裁判所の判決が、ファーストネイションズは資源保護のほかは他の漁業者に優先する食料また社会的、ま

Part 3 Fishing Rights in Canada

■ Canada Constitution Act S.35 (1)

So, now I'll start to talk about fishing rights in Canada. Legislation and court cases laid the groundwork for policy changes related to Indigenous fishing rights.

Canada repatriated its Constitution in 1982. Section 35 (1) of Canada's Constitution Act states that "the existing aboriginal and treaty rights of the aboriginal people of Canada are hereby recognized and affirmed". And, again, here, Aboriginal people means First Nations, Inuit, and Métis.

During the time of the repatriation, there was quite a few Indigenous demonstrations and campaigns to include something about Aboriginal rights in the constitution.

It's important to note that this clause doesn't create Aboriginal rights; it just recognizes that they were existing and continue to exist until the constitution was repatriated.

■ Sparrow Decision

In 1990, in a decision called Sparrow, the court ruled that First Nations have a right to fish for food, social, and ceremonial purposes that takes priority over other fisheries after conservation. That decision was based in part on section 35 (1). It was recognized at the time that it would take significant effort to amend Canada's legislation and regulations to be consistent with the constitution.

た儀式用のための漁業権をもつことを認めました。この決定は憲法35条1項を根拠の一つにしています。当時カナダの立法や規制を憲法に一致するよう改正させるには相当の努力を要することが認識されました。

■先住民族漁業戦略（AFS）

そのために、先住民族とカナダの関係についての新しい政策の定立への異なるアプローチがとられました。1991年に先住民族漁業戦略（AFS）が立てられたのです。これは漁業権の衝突を避けるためのファーストネイションズと連邦漁業海洋省（DFO）の間の漁業協定締結のための交渉の段階を定めるものでした。

それはハイダの場合は、漁業問題の交渉に関して前ページで示したような、資金の提供や漁場問題の議題やプロセスを設ける枠組合意の締結でした。

パート４　例：ハイダ・グアイのベニザケとマテ貝

■ハイダ・グアイのベニザケ

〈AFS以前〉

これからある漁業とそれにAFSがどのように影響したのかに関するもう一つの例を挙げます。ハイダ・グワイのベニザケはハイダの二つの主な漁場であるヤクーン川とコッパー川と共に10の小さな地域個体群で構

■ An Aboriginal Fisheries Strategy (AFS)

So, because of this, a different approach was taken of establishing some new policies regarding the relationship between Aboriginal peoples and Canada. An Aboriginal Fisheries Strategy was established in 1991. This set the stage for negotiation of fishing agreements between First Nations and the DFO, which is the federal Department of Fisheries and Oceans, to avoid infringement of fishing rights.

In the case of the Haida, a framework agreement was negotiated that provided funding and an agenda for discussion of fisheries issues as well as the process, which is shown on the previous page for negotiation of fishing issues.

Part 4 Examples: Haida Gwaii Sockeye and Razor Clams

■ Haida Gwaii Sockeye Salmon

〈Before AFS〉

Now, I'll get into an example fishery and how that Aboriginal Fisheries Strategy affected it. Haida Gwaii sockeye salmon consists of about 10 small local populations with two primary Haida fisheries, the Yakoun and Copper River. The Haida are the only harvesters of sockeye returning to Haida Gwaii and fish in the river with nets.

Before AFS, there were many gaps in sockeye stock status and some habitat concerns. DFO's sockeye research program was providing

成されています。ハイダは唯一ハイダ・グワイに戻ってきたベニザケを川で網漁をして漁獲をしています。

AFS 以前は、ベニザケの資源の状態に多くのギャップがあり、生息地に関する懸念もありました。DFO によるベニザケの研究プログラムは限定的な管理アドバイスしか提供しませんでした。そして、ハイダの漁業に関する DFO の漁獲データは不完全なものだったのです。

〈AFS 以降〉

そこで、AFS は、ベニザケ管理のプロセスやプロジェクトにかかる資金を提供しました。これによりハイダ・ネイションは産卵の予測や、湖水音響による稚魚の調査、スモルトの計数といった資源評価を共同して行うことができるようになりました。

下のグラフがそのデータのいくつかを示しており、これはハイダ・グワイベニザケシステムの一つであるヤクーン川でのこの 30 年のベニザケの漁獲個体数と遡上個体数です。またハイダ・ネイションは年間管理を進め、漁期を決めています。

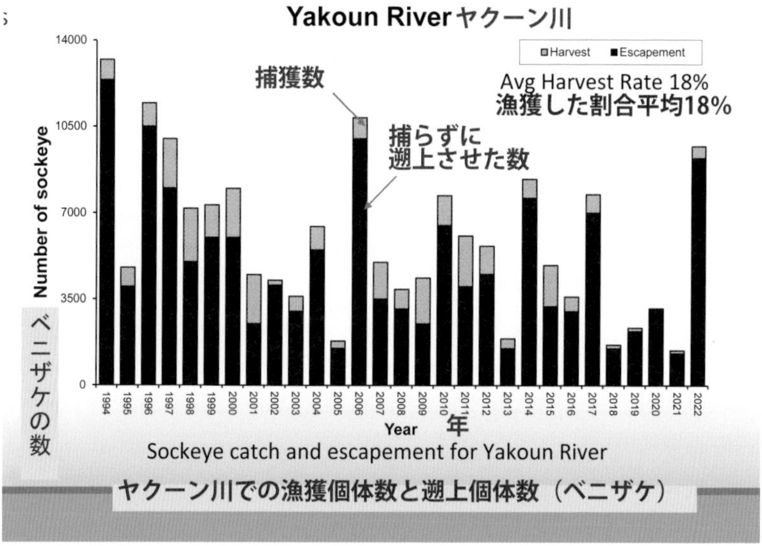

limited management advice. And DFO catch data, which is the federal Department of Fisheries and Oceans, for the Haida fishery was incomplete.

〈After AFS〉

So, the Aboriginal Fishery Strategy, AFS, provided funding for our sockeye management processes and projects. This allowed the Haida Nation to partner and conduct stock assessments, such as spawner estimates, lake hydroacoustic fry surveys and smolt counts.

So, the graph on the left shows some of that data, sockeye catch and escapement for one of the Haida Gwaii sockeye systems, the Yakoun River. So, this is all data collected by the Haida over the past 30 years. The Haida Nation also develops an annual management plan and opens and closes the fishery.

〈ハイダ・グアイのベニザケ漁業権〉

次に、ハイダの地元のベニザケにかかる漁業権の状況はどのようなものでしょうか。ハイダの食料また社会的、また儀式用のための漁業権をカナダは認めています。裁判で立証されているわけではないので権利があるという裁判所の宣言はありませんが、私たちはそれを行使し続けています。

地元のベニザケの資源量は、貿易や物々交換はたしかにありますが、商業漁業を支えるには少なすぎます。ハイダ・ネイションは、漁業を管理しており、問題はあるとしても、カナダを漁業の取締に関与させることには消極的です。

ハイダ・ネイションが、資源量の状態を評価・漁場を管理する一方、DFO は、漁期後の漁場を監査しています。私が食料と併せて商業漁業の権利についても話していることにお気づきになるでしょう。カナダで証明されていないもう一つの権利が、漁業の管理権と決定権です。しかし、この例の通り、ハイダはそれも同様に行使しています。

■ハイダ・グアイのマテ貝

〈AFS 以前〉

次に例に挙げるのはハイダのマテ貝の漁です。マテ貝は写真にあるように手で掘って捕獲します。これは商業漁業として約 100 年間続いてい

〈Haida Fishing Rights for Salmon〉

So, next, what is the status of Haida fishing rights for local sockeye salmon? The Haida right to fish for food, social, and ceremonial purposes is accepted by Canada, but has not been proven in court so there's no court declaration that we have that right, but we continue to exercise it.

Local sockeye stocks are too small to support a commercial fishery, although some trade and barter does occur. Haida managed the fishery and even though there are some issues, we've been reluctant to involve Canada in the enforcement in the fishery.

The Haida Nation assesses stock status and manages the fishery while DFO audits the fishery post season. So, you'll notice that I'm talking about a right to fish for food, and also a right to fish for commercial purposes. Another right which hasn't been proven in Canada is the right to manage your fishery or make decisions. In this example the Haida are exercising that right as well.

■ Razor Clams

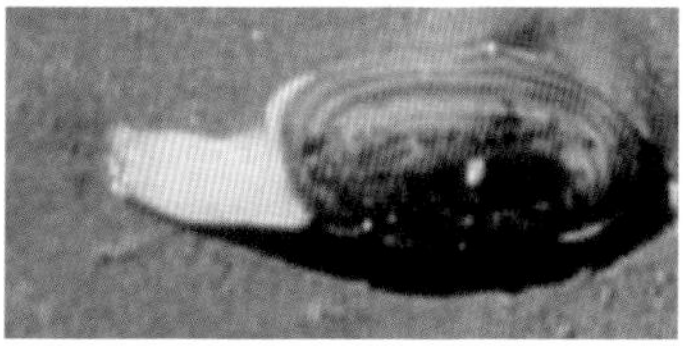

〈Before AFS〉

So, the next example is the Haida fishery for razor clams. Clams are fished by hand digging as shown in the photo. This has been a

ます。マテ貝漁は約 250 人の漁師にとって、重要な食料・収入源になっています。

1989 年に、DFO は、ハイダを含むすべての漁業者に商業漁業のライセンスを要求しました。ハイダの漁業者は数年間、彼らが漁業から締め出されるのではないかと心配して、数年間ライセンスの取得を拒否しました。

〈AFS 以降〉

AFS ができたとき、これらの問題を解決するチャンスだと思われました。1991 年に、ハイダは枠組合意の下でハイダ・ネイションの共同体ライセンスを承認する委託協定を締結しました。非ハイダのライセンスは、譲渡不可の 6 つの個人ライセンスに限定されました。

その協定の下で、ハイダ・ネイションは毎年 100 人以上のハイダの漁師を登録しています。DFO によるハイダのライセンスは共同体ライセンスの他はありません。

またハイダ・ネイションは漁獲努力量取り組みを監視し、毎年生物資源の調査を実施し、年次管理計画を作成しています。

1998 年から年間 44 万ポンド（約 20 万キログラム）の漁獲枠で漁業を管理してきました。漁獲枠は私たちの調査によって毎年異なりますが、ここ数年は生物資源量の低下のため、漁業はほとんど行われていません。商業漁業とレクリエーション漁業は閉鎖されていますが、小規模なハイダの食料、社会・儀式用の漁業は、他の漁業に優先して今も行われています。

commercial fishery for about 100 years. The fishery has typically been an important source of food and income for about 250 fishers.

In 1989 , DFO imposed a commercial license requirement for all fishers, including Haida. Haida fishers were concerned because they thought they would be squeezed out of the fishery and refused to take the licenses for several years.

〈After AFS〉

Then the Aboriginal Fisheries Strategy came along; this was seen as a chance to try to resolve those issues. In 1991, the Haida Nation negotiated a sub-agreement under the framework agreement where the Haida Nation accepts a communal license from DFO.

Non-Haida were limited to six individual non-transferable licenses.

Under that agreement, the Haida Nation annually registers more than 100 Haida fishers. So, there's no DFO license for Haida other than the communal license.

The Haida Nation also monitors catch and effort, conducts annual biomass surveys, and develops an annual management plan.

Since 1998, we've managed the fishery using a catch quota that has been up to 440,000 pounds; it varies every year depending on the surveys we do, but in the last few years, the fishery has been largely closed because of the low biomass. The commercial and recreational fishery closed. The small Haida food, social, and ceremonial fishery has priority over other fisheries and is still open.

〈ハイダ・グアイのマテ貝漁業権〉

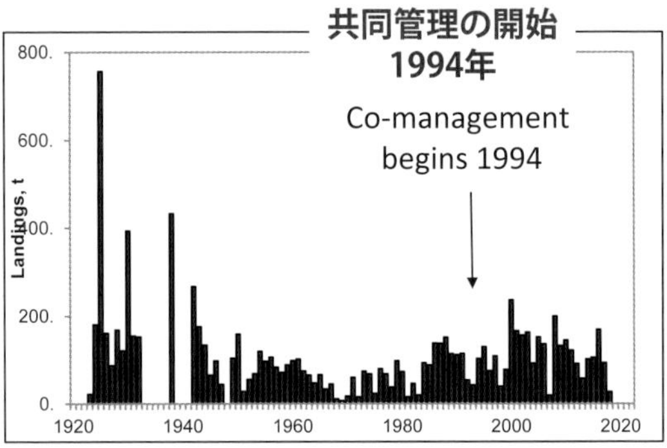

Haida Gwaii razor clam landing 1918-2022
ハイダ・グアイのマテガイ水揚げ量 1918-2022 年

このグラフは過去 100 年間のマテ貝の漁獲量を示しています。前に申しましたように、漁はここ数年ほぼ行われていません。このスライドはハイダのマテ貝の漁業権の状況を示しています。

ハイダの食料また社会的、また儀式目的の漁業権をカナダは受け入れています。しかし、商業的漁業権は裁判で証明されているわけではありません。私たちが取得した共同体のライセンスは年間ベースで発行されています。マテ貝の委託協定はハイダの商業漁業への長期的な参画を、主に非ハイダを 6 つの譲渡不可のライセンス以外は除外することにより確かにしています。

カナダとハイダはハイダのデータに基づき漁期前に管理計画に同意しています。

そして、ハイダ・ネイションは漁期の漁業をそれに続く DFO による漁期後の監査を受けながら管理しています。

〈Haida Fishing Rights for Razor Clams〉

So, this shows the catch going back over 100 years and the last few years, as I mentioned, the fishery has been closed. So, this slide, it gets into what's the status of Haida fishing rights for razor clams.

So, here, the Haida right to fish for food, social, and ceremonial purposes is accepted by Canada. But although the commercial fishing right hasn't been proven in court, the communal license we get is issued on an annual basis. The razor clam sub-agreement ensures long term Haida participation in the commercial fishery mainly by excluding non-Haida except for those six non-transferable licenses.

Canada and the Haida Nation agree on a management plan preseason based on Haida data.

And finally, the Haida Nation manage the fishery in-season followed by a DFO post season audit.

パート５　商業漁業権と土地権の判決と政策

■商業漁業権の判決と政策

以上が、ハイダがAFSのプログラムが始まって以降数年以内にハイダが管理を取り戻した２つの漁業の例です。AFSのプログラムは他の問題のために約10年間限定的にしか進みませんでした。しかし、他の漁業における私たちの権利を認めさせる多くの裁判所の決定や政策がありました。

このスライドは関連する商業漁業権に関するいくつかの決定や政策を示しています。

〈判決〉

1996年のGladstone判決は、Heiltsukの人々がニシンの子持ちコンブ（ニシンが産卵したコンブ）の商業漁業権を有することを承認しました。Heiltsukの領域はブリティッシュ・コロンビア州中央部の沿岸です。当時商業的漁業に関する３つの裁判がありました。一つは子持ちコンブの件で、Heiltsukは勝訴しましたが、他の二つは州内の他の地域のサケに関するもので、両者ともサケ漁業の商業的な権利が証明されず敗訴でした。

最高裁判所は先住民の商業漁業権を証明するためのテストを提示しましたが、その一環としてファーストネイションズは、ヨーロッパ人が来て接触する前に、その交易が彼らの文化の不可欠な部分であったことを立証しなければならないとしました。

約10年以上経た2009年、５つのヌー・チャー・ヌルス・ネイションが、長期に及んだ裁判とそれに続く８年以上の上訴により、海洋の領域でのほぼ全ての魚種についての商業漁業権を証明しました。

〈政策〉

政策の側からみると、商業漁業へのアクセスの移転はブリティッシュ・コロンビアの至る所での買い戻しプログラムを通じて徐々に行われていきました。AFSの開始と共に、非常に小さい割当地の移転プログラムがなされ、その後2007年により太平洋統合商業漁業イニシアチブという大規模なプログラムが始まりました。

Part 5 Commercial Fishing Rights & Title Decisions & Policies

■ Commercial Fishing Rights Decisions and Policies

So, those were examples of two fisheries that Haida regained management of within a few years of when the AFS program started. The AFS program showed limited progress after about 10 years because of other issues. But there were a number of court decisions and policies which allowed us to move forward with recognition of our rights in other fisheries.

So, this slide shows some of the relevant commercial fishing rights decisions and policies.

〈Court Decisions〉

The Gladstone decision in 1996 recognized the Heiltsuk people have a commercial fishing right for herring, spawn on-kelp. Heiltsuk territory is in the BC Central Coast. At the time, there were three commercial fishing court cases. There was one that the Heiltsuk won for spawn on kelp and then there were two other cases related to salmon in other areas of the province, and both of those failed to prove a commercial right to fish for salmon.

The Supreme Court laid out a test to prove a commercial Aboriginal right to fish and as part of that test, the First Nation must demonstrate that trade was an integral part of their culture pre-contact, before the Europeans came.

More than 10 years later, in 2009, five Nuu-chah-nulth proved their commercial fishing rights for almost all species in their ocean territory in a lengthy trial followed by appeals over a period of eight years.

〈Policies〉

And on the policy side, transfers of commercial fishery access have been gradually taking place across British Columbia through buyback

これらのプログラムを通じて、DFOが希望する売主から商業漁業のライセンスや割当を買戻しあるいは購入し、そして暫定の協定を通じてそれらをファーストネイションズに譲渡しました。

また、近年ではファーストネイションズとDFOの間に漁業アクセスの移転についての直接的な協定もあります。最近のDFOとハイダ・ネイションと他の沿岸部の7つのファーストネイションズの間の協定では、コミュニティベースの商業漁業のための新しい枠組とともにさらなる移転を規定していますが、これはまだ実行の初期の段階です。それは未だライセンスの移転ですが、他のプログラムがどのネイションでもアクセスできる単なる連邦のプログラムである一方、それはハイダとそれらの他のネイションとDFOの間の協定を通じたものです。ですので、それはよりハイダ・ネイションに特有のものです。

■先住民族の土地権とreconciliation

政策面では、いくつかの裁判所の決定が領域にかかる権利や所有の問題に対処しています。1997年のデルガムークゥ判決は、先住民族の土地権は消滅させられていないと判断し、また土地権を証明するためのテスト（評価基準）の概要を説明しました。そのテストの一部として、先住民族集団は1846年の時点で彼らの領土を占有していたことが必要です。1846年というのは、ブリティッシュ・コロンビア植民地が設立された年です。

2002年にハイダ・ネイションは、ハイダ・グワイにおける先住権、土地と海に対する権利を主張して訴訟を起こしました。交渉が進むという希望と共に数年間訴訟は停止していましたが、再び活発になっています。その間も当事者は証拠の交換と裁判への準備を続けています。

その上、2004年には、ハイダ・ネイションはハイダ・グワイ内の材木林の購入者へのリースの移転を止めさせる司法審査を勝ち取りました。決定の中で、裁判所はprima facie case※5として、ハイダが主張した土地権、先住権を認めました。

そして、2014年にTsilhqot'inの人々は占有に基づくテリトリーの一部の土地権の承認を確保しました。たとえ、先住民族の土地に対する権利のテストが示されたのが1998年であったとしても、他のケースでついに

programs. So, it started with in AFS, there was quite a small Allocation Transfer Program and then there was a larger program that began in 2007 called the Pacific Integrated Commercial Fisheries Initiative.

Through these programs, DFO buys back or purchases commercial fishing licenses and quotas, from willing sellers and then transfers them to First Nations through interim agreements.

As well in recent years, there have been agreements directly between First Nations and DFO about transferring fisheries access. A recent agreement between DFO, the Haida Nation, and seven other coastal First Nations, provided for further transfers as well as a framework for new community-based commercial fisheries but this is still in early stages of implementation. It's still transfer of licenses but it's through an agreement between Haida and those other nations and DFO, whereas these other programs are just federal programs that any Nation could access. So, this was more specific to the Haida Nation.

■ Indigenous Title and Reconciliation

So, in the policy area, several court decisions have also addressed title or ownership of territory. The 1997 Delgamuukw decision determined that Indigenous title to land had not been extinguished and outlined a test to prove title to land. Part of that test is that the Indigenous group must have occupied their territory in 1846. That was the time when the colony of British Columbia was established.

In 2002, the Haida Nation filed a court case asserting Aboriginal rights and title to the lands and waters of Haida Gwaii. The case is active again, after it was put in abeyance for a few years with the hope that negotiation would make progress, but meanwhile the parties have continued to exchange evidence and prepare for trial.

As well, in 2004, the Haida Nation won a judicial review that stopped the transfer of a timber forest lease in Haida Gwaii to a buyer. In their decision, the court found the Haida claim to title, and Aboriginal rights is supported by a good prima facie case.

カナダ最高裁で成果を出して権利の立証に成功するまでほぼ16年かかったのです。この決定は土地に対するもので、川や海に対するものではありませんでした。しかし、裁判所は、その権利が土地の使用方法を決める権利や、土地の経済的便益への権利、土地の使用及び積極的管理への利益を含むと判示しました。

※5　相手から十分な反論がない限り自らが証明しようとする事実が推定されるケース等を意味する。当該司法審査ではハイダの土地権等がこのケースに当たるとされた。

先住権や reconciliation についてのキーとなる政策がいくつかあります。これらの政策はカナダが最近になり実行に移したものです。

まず最初は、カナダ司法省によって、reconciliation に対するカナダ政府の責任と権利の承認に基づく新たな関係を説明する原則を公表したことです。

もう一つの例がハイダ・ネイションです。これは、私たちが reconciliation のための枠組合意をカナダ及びブリティッシュ・コロンビア州と結んだもので、それは訴訟が継続するという認識とともに交渉へのアプローチを説明しています。

パート６　例：ニシンの漁業とシロザケ孵化場

■ニシン漁業

〈ニシン漁─歴史〉

他に２つ簡潔にお話したい事例があり、その後 reconciliation における別の側面に入りたいと思います。

最初の例はニシンの子持ちコンブの漁場であり、ハイダの言葉で k’aaw 漁といいます。それは、Spawn On Kelp から SOK とも呼ばれます。それは常にハイダの重要な食料・交易品でした。また、1930 年代初頭にはニシンを丸ごと魚粉や魚油に加工するための大規模な漁業がありました。

しかし、沿岸部のニシン漁は頓挫してしまったところ、それは 1971 年に再開しました。その漁は商業用の子持ちコンブのために再開しましたが、餌と同様にニシンの卵、つまりご存じのようにカズノコのためでもありました。

And then in 2014, the Tsilhqot'in people secured a declaration of Aboriginal title over a portion of their territory based on occupancy. So, even though the test for Aboriginal title was laid out in 1998, it took almost 16 years before another case went through to Supreme Court of Canada and was successful in proving title. So, this decision addressed land; it didn't address rivers or the ocean. But the court did state the title includes the right to decide how the land will be used, the right to economic benefits of the land and the right to use and proactively manage the land.

There are a few key policies relating to Indigenous title and reconciliation. These are policies that Canada has recently put in place.

The first is by publishing some principles by Canada's Department of Justice, which outlines Canada's commitment to reconciliation and a new relationship based on recognition of rights.

And then another example from the Haida Nation, where we signed a framework agreement for reconciliation with Canada and the province of British Columbia; it outlines our approach to negotiation as well as acknowledges that the litigation will continue.

Part 6 Examples: Herring Fisheries and Chum Salmon Hatchery

■ Herring Fisheries

〈Herring Fishery History〉

So, I have two other examples that I'm going to talk briefly about and then get into some aspects of reconciliation.

The first example is the herring spawn on kelp fishery, which we call a k'aaw fishery, in Haida. It's also called SOK for spawn on kelp. So, this has always been an important Haida food and trade item and there were some earlier herring fisheries for food and bait and large reduction fisheries beginning in the 1930s, which processed whole herring into fish meal and oil.

子持ちコンブは干したり塩漬けにします。子持ちコンブ漁では、ニシンは産卵までの間、囲いの中に入れておきます。子持ちコンブのライセンスはハイダやハイダ個人がその過半数を持っています。

1990年代半ばから生物資源量が減少し漁業が閉業したりしています。

〈子持ちコンブ—差止命令〉

ハイダは、DFOが、1998年と2002年に、非先住民の商業漁業のために、漁業を再開しようとしたときに抵抗しました。

2014年に、資源量がわずかに増えたように見えたため、DFOはハイダ・グワイでの漁を再開しようとしました。1年目に当たる2014年、私たちは裁判を始めましたが、その後漁業者との間で漁をしないという合意を結ぶことができました。ですのでDFOはその地域では漁は解禁されていますが、漁業者は漁をしには来ないのです。

そして翌年、DFOは再び漁を解禁しましたが、今度は漁業者は漁をしたがりました。そのため、私たちは結局は裁判を起こすことになり、漁の差止命令を得たのです。

〈差止命令の理由〉

では、差止命令の理由とその後何が起きたかについて少しお話しします。差止裁判での裁判官は、差止命令を出す際の彼の理由付けは、私たちがハイダ・グワイにおけるハイダの連邦の協議義務をさせる権利について十分な主張をしたこと、さらに、ハイダの保護にとって重要であり、そして、reconciliationへの暫定的ステップとしてのグワイ・ハーナスにおけるハイダとカナダの間の漁がなされた場所の共同管理に関する合意があったことでした。

But the herring fishery collapsed coastwide and then it was reopened in 1971. So, the fishery was reopened to allow a commercial spawn on kelp, as well as a commercial fishery for roe herring, that you know as kazunoko. Herring spawn on kelp can be dried or salted. In the herring spawn on kelp fishery the herring are impounded which means they are put in net pens and held there until they spawn. The majority of spawn on kelp licenses in Haida Gwaii were issued to Haida organizations or individuals.

Since the mid-1990s, we've seen biomass declines and experienced fishery closures.

〈Herring SOK - Injunction〉

Haida protested against DFO when they've tried to reopen fisheries for roe in 1998 and 2002 to non-Indigenous commercial fishermen.

Then in 2014 the stocks looked like there was a little bit of an increase, and DFO tried to reopen the roe fishery in Haida Gwaii. The first year in 2014, we started to go to court, but then we were able to reach agreement with industry not to fish. So DFO had the area open to fish, but industry didn't come and fish.

Then the following year, DFO again reopened the fishery, but this year, industry wanted to go fishing. So, we ended up going to court and getting a court injunction that stopped the fishery.

〈Reasons for Injunction〉

So, I wanted to talk a little bit about the reasons for the injunction and also what's happened since then. So the judge, in the court injunction, outlined his reasons for giving the injunction which were that we had a strong case for Haida title to Haida Gwaii that raises federal consultation obligations. Also, Haida conservation concerns, and then that there was a Gwaii Haanas co-management agreement between the Haida Nation and Canada where the fishery occurred, which were seen as interim steps to reconciliation.

〈ニシン再建計画〉

その後何が起きたかですが、ハイダ・グワイニシン再建計画により私たちはDFOと協力しました。ですので、計画の進展のために、カナダはDFOだけでなくグワイ・ハーナスも代表しています。また、管理計画は東海岸、西海岸の漁業資源をカバーしており、過去の使用された全体というよりも、より細かい資源ごとに管理していて、それはまたハイダの伝統的な知識を取り入れています。

〈ニシンの子持ちコンブに関する漁業権〉

子持ちコンブに関するハイダの漁業権の状況はどのようなものでしょうか。繰り返しになりますが、ハイダの食料また社会的、また儀式目的の漁業権をカナダは受け入れています。しかし、裁判で証明されているわけではありません。この差止命令もその権利を判断していません。そのため、私たちは商業漁業権を主張し続けていますし、差止命令では、DFOがグワイ・ハーナス合意やreconciliationに基づく義務によりハイダ・ネイションがニシン漁を管理することについて協議して便宜を図る義務が強調されました。

■ シロザケの孵化場

私は次の例は時間の関係でスキップしようと思います。それはシロザケの孵化場で私たちがDFOと共同で行った非営利の新しいコスト回収の魚漁に関するものです。しかし、結局は、このプロジェクトは、DFOは政策変更を支持できなかったことを理由に打ち切りになりました。

〈Herring Rebuilding Plan〉

So, what's happened since then is we've worked together with DFO on a Haida Gwaii herring rebuilding plan. So, in developing this plan Canada was represented by DFO and also Gwaii Haanas. And the management plan covers the East and West Coast stocks, and it will be managed by smaller sub-stocks rather than the aggregate that had been used in the past, and it also incorporates Haida traditional knowledge.

〈Herring SOK - Fishing Rights〉

So, what is the status of Haida fishing rights for spawn on kelp? So, again, the right to fish for food, social and ceremonial purposes has been accepted by Canada, but it's not been proven in court. The injunction didn't decide on the rights. So, we continue to assert our commercial fishing rights. In the injunction, it was recognized that DFO had a heightened duty to accommodate the Haida Nation in the management of the herring fishery due to the Gwaii Haanas agreements and reconciliation obligations.

■ Chum Salmon Hatchery

So, I'm going to skip through this next example due to time. It has to do with some work that we've done with a chum salmon hatchery where we worked with DFO to implement a new cost recovery fishery, which is a nonprofit fishery. But in the end, that project was shut down because the DFO wasn't able to support the policy change.

パート７　関連性：ハイダ海洋計画とUNDRIP

■海洋計画と管理

次のスライドは他の現在進行しているハイダとカナダの海洋計画・管理に関する作業を示したものです。これらのいくつかはハイダとカナダ、またしばしば他のファーストネイションズとの間で合意された共同計画あるいは共同文書です。土地使用の計画もありますし、海洋計画もありますし、保護区に関する計画もあります。

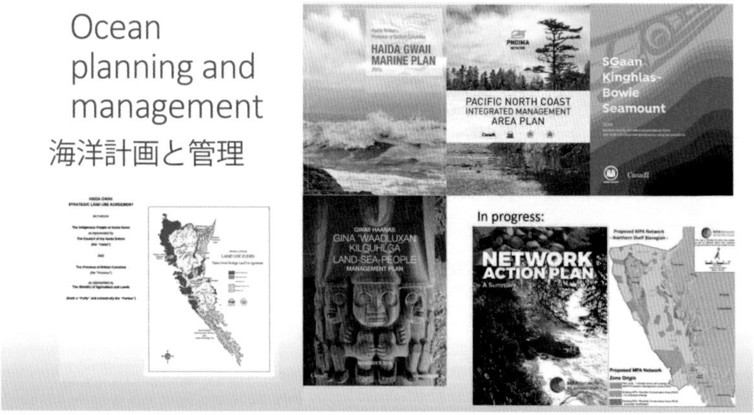

〈UNDRIP の基準を reconciliation に適用する〉

これは私が書きました reconciliation に関する報告書らの枠組を示したもので、これらの問題は先にも触れました。この枠組みでは、reconciliation についてこれら３つの不正義、つまり政治的支配、領土の喪失、文化の押し付けに取り組むものと考えています。また、それは真実、正義（不正義への対処）、歴史的な責任及び関係性の転換という４つのステップを通じて reconciliation に取り組むための過程を検討しています。そして、丸で囲まれた部分が判断基準です、それらはカナダ中から集めたここ 20 年あるいは 30 年の reconciliation の実践のうちの最良のものです。

Part 7 Linkages: Haida Ocean Planning and UNDRIP

■ Ocean Planning and Management

The next this slide shows some of the other work that's been ongoing between the Haida and Canada related to ocean planning and management. So, these are some of the joint plans or documents which have been agreed between the Haida nation and Canada and often other First Nations. Some deal with land use planning. Some deal with ocean planning. Some deal with protected areas.

〈Applying UNDRIP Criteria to Reconciliation〉

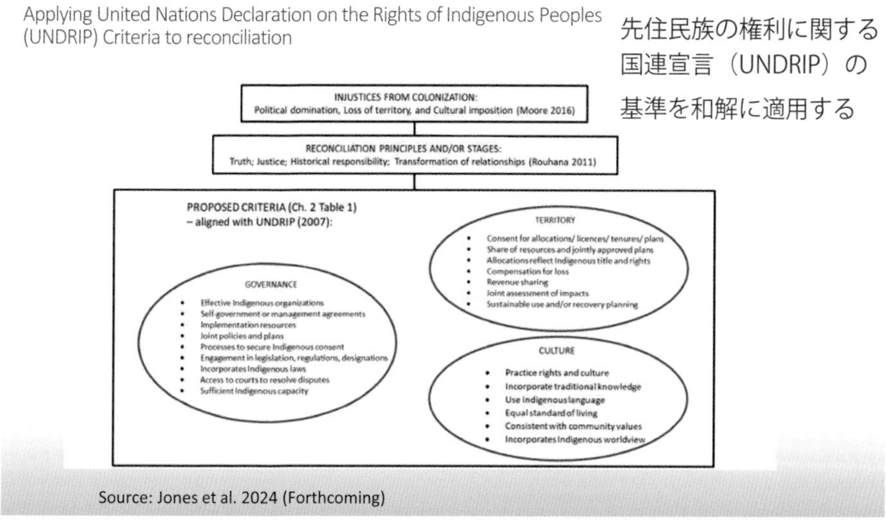

Next, this slide shows a framework from that paper that I wrote on reconciliation, and the issues that I mentioned earlier. So this looks at reconciliation as addressing those three injustices, political domination, loss of territory, and cultural imposition.

It also looks at a process for addressing reconciliation through four steps, which would be truth, justice (which is in addressing injustice), historical responsibility, as well as transformation of relationships. And in the circles are the criteria, and they're all best practices which came

■まとめ

まとめとして数点指摘したいと思います。一つは、ハイダの権利承認の戦略は、訴訟や交渉、また直接行動を合わせたものであることです。

私たちのカナダとの関係は、政府間合意の締結を通じ、それだけではなく共通の課題をもつ他のファーストネイションズとの協働、また必要に応じて利害関係者との関与を通じて徐々に形作られてきたものです。これは長い旅路であり続けていますが、私たちの目標はハイダの土地権や他の権利、カナダと植民地化の不正義について reconciliation することです。

そして同じく、私たちが土地や海洋管理に向けて、これらの漁業や共同管理合意、また土地及び海洋計画を通して大きな進歩を遂げたことです。私たちは資源へのアクセスに向けて段階的な前進をしてきたのです。森林地域では、私たちはハイダ・グワイの60%の森林を獲得し、それは現在ハイダにより管理されています。漁業では、当初のプログラムでは私たちは領域の３あるいは４％のアクセスを得ることができるかもしれないとされていました。新しい合意では、それはむしろ10%から15%になりえます。最後に内部の仕事として、政治的団結、事前の計画と同様にスタッフの能力向上、それら全てが私たちの成功の重要な要素です。

最後に運営者の方々に感謝いたします。悦子さんと翻訳者の方々、ありがとうございます。このイベントの運営は素晴らしいです。ありがとうございました。

from looking at examples of reconciliation across Canada over the last 20 or 30 years.

■ Summary

Now, I have a few points for the summary.

The first recognizes that Haida rights recognition strategies have been a mix of litigation, negotiation, and also direct action.

And our relationship with Canada has been incrementally defined through negotiation of government-to-government agreements, but also working together with other First Nations on common issues and also engaging with stakeholders as needed.

And this continues to be a long journey, but our goal is asserting Haida title in rights and reconciling injustices of colonization with Canada.

As well, I recognize that we have made significant progress towards land and ocean management through these fisheries and co-management agreements and also these land and marine use plans.

We are making incremental progress toward resource access. In the area of forestry, we've acquired about 60% of the forest base in Haida Gwaii that is currently being managed by Haida. And in fisheries, in the initial programs, we may have gained 3 or 4% of access to fish in our territory. And with the new agreements, it could be more like 10 to 15%.

And finally I'll mention that internal work on political unity, as well as preplanning, and building staff capacity have all been critical elements for our success.

Finally, I'll just say thank you to the organizers, thank you to Etsko and the interpreters, as well as the organizers. This has been a very well-organized event. So, thank you.

8 危機的状況にあるデットヌ川（Deatnu）サーモンとサーミの漁業文化

アスラック・ホルンバルグ［フィンランド］
サーミ評議会議長

「1000年の時をこえて」ビデオ上映
＊講演の冒頭で上映されたビデオです。＊ユーチューブで見ることができます。
For Thousand Years //Duhát Jagi　URL https://youtu.be/wKzGwoaqzxw

「1000 年の時をこえて」

2021 年夏、Ellos Deatnu（Long Live Deatnu）運動では、デットヌ川（Deatnu）の川岸や伝統的な釣り場など6ヶ所で環境アートを公開しました。その目的は、デットヌ川の状況や、この地域の権利者であるサーミ集団の権利と責任について意識を高め、議論を呼びかけることにありました。

何千年もの間、サーミはデットヌ川を大切にし、川と共生してきましたが、2021 年の夏には、デットヌ川とその支流でのサケ漁が歴史上初めて全面的に禁止されました。サケを巡る状況は思わしくなく、北極圏を中心とするサケの個体数はここ数年で大きく減少しています。この現状は、特に先住民族の集団に大きな影響を及ぼしていますが、サケがいるからこそ、彼ら（集団の人々）はこの地に居住してきたのです。大きな変化のある時代こそ慎重を期し、持続可能な漁業を行い、サケなどの資源を次世代に残すことは重要です。しかし先住民族の伝

アスラック・ホルンバルグ
サーミ（フィンランド）

サーミ評議会議長。サーミ評議会は人権、知識、環境政策などの分野で活動する最大かつ最古の国境を越えた国際的なサーミによる組織である。過去10 年間、NGO やフィンランドのサーミ議会において、活動と学問を通じてサーミや先住民族の問題に取り組んできた。先住民族の権利とその知識は、様々な分野での彼の活動の核をなしている。
photo : the Saami Council

8 Deatnu Salmon and Sámi Salmon Fishing Culture in a Crisis

Aslak Holmberg [Finland]
President of the Saami Council

"For Thousand Years " —Screening the Video—
* The video shown at the beginning of the talk.
* For Thousand Years // Duhát Jagi URL https://youtu.be/wKzGwoaqzxw

For Thousand Years

In the summer of 2021, the Ellos Deatnu movement released Environmental Art at six different locations along the river banks and traditional weir fishing spots of river Deatnu. The aim was to raise awareness and provoke discussion about the situation of Deatnu, as well as the rights and responsibilities of Sámi people, the rights holders of this region.

For thousands of years we have taken care of Deatnu and lived together with it. The summer of 2021 was the first time in history when salmon fishing in Deatnu and its tributaries was completely banned. Salmon is not doing well. Salmon populations through the Arctic have declined greatly in the past years. This has a huge impact especially to Indigenous peoples. It is because of the salmon why people have inhabited these valleys. In the times of big changes it's important to

Skuvllaalbmá Áslat Niillas Áslat Aslak Holmberg
Sámi (Finland)

Aslak Holmberg is the president of the Saami Council, which is the largest and oldest international Indigenous Sámi organisation, working in fields such as human rights, knowledge and environmental policy. He has for the past decade worked with Sámi and Indigenous issues through NGO:s, the Sámi parliament in Finland, as well as through activism and academia. Mr. Holmberg is a fisher, teacher, and holds a master's degree in Indigenous studies. Indigenous rights and knowledge are at the core of his work in various fields.

統的な技術や知識は自然と深く結びついており、実践することで初めて存続できることを忘れてはなりません。漁が出来なければ、その伝統は消滅してしまうのです。

今日でも植民地主義国家は、水や土地など自然資源に対するサーミの集団的権利を認めていません。2021年のデットヌ川でのサケ漁の全面禁止は、サーミ権利者の同意なく行われています。サケの数は減少しており早急な対策が必要です。一方で、自然保護が先住民族の権利を剥奪するための道具として使われることは許されません。サーミ語には'bivdit'という単語がありますが、これは釣りや狩りを意味します。同時に「求める」「誰かに何かを要求する」という意味もあります。サーミは昔から、謙虚な姿勢で自然からの許可を求め、河川やサケとのつながりを保つことが大切だと考えます。私たちの幸福は、サケや川の豊かさと深く関わっています。サケが再び川に戻ってくるよう祈りましょう。

非持続的な方法によって、動物や植物はかつてないほど急速に失われています。海の乱獲はアトランティックサーモンにも脅威を与えています。サーミの漁法は常に自然に適応し、サケが少なくなると漁獲量も減らし、他の魚種を漁獲します。以前は、流域全ての魚種の多様性を楽しみ、その恩恵を受けていました。マス、イワナ、メジロ、メジナ、グーサンダー（アイサ）も獲っていました。サーミの土地をはじめ北極圏全体の気候や環境は急速に変化しており、汚染は年々増加し、私たちをより困難な時代へと導いています。

photo : Ellos Deatnu

私たちの最大の課題は、気候

be cautious, to fish sustainably and to preserve the salmon stocks for future generations. However, we must remember that our traditional skills and knowledge are tied to nature, and they survive only through practice. They vanish if we don't get to fish.

Still today colonial states have not recognized the collective Sámi rights to waters and lands. Complete ban on salmon fishing in 2021 in Deatnu is done without the consent of the Sámi rights holders. The numbers of salmon are low, and urgent action needs to be taken. But we will not allow conservation being used as a tool for revoking indigenous rights. The word 'bivdit' is the act of fishing or hunting but bivdit also means to ask for, to request something from someone. Traditionally we have asked with humbleness a permission for nature. It is important to keep our connection with the river and salmon. Our wellbeing is linked to the wellbeing of the salmon and the river. Let's ask salmon to return to the river again.

Due to unsustainable ways the animal and plant species are vanishing more rapidly than ever. Overexploitation of the seas threatens also the Atlantic salmon. Our way to fish has always been self-adaptive: when there is not much salmon, fishing is also reduced. Then we fish for other species. We used to enjoy and benefit from the diversity of all the fish species in the watershed. Let's also fish pikes, sea trouts, whitefish and graylings as well as goosanders. The climate

We used to enjoy and
benefit from the diversity

photo : Ellos Deatnu

> 危機と闘うため、そして私たちの地球を守るために、何もできないという共通の考えを持っていることです。私たちができること、行えることはすべて必要不可欠で、重要であり、私たちが踏み出す一歩一歩に意味があるのです。はるか昔から、自然の摂理は私たちの掟でした。敬意を払い、許可を得て、必要なものだけを取る。私たちの土地を大切にし、次世代のために保護する。
>
> 私たちには土地を管理するための知識と技術があり、それを活かし次の 1000 年のために伝統を守り抜くつもりです。
>
> ※ビデオキャプションの著作権は Ellos Deatnu movement にあります。

＊＊＊＊＊

photo : Ellos Deatnu

今、披露させていただいた歌は 100 年前に私の家の近くに住んでいたサケ漁師、Jalvvi-Jovnna さんに関する伝統的な歌（luohti）でした。そしてこのスライドの写真は Čearretsuolu という、私たちの抗議活動の中心地となった島で、今見ていただいた映像もこの運動からできました。

■講演の内容

これからデットヌ川、そしてこの川の流域についてお話しします。まず、先住民族サーミについての一般的な話から始め、デットヌ川について、そしてサーミとサケとの関係について紹介します。次に、サケの現状と規制や権利についてお話しします。また、最高裁判所の判例をいくつか説明し、フィンランドの２つの判例を中心に、ノルウェーとスウェーデンの判例についても触れたいと思います。最後に、生態系の危機や様々

and the environment are rapidly changing in Sámi and in the whole Arctic. Pollution increases every year, which takes us towards more challenging times.

Our biggest challenge is our collective belief that we couldn't do anything to fight the climate crisis and for protecting our shared Earth. Everything that we can do and are able to do is needed, necessary, and crucial. Every step we take is meaningful. Since time immemorial the law of nature has been our law. Respect, ask for permission, take only what we need. Take care of our areas and safeguard them for future generations.

We have the knowledge and skills to govern our territories and we are going to take care of them for the next thousand years.

* * * * * *

This was luohti or traditional song of a man called Jalvvi-Jovnna who used to live close to my home 100 years ago and he was a salmon fisher. So this picture is from an island called Čearretsuolu which was central place to protest movement that we started, and it was the same movement that created the film that we saw just now.

■ Presentation Contents

I will be talking about the river Deatnu and of the whole watershed of Deatnu River. So, first, I'll start with some general things about the Sámi as indigenous people. I will talk about the Deatnu River and give an introduction to Sámi and our relation to salmon. Then I will talk about the current situation in relation to the status of the salmon as well as regulations and rights. And then I will give some examples of Supreme Court cases and I will focus on two cases from Finland, but also mentioning a couple relevant cases from Norway and Sweden. And I will end with some considerations on how to deal with rights in times

な利害が競合する時代において、権利をどのように扱うべきか考察し、また今後の展望についても述べていきます。

パート１　はじめに

最初に、非常に簡単ではありますが自己紹介をさせてください。私はデットヌ川流域のサケ漁師です。そして国際的なサーミ組織であるサーミ評議会の議長でもあります。今日はお話ししたいことがたくさんあるので、自己紹介はここで終えたいと思います。

■サーミランド

Sápmiとは、私たちの伝統的な先住の地、あるいはサーミランドのことを指します。私たちは、国家が存在する前から、あるいは国家が国境を作る前からこの地域に住んでいました。ですから、私たちはフェノスカンジアの北部に住む先住民であり、４つの異なる国（フィンランド、ノルウェー、スウェーデン、ロシア）にまたがった先住民族です。私たちは自分たちの言語を話します。サーミ語を話す人はサーミ全体の中では少数派で、９種類のサーミ語が話されています。そして、伝統的な生業や伝統的な慣習があります。大多数のサーミは、これらの活動から主な収入を得ているわけではありませんが、それでも、私たちにとって非常に重要な文化的意義を持つものです。サーミの伝統的な生業や慣習には、トナカイの放牧、漁業、採集、伝統的な手工芸品などがあり、これらから主な収入を得ている人々もいます。

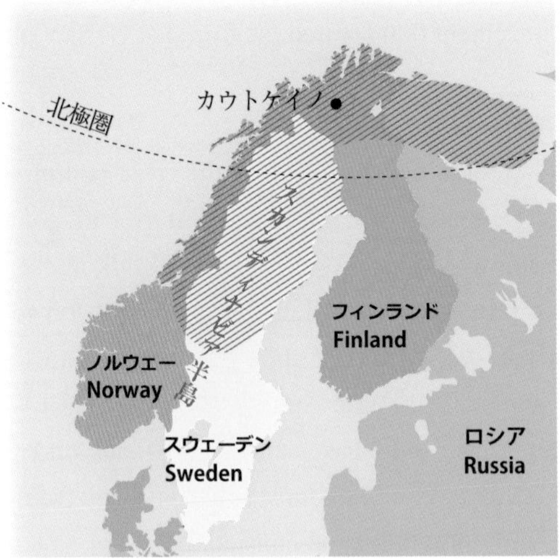

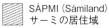

SÁPMI (Sámiland)
サーミの居住域

of ecological crisis and situation where there are competing interests, and also looking the way ahead.

Part 1 Introduction

So, just very briefly who I am. So, first of all, I'm a Salmon fisher from the Deatnu River Valley. And as you can see, my title is the President of the Saami Council, which is an International Sámi Organization. I will not read all of it because I have a lot to say, and I want to be able to go through my other points.

■ Sámiland

Sápmi is what we call our traditional homelands or Sámiland. And we have lived in this area way before the states were existing or before the state borders were drawn. So, we are an indigenous people in these northern parts of Fennoscandia, and we live in four different countries. So, we speak our own languages. We have nine different Sámi languages that are spoken even though the Sámi speakers are a minority within the whole Sámi population. And we have our traditional livelihoods and traditional practices even though it's a majority of Sámi who don't get their main income from these activities, but still, they bear a very significant cultural importance to us. So, these traditional livelihoods and practices include reindeer herding, fishing, gathering, traditional handicrafts, and there are people who get also their main income from this.

■先住民族サーミ

今日、私たちが暮らしているほとんどすべての場所で、サーミは少数派となっていますが、私たちは４つの国全体で先住民であり、これは各国の法律や憲法がどうであれ、事実なのです。

そしてフィンランドでは、私たちサーミを先住民族として認めています。ほんの２週間前（2023年５月28日時点）にノルウェーも憲法を改正し、サーミをノルウェーの先住民であると認めました。サーミが先住民族であることが憲法の一部になったことは、サーミが持つ他の権利はこの認識から派生したものだと言えます。そして、これらの派生した権利は文化的権利の承認を中心に組み立てられていますが、ここに関しては追って詳しくお話しします。

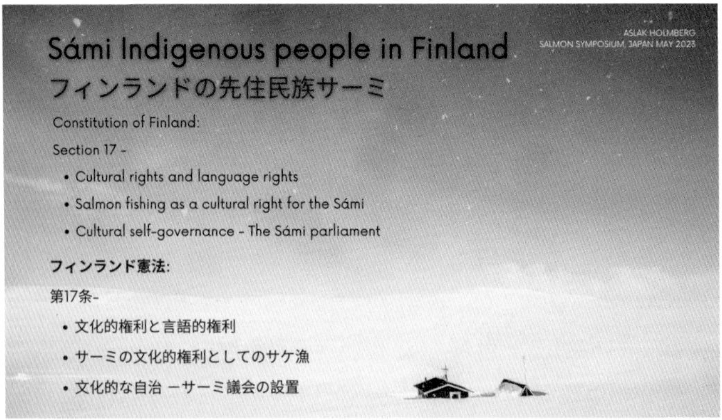

サーミは政府と条約を結んでいるわけではなく、自治権や統治権を持っているわけでもありません。その点では、サーミはアイヌ民族と同じような立場にあると思います。なぜなら、私たちはまだ認められていない権利について話しているからです。しかし、私たちが長い間その地域で土地や資源を利用し、住んできたことで権利が生まれたのです。

私たちの権利のひとつに言語権があります。公的機関でサーミ語を使用できる権利があり、この権利に関連したサーミ語法もあります。ただ、紙面上ではとても良いことですが、実際にはあまり上手く実施されておらず、公的機関でサーミ語を実際に使おうとすると、かなりの努力が必要になることが多いのです。

■ Sámi Indigenous People

Today, we are a minority almost in all the places where we are living.

We are indigenous people throughout the four countries, and this is a fact no matter what the laws or constitutions of the countries say.

But this is how Finland recognizes us as indigenous people. And just to note, for example, Norway amended their Constitution just two weeks ago and recognized the Sámi as indigenous people in the Constitution. So, this is the part of the Constitution, and you could say that the other rights that Sámi have are derived from this recognition. And as you can see, this is built around the recognition of cultural rights, and I will be explaining that in more detail.

So, we don't have any treaties with our governments, nor do we have very significant governance rights. So, I think in that regard, we are in similar position with Ainu because we are talking about the unceded rights, something that hasn't been recognized. But something that is there through our long use and our long inhabitance in the area.

One part of our rights is the right to use Sámi languages in public authorities and there is a specific Sámi Language Act on that. And on paper, it's quite good, but in practice, it's not very well implemented and often it takes a lot of effort from you if you want to actually use Sámi with the public authorities.

私たちの文化を実践するこの権利は、文化を広く捉えていて、サーミの伝統的な生業やサケ漁などの慣習も含まれます。つまり、サーミは文化を享受する権利を持つ先住民であるという認識から、サーミ議会が設立され、サーミの文化的自治が実施されているのです。

サーミ議会はサーミの代表組織であり、4年毎の投票によってメンバーが選出されます。サーミ議会の位置づけは、主に政府の諮問機関です。また、サーミの言語、社会、医療サービスを提供したり、サーミ語の教材を作ったりするための助成金を分配する役割も担っています。ですから統治機関ではありませんし、例えば漁業を統治するわけではありませんが、デットヌ川のサケ漁に関する声明を書いたり、交渉チームにメンバーを推薦したりすることはできます。

■ **デットヌ川よ永遠に！**

ここにデットヌ川流域全体の地図があります。これは私の居住地域出身のサーミアーティストである Outi Pieski さんの作品です。そして Ellos Deatnu とは、2017 年にサーミのサケ漁に対する強い規制に抗議するために生まれた抗議運動の名前です。Ellos Deatnu とはデットヌ川よ永遠に、という意味です。

私はこの地域の出身でここには私の村があります。気づかれた方もいらっしゃると思いますが、この地図には国境がありません。なぜなら私たちは伝統的に国境によって分断されていなかったためです。そのため、この地域はかなり広く、16,000 平方キロメートルほどあります。

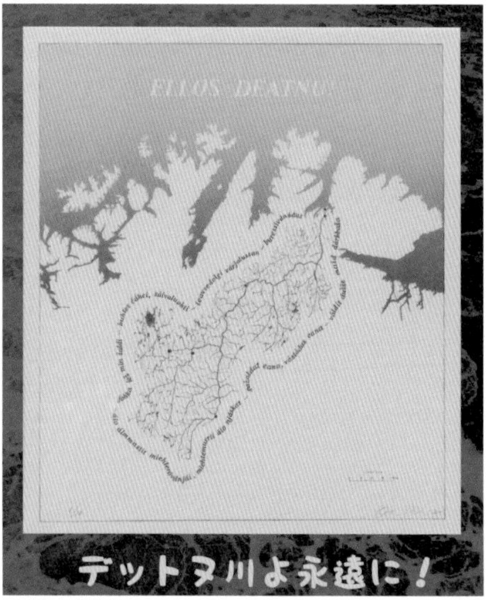
ELLOS DEATNU
デットヌ川よ永遠に！

Jenni Laiti, Outi Pieski, Niillas Holmberg, Rájácummá/Kiss from the Border, 2017–2019, environmental community art work, lithograph Outi Pieski

This right to practice our culture, it has a broad view of culture. So it includes our traditional livelihoods and practices, including also salmon fishing. So, from this recognition of Sámi as indigenous people with the right to culture, the Sámi parliament has been established, which implements the Sámi cultural self-governance.

Sámi parliament it's a representative body for the Sámi which is elected through vote every four years. And when you look at the status of the Sámi parliament, then it is mainly an advisory body to the government. And it also distributes funding such as to provide Sámi language, social, and healthcare services, and make educational material in Sámi languages. So, it's not the governance body and, for example, it does not govern fishing, but it can write statements about salmon fishing in the Deatnu River, and also, they can nominate members to the negotiating team.

■ Ellos Deatnu

So, here you can see map of the whole Deatnu watershed. This is art piece by Outi Pieski, who is a Sámi artist from my region. And Ellos Deatnu is the name of the protest movement that was born in 2017 to protest the strong regulations on Sámi salmon fishing. And Ellos Deatnu means Long Live the Deatnu River.

So, just pointing out, I am from there, there is my village. And as you can see, in this map, there are no state borders, and that's how we traditionally would have seen the area. We were not divided by state borders traditionally. So this is a rather large area. It's more than 16,000 square kilometers.

この地域はサーミにとって非常に重要な地域で、サーミが多数派を占めるというこの地球上でも稀な場所のひとつです。しかし現在、この地域は２カ国によって統治されており、デットヌ川の主流が国境となっています。つまり、ノルウェーとフィンランドが２国間協定を結び、デットヌ川の漁業やサケ漁を管轄しているのです。

そしてこの地図の周りには、アートプロジェクトの一環で、最初のビデオで見ていただいた通り、赤い点が見えるところにサーミ語で短い文が書かれた看板が設置されています。一夏の間、多くの人がその看板を読めるようにしたのです。

photo : Aslak Holmberg

■ **サケについて**

流域の川の総延長は1,200キロメートル以上になり、ここをサケが泳いでいます。Luossaとはサーミ語でサケを表します。この写真はBoratbokcaという地域で、ここはかつて、アトランティックサーモンの漁場として世界的に有名な場所でした。サケこそが、人々がこの川の渓谷に住み始めた本来の理由なのです。この地域に住む人々をČáhcegátti olbmotと呼んでいますが、これは水辺の人々、川岸の人々という意味です。これは、少なくとも私たちの生活がサケを中心に回っていたことを意味しています。

そして1800年代当時、サケに依存していなかったのは人口のわずか６分の１程度だったと推定されていて、サーミ人口の半数はサケから主な年間収入を得ていました。これは、私たちは緯度の高い北の地域に住んでいるため、気候条件により穀物を栽培することができず、サケがいわば穀物のような役割を担っていたためです。ノルウェーのサケの養殖業が始まる前は、サケが経済の中心だったのですが、サケの養殖業が始まると、いわゆる天然のサケの価格が大幅に下がってしまい、サケだけで生活することは難しくなりました。

And it is very important Sámi area, and it's one of the rare places on this planet where Sámi are actually a majority. But today, it's governed by two states, and this is the mainstream of Deatnu, which is the state border. So, it's Norway and Finland who, bilaterally, have this agreement to govern the salmon fishing. And around this map, you can see some short phrases in Sámi language. It was part of an art project where they similar to the video, they had these signs posted around where you can see the red dots, they had these sentences there for one summer where you could read the signs.

■ Salmon

So, altogether, there is more than 1,200 kilometers of rivers where salmon are swimming. Luossa is the Sámi word for salmon. And this is a picture from a place called Boratbokca. I look forward to you saying that, which used to be one of the most popular salmon fishing destinations in the world for Atlantic salmon. And salmon is the reason why people have started living in these river valleys in the first place. And we call ourselves Čáhcegátti olbmot, which means the people of the water shore or people, yes, of the riverbanks. People of the shoreline, basically. And this refers to how our life at least used to revolve around the salmon.

And it's estimated that in the 1800's, only one sixth of the population was not dependent on salmon. And half of the population got their main annual income from salmon. So, we live so high up north that it's not possible to farm grains, for example, so salmon used to be our grain fields, so to speak. And before the Norwegian salmon farming industry, the salmon used to be the core of our economy because after the salmon farming industry, the price of so-called wild salmon dropped very significantly.

デットヌ川流域は、最も多様なアトランティックサーモンが生息する地域で、遺伝的に異なるサケの魚種が30以上もあるのです。これはもちろん豊かさを示していますが、漁業を管理する上での課題ももたらします。特に本流域は川の水位が低いため、ここで獲れる魚はすべて、上流で泳いでいるさまざまな個体群を獲ることになります。つまり、このような複数の個体群が混在する漁業を管理するのは難しいということを示しています。

私は人生のほとんどの期間でサケ漁を続けてきて、初めて父に連れられて釣りに出かけたのは２歳のときだったと思います。サケ漁にはいろいろな側面があり、サケ漁をしながら私は川を知り、サケの行動を学んできました。サーミ語に加え、サケや川に関連した先住民の知識も、サケ漁を通じて多く学びました。サケ漁は川に住むサーミ文化の基礎になると同時に、社会的なつながりももたらします。漁法によっては、多くの村人が集まって漁の順番を待つ場所にもなり、そこで様々な話題、例えば自身の出来事、歴史のある物も含む様々な物語やアイディアなどを共有したり、人々を結び付けたり、サケについて学んだりもします。

サケは私たちの食生活に欠かせないものであり、自給自足の一部であると同時に、食料安全保障の中核も担っています。私は父から、川での漁が再開できるまで、冬を越すのに十分なサケが必要だと教わってきました。

■ サケの漁法

次に、ここからは様々な漁法についてお話ししますが、そのうちのひとつ、流し網（golgadeapmi）と呼ばれる、舟につけた網とともに流れにのって魚を獲る網漁の写真をお見せしましょう。そしてこのスライドには、私たちの地域特有の伝統的なサーミの川舟も写っています。これは川の文化的伝統の重要な一部です。

Deatnu watershed is the most genetically diverse Atlantic salmon area in the world. We have more than 30 genetically distinct salmon populations. This is, of course, richness, but it also brings challenges to governing fishing, especially in the mainstream because this is rather low in the river, so whatever fish we catch here, we are catching all the different stocks that are swimming upstream. So, it's a challenging to govern this kind of mixed-stock fishery because some of the stocks are doing better than others.

So, I've been fishing salmon all my life. I think I was two years old when my father first took me out fishing. And there are many aspects that are linked to salmon fishing. So, while fishing salmon, I've been learning to know the river, know how the salmon behaves. I've learned Sámi language, a lot of indigenous knowledge about the salmon and the river. And salmon fishing is the foundation of the river Sámi culture. And there are also these social connections linked to salmon fishing. Some of the methods, they also provide a gathering place where a lot of people from the villages gather together to wait for their turn to fish, and that's where you also share stories, and you learn about the salmon, and it brings people together.

And throughout my life, salmon has been a very essential part of our diet, and so it's part of our self-sufficiency and then the core of our food security. And I've learned from my father that we should have enough salmon to last the whole winter until the river opens again.

■ Fishing Methods

And the next slide will be about the different fishing methods, so I will just show this picture of one of those methods, which is called golgadeapmi or drift netting where we move together with the current following the net with the boat. And here you can also see a traditional Sámi riverboat, which is distinct to our area. It's an important part of the river cultural tradition.

photo : Kukka Ranta

私たちには様々な漁法があります。まず、先ほど少し紹介した流し網ですが、現在では３種類の網漁があります。流し網のほかに、刺し網や定置網（njaŋggofierbmi）があります。しかし、私の人生で最も重要な漁法は、buođđu と呼ばれる堰漁（やな漁）です。現代の buođđu（堰漁、やな漁）は、鉄のくいを使います。それをハンマーで川底に打ちつけ、網を張ります。さらに、竿釣り（oaggun: suhkat ja šlivgut）もあります。Suhkat はボートで漕いでいる時で、数種類の竿を持っています。そして šlivgut は岸から釣りをすることです。この竿釣りは地元の人にも許可されていますが、かつては大きな観光産業としてスポーツフィッシングが盛んでした。

こうした技術を学び習得している若い世代は多くなく、私はこの地域で技術を学んでいる若手のひとりです。このように、次の世代にどうこの技術を継承していくかが課題です。特に網漁です。網漁のなかには非常に手間のかかるものもあります。漁具の作り方やメンテナンスの仕方を知っていなければなりませんし、様々な状況に対応できるように、多種類の漁具を用意しなければなりません。この写真に写っているのは私と父で、５年ほど前のこの時期（５月下旬）に撮ったものです。この時は、水量はかなり多かったことがわかります。

So, we have different fishing methods. There you could see the golgadeapmi, which is the first one, that drift netting. Today, we have three types of net fishing. So besides drift netting, we have njaŋggofierbmi which is the gillnet or setnet, I guess you can call it. But what has been the most important fishing method through my life is what we call buođđu or a weir. So, the modern form of a buođđu or a weir, we use the iron bars. We hit them to the bottom of the river with a sledgehammer, and we attach a formation of nets. And in addition, we have a rod fishing or, as we call, oaggun: suhkat ja šlivgut. Suhkat is when you're rowing with a boat, and you have a few different rods. And then šlivgut is when you're fishing from the shore. And it's this rod fishing that is allowed both to locals, but also, we used to have a very big tourist industry so sports fishing industry.

And there are not so many youth who are learning these skills and methods, so I'm one of the youngest ones in my region who has been learning these skills, so it's not very effectively transferring the knowledge. And this is especially the case with the net fishing. Some of the net fishing methods are very work intensive. You have to know how to make your equipment and maintain the equipment and have many types of equipment for different conditions. So, in this picture, you can see myself and my father. It's taken about this time of the year, maybe five years ago and the water is quite high.

パート２　現状

■デットヌ川のサケの状況

次に、現状についてお話ししていきます。お気づきの方もいらっしゃるかもしれませんが、ここまで私は、「いままではこうだった」という風に過去形でお話をしてきました。これは、このサケ漁場はここ２年間閉鎖されており、許可されていないためです。簡単に言うと、私と父が釣りをしていた釣り場では、おおよそ2017年までは毎年、多かれ少なかれ安定した漁獲量がありましたが、それ以降、遡上するサケの数が激減しました。特にここ数年は顕著です。

2020年は、川に遡上するサケの数が極端に減少した、初めての大惨事の年でした。その後も、遡上するサケの数は回復しておらず、2021年も2022年も良い年ではありませんでした。しかし、一部のサケ資源は他のサケ資源よりも良好であることは確かです。ただ、多くの個体群については、持続可能な漁業が可能であるとしても、それほど多くないのが現状です。

淡水域、川の水系に大きな変化は見られません。つまり、サケが海を回遊している間に何かが起こり、サケが戻ってこなくなったということです。

さらに、私たちの川にやってきた新種の外来種のサケ（カラフトマス）の影響で、生態系に大きな変化が起きています。このカラフトマスが私たちのサケの川を占領してしまったのです。カラフトマスは太平洋産のサケの一種で、1960年代にすでにロシアコラ半島方面から、ロシア側のサーミ地域に持ち込まれました。そしてここ数年でなぜか、急激に増加しています。

カラフトマスの一生はとても短いです。孵化してから十分に成長してわずか２年で川に戻ってきます。そして、個体数は隔年で変動し、年によっては非常に大きくなることもあります。そのため、２年前にはアトランティックサーモンの約４倍ものカラフトマスが遡上し、今年の夏も非常に多くのカラフトマスが遡上すると予想されています。

Part 2 Current Situation

■ Status of Salmon in The Deatnu River

So, then about the current situation. And as you may have noticed, I've been speaking in a past tense, so this is how it used to be. And this is because this salmon fishery has now been closed for two years, so there has been no salmon fishing allowed. So, briefly, I would say that up until roughly 2017, the fishing spot where me and my father were fishing, we had more or less a stable catch every year. But since then, there has been a very strong decline in the number of returning salmon. And this is especially the case in the past few years.

So, in 2020, I would say it was the first catastrophic salmon year when we had extremely low number of salmon coming to the river. And the number of returning salmon hasn't been much better in the years after that. Also, 2021 was not a good year nor 2022. But just to note that some salmon stocks are doing better than others. But for a lot of the populations, there isn't much if any that can be fished sustainably.

And there haven't been any major changes in the freshwater, so in the river system. So, things are pointing towards the ocean that something is happening to the salmon during their ocean migration so that they're not returning back anymore.

And in addition to this, we have experienced a major ecological change regarding a new salmon species that has arrived to our river. So, this pink salmon has basically taken over our salmon river. So, it's Pacific salmon species and was introduced to the Russian side, to the Kola Peninsula, to the Sámi areas on the Russian side already in the 1960s and for some reason, in the past few years, their numbers have increased very strongly.

And it's a salmon with very short life cycle. It only lasts for two years since it's hatched until it comes back to the river in full growth. And it's the uneven year populations that have grown very strongly. So, two years ago, we had approximately four times more pink salmon than

■漁業権について

しかし、これは複雑な状況であり、権利についてだけ、あるいは保全についてだけ話すことはできず、両立していかなければいけない状況があります。ですからまずは、権利についてお話しします。もちろん、私たちは現在、権利を行使できているわけではありませんが、どのように権利が確立されてきたかお話しします。

第一に、特定のサーミの漁業権は存在しないということです。漁業権というのは、所有権、あるいは居住地、住んでいる場所と結びついています。このスライドでは、私たちにとって最もよく行われ重要な漁法である網を使った漁業権について説明しています。

現在ノルウェーでは、3つの異なる方法の網を使った漁をする権利があります。もし、1年おきに2,000キロの牧草を収穫できるだけの畑を所持していれば、ですが。牧草とサケの間にどんな関係があるのか、不思議に思えるかもしれませんが、これには2つの側面があると思います。ひとつは、その地域に永住する人だけが網漁ができる手段だったということです。しかし、それはまたノルウェーがサーミを牧畜農家に変えようとし、牛用の2,000キロの牧草を確保しなければならなくした、同化政策の手段とも見ることができます。

フィンランドでは、特定の土地、主に川に隣接した土地に網漁での漁業権が付与されています。つまり、土地の所有権と結びついているのです。私たちの地域には集団的な権利や自治権はありませんが、権利は個別化されており、売却することもできるのです。フィンランド側では、川の約75%が個人所有ですが、それでもサーミは川を管理することはできません。でも、そこでの漁業を管理するのは政府なのです。

そして、竿釣りの権利ですが、これは居住地に付随しています。基本的に、その地域に永住している人は誰でも、この割と安価な、あるいは比較的安価な季節免許を購入することができ、この免許で夏の間ずっと釣りをすることができます。観光客の場合は、1日毎の許可証を購入することになります。フィンランド側で述べたように、川の大部分は私有地ですが、それでも政府が規制をしています。

Atlantic salmon, and we are expecting a very large pink salmon run this summer as well.

■ Fishing Rights

But it's a complex situation, and I want to highlight that we cannot only talk about rights or only talk about conservation, but we have talk about them together. So, then I will talk about rights and, of course, we are not practicing them at the moment, but this is how the rights have been founded.

First of all, to say that there are no specific Sámi fishing rights. So, the fishing rights are linked either to the ownership of property or to the place of inhabitance, to the place where you are living. So, this slide is specifically on the net fishing rights, which used to be the most active and most important way for us to fish.

So, in Norway, you have a right to fish with nets so the three different methods. If you have enough fields where you can harvest the 2,000 kilos of grass every other year. And it can seem like a strange link, like, what is the link between grass and the salmon, but I think there are two aspects that you can look in this. So, the first is it was actually a way of ensuring that only people who permanently live in the area have the ability to fish with nets. But it can also be viewed as a tool of the assimilation policy where the state of Norway was trying to convert Sámi into being farmers so that they had to have 2,000 kilos of grass for their cows.

And in Finland, the net fishing rights are attached to certain properties, mostly those properties that are next to the river. So, it's linked to the ownership of land.

So, we don't have collective rights or governance rights to our areas, but the rights have been individualized, and they can be sold.

And on the Finnish side, it is approximately 75% of the river that is

しかしノルウェー側では、デットヌ川の所有権は未解決のままです。これは驚くべきことで、ノルウェーでは、サーミの土地権や集団的土地の権利が少なくともある程度認められている唯一の例のひとつと言えますが、川に関してはそうではないのです。フィンマルク法は、ノルウェーがILO第169号条約を批准し、サーミの領土に対する伝統的な権利を認めたために制定された法律です。そのため、以前は国有地だった土地はすべて新しい組織に移管されました。その組織において、役員の半分はサーミにより指名され、半分はフィンマルク郡議会によって指名されます。このように、土地に関してはサーミの集団の権利が認められていますが、川に関しては認められないというのは非常に奇妙なことです。

■ **漁業規制**

先ほどお話ししました通り、まず2017年に、特にサーミの伝統的な漁法を対象とした非常に強い規制を受けました。漁期が大幅に短縮され、使用できる漁具や漁具の数も制限されました。フィンランド側の概算では、伝統的な漁業権の約80%が制限されたことになります。その論拠は、サケを保護する必要があるというものでしたが、何らかの理由で、川沿いの渓谷に別荘を所有するフィンランド南部の裕福な人たちに、新たな漁業権を与えることは可能になったのです。

交渉に加わっていたサーミの人たちは皆、この制限に反対していましたが、それでもノルウェーとフィンランドの両方でこの制限を可決しました。

そして更に悲惨なことに2021年以降、サケ漁は禁漁となり、この禁漁は今年の夏も続くと言われています。実はこの禁漁が、私がこのシンポ

actually owned privately by people, but still, we are not able to govern the river, but it's the states who govern fishing there.

And then the rod fishing rights, it's attached to the place of residence. So, basically, everybody who lives permanently in the area, they can buy this rather inexpensive or relatively inexpensive seasonal license, and they could fish the whole summer with this license. And for tourists, it's a matter of buying daily fishing licenses.

So, as I mentioned on the Finnish side, it a majority of the river that is privately owned, but still the government rules it.

But on the Norwegian side, the ownership of the river is unresolved. And this is remarkable because on the Norwegian side, it's one of the only examples where the land rights or collective land rights of Sámi have at least to an extent being recognized, but that's not the case when it comes to the river. So, the Finmark Act is act that was written because Norway has ratified the ILO Convention 169, which recognizes Sámi traditional rights to their territories. So, all the lands that used to be state lands, they were transferred to this new body where half of the board members are nominated by the Sámi and half are nominated by the regional authorities. So, it is quite odd that when it comes to the land, then Sámi collective rights are recognized but then when it comes to water, then they are not.

■ Fishing Restrictions

So, as I mentioned, first, in 2017, we got very strong restrictions that were especially targeting Sámi traditional methods of fishing. So, the fishing season was made much shorter, and the number of equipment that can be used was limited. So, a rough estimate on the Finnish side is that about 80% of the traditional fishing rights were limited.And the argumentation was that we need to protect the salmon, but still, for some reason, it was possible to give new fishing rights to cabin owners who are usually wealthy people from south of Finland who own summer cabins in the river valley.

ジウムに参加出来た理由なのです。もしサケ漁が禁止されていなければ、今はサケが遡上し漁の解禁時期になるので、私は地元で漁をしていたでしょう。しかし現在、私たちは自分たちの文化を合法的に実践することができていません。

パート3　裁判事例：Veahčajoh 川と Ohcejohka 川

そこで、時間が限られてはいますが、サケ漁に関連する裁判事例をいくつかここで挙げたいと思います。これらは私の地元で、Veahčajohka と Ohcejohka と呼ばれる２つのデットヌ川の支流河川の例です。またその他にも関連する最高裁判例を２つ挙げておきたいと思います。ひとつはスウェーデンの、もうひとつはノルウェーのもので、サーミの文化的権利や伝統的領土や資源に対する統治権に関わるものです。

■ Girjas 裁判

スウェーデン側では Girjas 裁判があります。Girjas とはサーミの村の名前で、現在はトナカイ放牧の協同組合でもあります。つまり、トナカイの放牧文化を中心に構築された伝統的な権威という形です。そしてサーミの Girjas 村は、村の区域内での漁業と小動物の狩猟を誰が管理するかということで、スウェーデン政府を相手取って裁判を起こしました。村の地域というのは、人々が住んでいた場所だけを指すのではなく、村の人々が年間を通じて利用していた、あるいは利用している地域全体を指すのです。

そして Girjas 村が勝訴しました。つまり、最高裁はサーミの村が長期的な利用を通じて、所有権と統治権、あるいは所有権の問題ではなく、その地域での漁業と狩猟を統治する権利をより強く持っていることを認めたのです。つまり、彼らはスウェーデン政府よりも強い権利を持っているのです。

そして、現在権利が認められているのは１つの村だけであっても、伝統的なサーミの村すべてに同じ原則が適用されると私は主張したいです。というのも、土地の所有権や自治を規制する法律が制定された当時、フィンランドはスウェーデンの一部でした。そのため、フィンランドに居住するサーミにもこの判決は意義を持ったためです。

So, all the Sámi who were part of the negotiations, they were opposing the restrictions, but still the states of Norway and Finland, they passed them.

And since 2021, the salmon fishery has been closed, and this fishing ban will continue also this coming summer. And, actually, that is a reason why I'm here because if it was not closed, the fishery, now is the opening of the fishing season so I would be back home fishing. But currently, we are not able to practice our culture legally.

Part 3 Court Cases: Veahčajohk and Ohcejohka

So, I want to name a few court cases, and I know I have quite limited time apparently, but I want to focus on these cases that are relevant salmon fishing, which are from my region, from two tributary rivers of Deatnu called Veahčajohk and Ohcejohka. But I want to mention also two other relevant Supreme Court cases, one from Sweden and one from Norway, which have to do with Sámi cultural rights or governance right to traditional territories and resources.

■ The Girjas Court Case

So, on the Swedish side, there is the Girjas court case, and Girjas is a name of Sámi Village, which is today also a reindeer herding cooperative. So, it's the form of a traditional authority built around the reindeer herding culture. And the Sámi village of Girjas, they went to court against the Swedish state regarding who gets to govern fishing and hunting of a small game in the area of the village. And when I talk about the area of the village, then it doesn't mean only the place where people lived, but the whole region that people of the village were using or are using and throughout the annual cycle.

And the village of Girjas, they won the case. So, the Supreme Court recognized that the Sámi Village has through their long-term use, they have the stronger right to own and govern or it's not about ownership, but the right to govern the fishing and hunting in the area. So, they have

■フォセン風力発電裁判

そして簡単に、フォセン風力発電事件に関するノルウェーの最高裁判決についても触れておきたいと思います。フォセンはノルウェー側の南サーミ地域にあり、巨大な風力発電所が建設されたため、その地域のサーミは冬のトナカイの放牧地の大半を失ってしまいました。ノルウェーの最高裁は、政府による風力発電所の建設許可はサーミの文化を享受する権利を否定するものであり違法である、との判決を下しました。つまり、サーミにはトナカイ放牧を含む自分たちの文化を享受する権利があり、この風力発電所の建設がサーミの生業であるトナカイ放牧に大きな悪影響を与えたことから、これはサーミの人権侵害であると考えられたからです。

■国内法への挑戦：Ohcejohka と Veahčajohka の裁判

Ohcejohka と Veahčajohka（フィンランド）のケースは、当時違法とされていた方法で漁に臨んだ５人が、意図的に行ったこの違法な漁を自ら記録し、警察に通報したという事件です。彼らはフィンランドの漁業を管理している国内法に異議を唱えたかったためこういった行動をとりました。彼らは、この法律が私たちの慣習上の権利、つまり太古の昔から私たちが持っている権利を壊していると主張し、それに挑戦したかったのです。そして、サーミにとって大きな勝利となり、最高裁はサーミが法律を破ったとしても、彼らは罪を犯したわけではないという判決を下しました。

stronger right than the Swedish state. And I would argue that the same principles apply to all the traditional Sámi villages even though it's only one village that now has the rights recognized.

And I would say this ruling has significance beyond the borders of Sweden because Finland used to be part of Sweden at the time that laws regulating the ownership and governance of land were created so the same principles should apply to Finland as well.

■ Fosen Wind Power Court Case

And briefly, I want to mention also the Supreme Court ruling from Norway regarding the Fosen wind power case. So, Fosen is in the South Sámi area on the Norwegian side, and they lost majority of their winter reindeer grazing lands because huge wind power plant was built there. And the Supreme Court ruled that the license to build the wind power plant is illegal because it denies the Sámi the right to practice their culture. So, because Sámi have the right to their culture and that includes reindeer herding and because this wind construction had such a big impact on Sámi livelihood of reindeer herding then it was considered that this is a violation of Sámi human rights.

■ Challenging the National Legislation：the Cases from Ohcejohka and Veahčajohka

So, the cases from Ohcejohka and Veahčajohka, they were cases where five people who were fishing in a way that was illegal at that time, and they did that purposefully, and they documented themselves fishing illegally and reported themselves to the police. So, they did this because they wanted to challenge the national legislation that is governing fishing in Finland. They claimed that this legislation is breaking our customary rights, our rights that we have had since time immemorial, and they wanted to challenge that. And it was a major victory for the Sámi, and the Supreme Court ruled that even though the Sámi broke the law, they did not commit a crime.

And as I showed, the Constitution of Finland recognizes the Sámi

そして私が示したように、フィンランド憲法はサーミの文化権を認めており、最高裁はこの権利にサケ漁が含まれると解釈しています。つまり、国内法が憲法の基準を超えている場合は、国内法よりも憲法が適用されるべきだということです。

ただ、この判決が下されたのは、サケの遡上数が大きく減少する前のことです。現在は生態系の状況が大きく変化しているため、今回の判決がどうなるかは、まだ断言できません。そして、これらの訴訟では、漁の対象となるのは、サケの生息数が健全な支流河川のサケです。

このスライドは最高裁の、そして非常に重要な判決の後に発表されたプレスリリースからの引用です。ご覧のように、この規制案はサーミの文化遺産の一つである伝統的な漁業の追求にとって有害であることは明らかである、と書かれています。

昨日、私たちは市民的及び政治的権利に関する国際規約の文化的権利に関する第 27 条に言及した台湾からの素晴らしいプレゼンテーションを聞きましたが、これも同様で関連するものです。しかし、台湾のケースとの大きな違いは、台湾のケースでは、自作のライフル銃だけが適切であると認められたのに対して、フィンランドの憲法委員会は私たちの現代的な生業も、サーミの文化遺産の一部であると認めていることです。

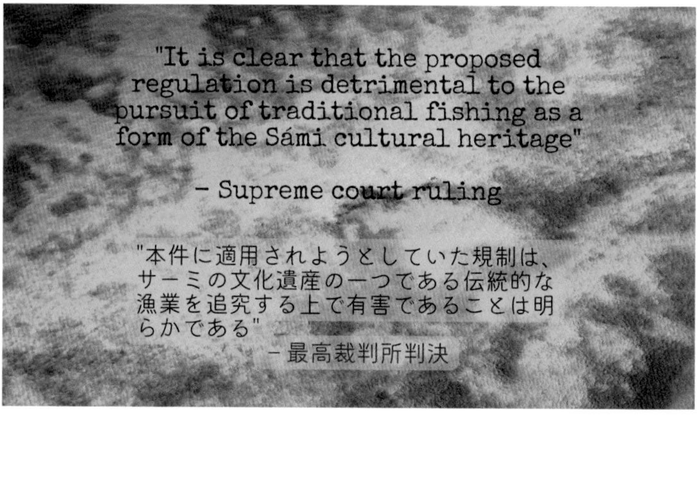
"It is clear that the proposed regulation is detrimental to the pursuit of traditional fishing as a form of the Sámi cultural heritage"
- Supreme court ruling
"本件に適用されようとしていた規制は、サーミの文化遺産の一つである伝統的な漁業を追究する上で有害であることは明らかである"
－最高裁判所判決

right to culture and the Supreme Court interprets that this includes salmon fishing, which is protected right. So, when some national legislation falls beyond the standard of the Constitution, then the Constitution should apply over the national legislation.

It has to be noted that this ruling was done, and offense was done before the major decline of salmon stocks. So, we cannot say for sure what would be the ruling in this case because the ecological situation has changed quite a lot. And these cases, the fishing target was the salmon populations in Tributary rivers, which has had their healthy salmon population.

This is a quote from the Supreme Court. I believe it's from the press release that they released after this very significant ruling. And as you can see, it reads that it is clear that the proposed regulation is detrimental to the pursuit of traditional fishing as a form of the Sámi cultural heritage.

So, yesterday, we heard the excellent presentation from Taiwan with the reference to the International Covenant on Civil and Political Rights, Article 27 on cultural rights and this is similar. It's relevant to that. But the major difference is that The Finnish Constitutional Committee recognizes that also the modern forms of practicing our livelihoods are part of the Sámi cultural heritage, while in the Taiwanese case, it was only the self-made rifles were recognized as appropriate.

パート４　生態系が危機に瀕している時代における権利

■気候変動

生態系が危機に瀕している今、私たちは自身の権利について考えなければなりません。特に北極圏は、私たちの環境すべてに影響を及ぼすような極端な変化をすでに経験しています。つまり、生物種が変化しているのです。季節も変わりつつあります。寒流域に生息する種が苦しんでいる一方で、より温暖な環境に適応した種はうまくいっている状況です。

アトランティックサーモンは、これまで観測されたよりも北の地域を泳ぐようになったことが確認されており、サケの食用となる種もより冷たい海を求めて北上しています。そして先ほど述べたように、カラフトマスも明らかに気候の勝者で、どういうわけか、この変化の恩恵を受けているのです。

■政策決定における利害の競合

また、繰り返しになりますが、私たちは残念ながら川の管理を任されているわけではありません。ですから、もし漁業が解禁されるのであれば、漁業規制において誰の優先順位が考慮されるのかが問われることになります。しかし、もちろん、私たちには慣習上の権利があり、それは決して手放したものではなく、慣習的な利用によってもたらされたものであると主張しています。当然、さまざまな漁業団体、利害関係者が競合しています。例えば、スポーツフィッシング（趣味）の強力なロビー団体や、山小屋のオーナーはフィンランドの支配体制とつながりがあります。ですから、私たちは政策決定の問題で苦闘しているのです。

■今後の展望

最後に今後の展望として、私たちの知識や伝統を伝えていく上で、いくつかの課題があることは確かですが、それでも守るべきものはたくさんあります。例えば、私たちには比較的きれいで健康的な自然があり、特に淡水域のサケの状態を改善するためにできることがいくつかあります。また、植民地化の歴史を通じて、様々な変化を経験し、私たちサー

Part 4 Rights in Times of Ecological Crisis

■ Climate Change

We have to think about rights in times of ecological crisis, and then especially the Arctic is already going through some extreme changes that impact everything in our environments. So, the species are changing. The seasons are changing. There are the cold-water species are suffering, and then the animals more adapted to warmer conditions, they are doing better so we are seeing a shift already happening.

Atlantic salmon has been observed to swim higher up north than has before been observed, and it's also the food species of salmon that have transferred north in search of colder waters. And as I mentioned, the pink salmon, it clearly seems to be a climate winner. Somehow, it's benefiting from the changes that have happened.

■ Marginalisation in Decision-making

And as I mentioned, we are not in charge of governing the river. So, if the fishery would be opened, then it can be asked that whose priorities would be taken into account in regulating fishing. But we, of course, maintain that we have customary rights, which we have never given away, these have come through customary use, and we are still to an extent practicing our customary rights to salmon fishing. And, of course, there are different fishing groups that are competing. For example, the sports fisheries strong lobby group, and the cabin owners are well connected to the Finnish system. So, we are struggling when it comes to decision making.

■ Future Prospects

So, yes, just in closing, looking ahead, we definitely have some challenges in transferring our knowledge and traditions, but we still have a lot to protect. Like, we have relatively clean and healthy nature, and there are some actions that we can take to improve the status of salmon, especially in the freshwater. And through the history of colonization, we

ミは新しい状況に適応することに慣れてきました。また、先住民の権利の発展の例をいくつか挙げましたが、国内の裁判所を通じて、また国際的にも、先住民族の権利は大きく発展していますが、国内レベルではあまりうまく実施されていません。

しかし、私は国際的、国内的なレベルでの先住民の権利に関する更なる取り組みに希望を見出しています。また、先ほどお話しした最高裁判例の実際の実施については、まだ検討中です。では、私たちがサケを漁獲する権利を持っているということを、実際に実現するにはどうすればいいのでしょうか。それは私たちの文化的権利ですが、生態系全体が大きく変化している今、それを国の法律でどう担保するのでしょうか。

時間をオーバーして申し訳ありませんが、ここで終りたいと思います。ご清聴ありがとうございました。

have gotten very used to adapting to new circumstances, so we will have to do that again. And as I gave some examples of development of our indigenous rights, through the national courts, but also internationally, indigenous rights have been developing significantly but not so well implemented on the national level.

But I see some hope in further work through the international and national level regarding our rights. And we are still looking into the actual implementation of the Supreme Court cases I was talking about. So, how do you actually make it into a reality that we have the right to fish our salmon? It's our cultural right, but how do you secure that in national legislation in times where we are experiencing very significant changes in the whole ecosystem?

So, yes, I apologize for going over time, but I want to thank you very much for your attention.

車座トーク　（5月28日）

シンポジウムの最終日の午後に行われた海外ゲストとラポロアイヌネイションのメンバーによる車座トークを再現いたします。海外ゲストの発言内容は当日、通訳された内容によるものです。
参加者は以下の皆さんです。

【海外ゲスト】
アモス・リンさん（アミ族）（台湾）
マラオスさん（タオ族（ヤミ族））（台湾）
アウェイ・モナさん（セディック族）（台湾）
ダニー・チャップマンさん（アボリジナルの人々　NSWALC議長）
キャサリン・リッジさん（弁護士）
ジョー・ワトキンスさん（オクラホマ州チョクトー・ネイション）
ラス・ジョーンズさん（ハイダ・ネイション　世襲チーフ）
アスラック・ホルムバルグさん（サーミ評議会議長）

【ラポロアイヌネイション】
会　　長　　差間正樹さん
副 会 長　　丹野聡（サット）さん
　　　　　　差間啓全（センドー）さん
　　　　　　佐久間俊之（トシ）さん
　　　　　　渡部勝己（カッツ）さん
　　　　　　市川海斗（カイト）さん
事務局長　　丹野るみかさん

司会は、このシンポジウムの共催団体である北海道大学先住民・文化的多様性研究グローバルステーション代表の加藤博文さんです。

〈注〉ラポロアイヌネイションのメンバーの多くは、漁師として海でサケの定置網漁やツブ漁などに従事しているが、アイヌとして先祖と同じように川でサケを獲りたいと活動している。

加藤：それでは車座トークに入りたいと思います。

私は北海道大学の加藤博文と申します。今日は司会を務めさせていただきます。

最初にまず、この土地の伝統的所有者であるアイヌ民族の方々に深く敬意を表したいと思います。とりわけ、この十勝川河口流域の伝統的所有者であるラポロアイヌネイションの方々には、この場にお招きいただき、このような機会を作っていただいたことに深く感謝を申し上げます。

さて、私たちは２日間にわたり、それぞれの地域また国単位の知識、経験、課題を共有して、物語・ストーリーを繋いでまいりました。

ここからは、このシンポジウムを主催いたしましたラポロアイヌネイションの人々と、海外からのゲストの人々の間の意見交換に多くの時間を割きたいと思います。

ステージ上に半円形に並ぶというちょっと変わったステージの配置になっています。本当はステージの下で円形に車座になりたかったのです。

先住民の世界では、対等になること、平等であること、それは非常に大事なことです。

特に時間も含めて先住民族の世界観や考え方で、円というものがとても大事な要素を果たします。

本日はステージの関係で円は半分の形になっておりますが、会場にいらっしゃる皆さんも含めて、この場での議論や意見交換は対等な立場で、平等に共に分かち合うということを一つの基本的な考え方にして、これから進めたいと思います。

Ⅰ　先住民のくらし・文化と川と魚

まず、最初にラポロアイヌネイションの方々から、ゲストの方に質問を出していただきたいと思っています。それぞれの発表者の方々は、地域ごとにいろいろな漁について、様々な現状や課題を発表されていました。まず、最初にサットさんにお聞きしたいのですが、どうでしょう？

サット：皆さんは海や川でどのような魚介を獲っていますか？
現在も獲っているのですか？

加藤：既に報告の中で触れられていた部分もあると思うのですが、まず、昨日話をされた台湾の方からお話を戻して、それぞれの地域でどんな魚を獲っているのかというのを、少しお話しいただけますか？

〈タオ族と魚〉

マラオス：私たちタオ族にとっては、昨日報告した通り、トビウオが一番大事な魚であり、神様のものでもあります。また、トビウオを獲る季節は毎年の２月から６月までですが、この間にトビウオだけではなく、マヒマヒという魚の漁があって、これもトビウオと同じく最高級の魚とされています。日本の皆さまがお馴染みの魚といえば、カジキとマグロもありますが、私たちはあまりマグロを好みません。あまり美味しく感じられないのです。やはりトビウオは神様の魚ですから最高です。

６月以降にトビウオを獲るのは禁じられているため、私たちの漁法としては、船ではなく個人でダイビングをして、大体10メートル位まで潜って銛で魚を獲ります。どんな魚を獲るかというと、アジ、ハタとタイを獲ります。また、その中で女性魚として一番高級な魚というのは、私の民族言語で「白い系」と呼ばれている白い魚です。

その味は一番最高級であり、まずそれを獲りに行きます。

私の家族はタコ漁を専門としているのですが、他の家族と比べて一番タコに詳しい家族です。漁にあたっては、魚の種類によりいろいろなルールがありまして、例えば、夜に獲りに行くルールなどがあります。

漁の話をすると、男性だけではなく、女性もいろいろな漁をします。例えば、昆布や海苔、カニなどの漁は女性の仕事とされています。

魚の話になるといくら話しても尽きませんが、私たちにとって魚は３種類あります。回遊する魚、ダイビングで獲る魚と、浜辺で獲れる魚の３種類で、季節ごとの行動として順番に獲りに行くというのが私たちのスタイルです。

最後にもう一言付け加えさせていただきたいのですが私たちには特別な網があります。今その様子を再現してお見せします。（網を巻いて投げる仕草）（拍手と笑い）このような感じです。

加藤：どうもありがとうございました。

世界中の魚の話を聞くと、それだけでこの車座は終わってしまうかもしれないので、また話は戻るかもしれませんが、先に進めて行きましょう。

魚を獲る方法となると、今マラオスさんから網の話が出ました。獲り方などに関して、トシさん、聞いてみたいことはありますか？

トシ：自分たちはサケを定置網で獲っています。皆さんはどんな漁の仕方をしているのですか？

加藤：では、まずダニーさん、いかがでしょう？今度はオーストラリアから漁の方法についてお願いします。スライドでは、アワビやロブスターのダイビングの話がありましたね。

〈アボリジナルの人々の漁の方法〉

ダニー：質問ありがとうございます。

ちょっとお願いしたいのですけど、台湾の人たちを一番最後に回しませんかね。この順番で台湾に続くのはなかなか難しいと思います（笑）。

私たちは、南から北に移動してくる魚を捕らえる時に網を使うことがあります。私たちは南半球にいますので、北半球とは違う魚や回遊魚を捕まえることが多いです。

マオトと呼ばれる魚を捕らえることもあります。オーストラリアの東海岸にいる魚ですが、サケと同じようなパターンで毎年同じように、川から海に入っていって、卵を谷で産んで、また川に帰ってきてということを繰り返します。

私たちも湾で魚を釣ることがありまして、船を使います。今朝、サーミの方が写真で見せてくれたような船ですが、網とオールを使ってやる釣りがあります。アボリジナルのプロの漁師たちがそれを使います。

私たちは密猟者と言われてしまいますが、そのような形で漁を行うわけです。

加藤：ありがとうございます。

ちょうど今、回遊魚の話が出たのですが、どうでしょう？　アスラックさん。先ほどの発表でボートの漁の仕方を教えていただきましたが、他にも何か特別な漁の仕方はありますか？

〈サーミ・外来種カラフトマスの漁（駆除）〉

アスラック：ありがとうございます。

今日は既に発表の段階で、伝統的な漁法といったものはかなりお話しさせていただきましたが、今まさに新しい外来種のサケ（ピンクサーモン・カラフトマス）が入ってきているところで、この新しいサケに関してどのように獲っていくかということを、私たちも適合していく必要があります。

この、数が増えてきている外来種のサケに対して、私たちが今、発達・

発展させようとしている漁法に関して、少しお伝えしたいと思います。

この外来種は、元々いた原生種のアトランティックサーモンと闘っている、ある意味ではそのシェアを奪ってしまっているわけです。ですから、ノルウェーの方ではその外来種を全て捕獲してしまい、枯渇させようという積極的な方法をとっています。

そして、彼らはフェンスのように網を川一面に張って、カラフトマスを捕らえようとしています。そして、このフェンス状の網は顔認証テクノロジーが付いていて、アトランティックサーモンであれば通れるようなゲートになっていて、カラフトマスは通れないと、そういった新しい方法を使っています。

これは、伝統から一番かけ離れた方法かもしれません。この方法は、小さな狭い川で試されてきて、ある程度の成功を収めているということで、これから大きな川で使っていこうということなのですが、私たちはこれに関してはとても懐疑的です。と言いますのも、この外来種のカラフトマスの数は数万、もしくは数十万匹いますので、このテクノロジーがうまくいかないのではないかと考えています。

この外来種のカラフトマスは６月末に来ますので、この結果を皆さんにもうすぐお伝えできると思います。

加藤：ありがとうございます。

日本でも、最近温暖化が進行してますが、ラポロの方々いかがですか？今まで漁の対象じゃなかったような魚がかかったりなどということは起きていませんか？

センドー：最近は、南にいる魚が、特にフグとか稀にマグロが網に入ることがあります。それと、北海道のオホーツク海の方でカラフトマスの放流を続けているのですが、急に２年前から獲れなくなったんですよね。それも、ものすごい数字で獲れなくなったんですよ。もしかしたらそれが北欧に回遊している可能性があるのかなって、ちょっとね、思ったんですけど。

加藤：最近魚の動きがすごいっていうのは、よく聞きますよね。函館でイカが獲れなくなったとか。

センドー：北の魚がメインの魚から、暖かい方の魚、それに熱帯魚のような魚、観賞魚になるような色のついた魚も入ってきてますね。

加藤：南の方で獲られていた魚がいなくなったら、北の方で獲られていたり、日本で獲れなくなった魚がもしかすると北極海の方で獲れていたり、問題がグローバルですね。

ラスさん、どうですか？　カナダでもそういう状況ってありますでしょうか？　例えば、魚の種類が変わったとか。

〈伝統的な食料資源の激減とハイダの漁〉

ラス：そうですね、何年にもわたっていろいろな変化が起こってきました。伝統的に私たちにとって大事な魚というのは、オヒョウ、ヒラメ、シロザケ、それからニシンなどですが、子持ちコンブの漁獲高というものが、ここ数年で大変激減しています。

そういうわけで、ここ20年位、ハイダ・グアイの東海岸の方では子持ちコンブを獲ることをやめています。そして、少しでも元に戻そうとしているわけですが、これは、過去の自然資源管理のやり方がまずかったことのしるしだと思っています。

それから、アワビというものも私たちの伝統的な食糧でした。それが1990年代に全員に対して禁漁となりました。というのは、激減したからです。それで、アワビが枯渇してしまいそうになって、以来30年間ずっと漁は禁止されているのです。これは商業的な漁師に対してのみならず、ハイダの自家用として、そして社会的・儀式的なイベントのために使うアワビ漁についても全く禁止されてきたわけです。それで、多少アワビの回復が見られるようにはなっています。

しかしながら、カナダ政府にハイダ・ネイションの自家用、そして社会的・儀式的用途のためのみという理由で、私たちだけに漁を再開してほしいということを申し入れても、それに同意してもらうということはなかなか難しいわけです。そういう観点におきましては、まだまだ偏見があるのではないでしょうか。

それから、マテ貝についても少しお話ししたいと思います。これは1991年位からずっと資源管理をし始めたのですが、３年前に初めてこの漁を禁ずることにしました。それは、ハイダ・ネイションが収集したいろいろなデータによりますと、マテ貝の生息数がずいぶんと少なくなってきており、このまま漁を続けると危ない、絶滅の危機に瀕すると判断したからです。

漁を禁じたのはハイダ・ネイションの商業的な漁です。しかし、ハイダ・ネイションの自家用・社会的、そして儀式的な目的のために使うことに関しては漁を続けています。現在マテ貝はこのような状況にあり、絶滅の危機から救えるように、このままどんどん漁獲高が下がってしまわないようにと願っています。

ご質問ありがとうございました。

加藤：皆さんのご発表を聞いていて、それぞれの地域の先住民族が、伝統的自然資源との間で特別な関係を結んできた、大切にしてきたという報告をたくさん耳にしたわけですが、どうでしょう？ 正樹さん、そういう繋がり、今回はサケがテーマですが、何か皆さんに対しての質問ございますか？

正樹：そうですね。私たち十勝川の河口域に住んでいて、サケというのは非常に大事な魚です。塩を振って焼いて食べたり、そのまま焼いて食べたり、煙をかけて味付けして食べたり、いろいろな料理の仕方をしております。皆さんにとって、海や川の生き物というものは、どのぐらい身近で大切なものなのでしょうか？

加藤：アモス・リンさんの方に少しお伺いしてみたいと思いますが。

〈アミ族にとっての魚と漁〉

アモス：アミ族にとっては、川の中の生き物で言いますと、アユの一種ですが、その魚が非常に大事です。お年寄りの方はこの魚を好んで食べます。おそらく彼らが若い時この魚が川にたくさん生息していたのだと思われます。ただ、最近になってから外来種がたくさん川に入ってきました。そのため、私たちの固有の魚も少なくなってきました。政府は今、このアユを守ろうとしています。

海の話をしますと、私たちアミ族は台湾の東海岸に住んでいます。そして、私たちの村落で好まれる魚は、蘭嶼と同じくトビウオです。トビウオ漁は盛んに行われています。

それから、台湾東部にセイコウという港があるのですが、そこのマヒマヒシーラの漁獲高は台湾で一番高いです。

私たちは定置網を使ってトビウオやマヒマヒを獲っているのですが、それは、これからフィンランドと同じように、どのように守っていくかということを考えなければならないと思います。

加藤：ありがとうございます。

マラオスさん、タオ族の人たちの魚には、女性の魚、男性の魚があるという話があって、非常に興味深く聞きました。悪霊になってしまう海の生物があるというのもお聞きしました。先程の差間さんのご質問で、タオ族と海との関係はどのようなものなのでしょうか？

〈魚はタオ族の哲学であり宗教である〉

マラオス：先程先生がご質問して下さったことは、私たちタオ族の文化にとってとても重要な要素の一つです。私たちにとって、魚は食べ物に留まらず、哲学であり、宗教であり、神話や伝説にも語られます。

私たちは食べる魚を、例えば季節によって食べるなどというように分類するのですが、食べない魚も分類しています。それは、神話の概念にもなっているのですが、私たちの食べない魚とは、例えばすごく目立ったり醜かったりする魚です。例えば、日本の方がよく食べるアナゴ、私たちはあれを食べません。

魚を釣ったときに、もしマヒマヒではなくてアナゴだった場合は、すぐにその魚を罵ってから海に放します。

基本的に、表面がツルツルヌルヌルしているもの、アナゴやカエルとかそういうものは食べません。なぜかというと、それらの生物は生態系においていろいろなゴミを掃除してくれるものであり、その餌になるものだからです。

私たちの文化には、女性の魚、男性の魚、それから老人の魚というものがあります。性別ごとに分けているというのは、お互いに男性が女性に、女性が男性に食べさせるというようなコンセプトを表しています。例えば、夫が妻に食べさせる、また、息子が妻に食べさせるということを表しています。例えばですけれども、夫がその妻に女性の魚を食べさせることによって、妻を喜ばせることができます。

加藤：とても面白いですね。

引き続き、海や川の生き物との関係性を、もう少し他の民族の方にも聞いてもよろしいですか？ ダニーさん、いかがでしょう？ オーストラリアの先住民の方、アボリジナルの方々にとって海の生物というのは、当然大事だと思うのですが、どのような存在だと言えるのでしょうか？

〈月や星の動きで知る魚の動き〉

ダニー：私は発表の中でも言いましたように、ソルトウォーターの男です。いわゆる、生粋の海の男です。ニュー・サウス・ウェールズ州の南岸にずっと暮らし続けてきた民族の一員です。私たちには、何十万年という古代の貝塚があります。貝塚は何十万年前からあるということが考古学的に示されていますので、私たちの文化・慣習は、何十万年と続いてきたことがわかっています。

私の祖父は漁師でしたし、私の父も漁師でした。そして、私の母も漁師でしたし、私のすべてのおじさん、全てのおばさんも漁師でした。私はまた、家族が漁師をしている妻と結婚しました。私はどうやら漁師の世界から逃れられないようです。

私たちは、たくさんの種類の魚を獲って暮らしてきました。既にお話しましたように、アワビ、ロブスターであるとか、また、小さいエビや回遊魚ですね。それから、貝としてはカキやザルガイと言われる貝もあります。こういったものを私たちは獲ってきたわけです。

今、話しましたような魚介類といったものは、季節ごと様々な形でやってきます。冬に来るものもあれば、夏に来るものもあるし、秋に獲るものもあれば、春に獲るものもあります。

そして、いつ魚が来るのか、いつ魚の群れが集まるかといったことは、月の動きであるとか、星の動きであるとか、そういう自然現象を観察する中で、私たちは見つけることができたということがわかっています。どこにいるのかといったこともわかります。こういう知識は年配の方々から話を聞いて学びます。

私たちの文化と言いますか、私たちの釣り方・漁法は、先程言いましたように、月の満ち欠けや星の流れ、そういったものによって、どこに魚がいるのか、また何時に魚が来るのかといったことまでわかります。つまり、私たちの文化とは時計のようなものでして、そういった方法で、持続可能な形でずっと漁を続けてきたわけです。

私たちは漁を続けていく中で、政府からの嫌がらせを受けるとか、様々な経験をしてきていますが、その中でも一番の問題は環境の変化であるということを、今回、他の先住民族の皆さんのお話を聞いて、私が考えていたことは正しかったのだということに気付かされました。やはり、環境の変化が私たちにとっての一番の敵であり、問題でありまして、そのことに気付かせてくださったこのシンポジウム、そして他の先住民族の皆さんに感謝したいと思います。

加藤：続いて、同じ質問ですが、ラスさん。ハイダの人たちは当然海と深く結びついていると思いますが、ハイダの人たちにとって海とはどのような存在なのでしょうか？

〈ハイダの海に関する伝統知識の利用と保存〉

ラス：ハイダの口承伝説によりますと、私たち自身が海から来たという考え方です。そして、ハイダ・グアイ、この列島に海から私たちがやって来て、この列島はレイヴン、ワタリガラスという大変賢い鳥、これは伝説上の鳥でもあるのですが、それによって創られたという考え方です。そして、このワタリガラスは星や太陽も作りました。

そういうわけで、私たち海から誕生したハイダ民族というのは、海に面した村々に住んで、そして、カヌーを使って大陸の方に行っては交易をしたり、時には争いが起こることもありました。海に頼って海から食べ物をもらって、海と関係を築いて何世代も暮らしてきたわけです。

そして、そういう考え方はまだ生きてはおりますけれど、ここ100年位でずいぶんと変わってきました。特に、商業的な漁というもの、そしてライセンシング、あるいは禁漁地区、そういった様々な問題が起こってきました。

それに加え、昨今、子供たちはテレビやインターネットに熱中していて、なかなか海で時間を過ごすということが少なくなってきています。そのため、わざわざ文化を学ぶためのキャンプに参加して、ようやくハイダ文化を学ぶというような状況になってきています。私の父の世代は、生活の中で両親や祖父母から見よう見まねでそういったことを学んで知恵を身につけたものでした。

そういうわけで、私たちは伝統的な海についてのハイダの知識が失われてしまうということを恐れております。いろいろな場所について、そして漁の仕方について、様々な海の生物、様々な種についての深い知識が失われてしまうことを危惧しています。

そんな中、10年ほど前に、ハイダの海に関する伝統的な知識を記録しようというドキュメンタリー映画を作るプロジェクトが立ち上がりました。そのドキュメンタリーにおいては約50人ばかりのハイダの長老・お年寄りにインタビューをし、海についての様々なことを学んだわけです。

それから、ハイダの海に関するこういった知識を使って、例えば原油のパイプラインを通そうという計画が持ち上がった時に、それを止めるために公聴会において発表をしたということ、そして、他の先住民の人たちの似たような発表もそれを後押ししてくれたということ、その結果、パイプラインの建設が成功裏に止めることができたということをお伝えしたいと思います。

また、このような海域において保護される場所、つまり商業的な漁やレジャーとしての魚釣りを許さず、ハイダの人たちのいろいろなニーズのためだけに守られるべき地域を残すという努力の上でも、そういった私たちの先祖伝来の知恵というものは生かされています。

加藤：ありがとうございます。

同じ質問なんですが、アスラックさん。サーミにとっても海は大事だと思うのですが、川と海とはどのような存在なんでしょう？

〈川のことを知り伝統を続けることが大切〉

アスラック：私自身は発表でも言いましたように、川沿いの谷に生まれましたが、そこにやってくるサケは海から上がってくるわけですので、もちろん海とも深い繋がりを私自身も持っていますし、サーミは持っています。サーミの中では、海岸のコミュニティにもたくさんの人々がいますので、様々なものを海でも釣っています。例えば、タラバガニをたくさん獲っているサーミもいます。

今までの話でもありましたように、ハイダのケースでもそうですけれど、地域のことをしっかりと知ること、慣習を続けていくことがこういった動きの一つの重要な部分かと思います。いつ何を獲るかということも含めて、地域の慣習を知っていけるわけです。

しかしながら、先程発表でも言いましたように、若者たちはこうした慣習を続けていませんので、繋がりといったものを保てていない状況が生まれています。

そして、私はこの世代では稀なケースとして、慣習をたくさん経験することができましたので、例えば、一つの川の様々な場所にいろいろな名前が付いていることとその名前を知っています。また、その川から別れていく別の小川の名前であるとか、それから、川と川との間を指すもの、たくさんの知識、たくさんの単語を私はマスターして、また、急流、急流と急流の間の部分であるとか、様々な語彙を含めた、単語を含めた文化を学んでいるわけです。

そして、海との関係で話しますと、先程サケの話を何度もしてきていますが、サケが私たちにとっても自給自足の主食でした。最近までずっとサケに頼ってきたわけです。つまり、私たちは海にずっと依存してきたわけです。

しかしながら、この数年間での大きな変化、これは私たちにとっては全く未知の世界へと、未知の時代へと私たちは突入していまして、これからどういった形で自分たちがサケその他の食べ物といったものとどう関わっていけるか、獲っていけるか、繋がっていけるかといったことは、まだまだこれから明らかになっていくでしょう。

加藤：ありがとうございます。

正樹さんからの質問で、それぞれの民族ごとに海や川、海の生き物との関係性についての話を伺ったわけですが、その中で非常に示唆的な、北海道のアイヌ民族にとっても重要な要素がいくつか出てきたと思います。

一つはやはり、ラスさんも仰っていましたが、若い世代が伝統的なものに対する関心が薄まっていて、文化キャンプのようなものをしなければ伝統的なものが継承できないとか、アスラックさんも若い世代の人たちが伝統的なものに対する関心が低いという指摘もされていました。

特に、地名の話をされていましたが、北海道はまだ幸い、多くの川がアイヌ語に由来しています。山の名前もアイヌ語に由来したものがあります。こういったものをなくしてはいけないのだろうと思いますし、また、地名も同じように、今日祖先の遺骨の返還の話がいくつか出ていましたけれど、地名とか文化の返還というのもとても重要な要素なんだろうと思いました。地名の問題がサーミのところでもあるのだというのは、非常に示唆的な発言だったかと思います。

Ⅱ　漁業権をめぐって

それで、今回のシンポジウムでは、各民族、各地域の中での状況を、漁業権を一つの大きなテーマにしながら見てまいりました。結果として、皆さんのご報告を伺う限りでは、その道のりは必ずしも簡単ではなく、それなりに時間と長い道のりを要しているようであります。このあたりについて、おそらく今まさに漁業権についての裁判をしているラポロの人たちからも質問したいことがあると思うのですが、カッツさん、どうでしょう？

カッツ：漁業権で大きな成果を上げてこられた皆さんに教えてほしいのですが、漁業権を勝ち取るために大切なことは何だと思いますか？

加藤：漁業権について、勝ち取るために大切なことですね。どうでしょう？　アウェイ先生に少し聞いてみましょうか。

〈漁業権獲得のカギは環境保護活動と主体的な行動〉

アウェイ：ここで２つの実例を挙げて説明したいと思います。

一つ目は、台湾で観光地として知られている阿里山というところなのですが、そこはツォウ族のテリトリーです。彼らは自発的に川の魚を守るための取り組みを始めています。

そこは、台湾の固有種であるアユの一種が生息する地域です。元々、地方政府はそのアユの生態には全く関心を払っていませんでしたが、地元の原住民たちがアユの問題を知り、禁漁などのいろいろな取り組みを行って、成功を収めたのです。アユが戻ってきました。ですが、成功した後に、政府が突然アユの生息環境に関心を持ち始めたのです。

この一つ目の例では何を言いたいかというと、私たちは法律よりも先に、将来を考えなければならないということです。何故かというと、これまでの皆さんの話の中で、政府は法律を適用して原住民族の活動を制限しようとする傾向がとても強いという報告を既に伺いましたが、私たちが自発的に取り組むことにより、環境保護に成功を収めたときには、それに合わせて法律が変えられることもよくあることだからです。

２つ目はタオ族の実例です。

台湾には原住民族基本法という法律があり、その方針に基づいて、台湾政府がタオ族の漁の季節に、タオ族の拠点でタオ族以外の漁業者の漁を禁じています。この禁漁措置の詳細はというと、蘭嶼（らんしょ）周辺の海にある程度の海域をタオ族の範囲として定め、海上保安庁がパトロールして、もしタオ族以外の船が入ろうとすれば、すぐ排除することになります。

結論として、私の昨日の報告でも言いましたが、法律は単なる紙に書かれた条文に留まるだけで、実践されなければ意味がありません。では、どのように既にある法律を実現させるかと言うと、やはり私たちが主体的に行動することが大事です。そうでなければ、よくある例としては、法律があっても、政府は原住民族のための適用には大変消極的であり、また、条文があっても実際には何もしてくれないというケースがほとんどです。つまり、自分たちで何とかしないといけないという意識と、主体的な行動がとても大切です。それは法律があるかどうかには関わらず、例え法律があったとしても行動が必要です。

アモス：先程の話の蘭嶼の場合は島ですので、接近させない方法はある程度有効なのですが、私たちアミ族は沿岸部に住んでいるため、海の観光客が私たちの伝統的儀礼を行っている最中に侵入してくるということは大問題とされています。

観光を発展させるために観光客向けの漁業関係者もいます。そのため、観光客いっぱいの船が頻繁に私たちの伝統領域に入ることになります。私たちが何度も立ち上がって抗議した結果、現在、伝統的儀礼を行う期間中は観光漁業のツアーを停止する措置が取られています。やはり立ち上がって行動するのはとても大切だと思います。

加藤：ありがとうございます。

カッツさんの質問は漁業権を勝ち取るために大切なことは何かということで、具体的な方法についてアドバイスが欲しいということでした。

ワトキンス先生、アメリカ合衆国では北西海岸で、先住民族がサケを獲る権利を求めて裁判でワシントン州と争った際に出されたボルト判決など、いろいろ実例があると思うのですが、例えばどのような方法がアイヌの人たちが漁業権を勝ち取るために必要だと思われますか？

〈重要なのは集団の権利を要求すること〉

ワトキンス：大変良いご質問だと思います。

私の考えにおきましては、まずアイヌの人たちが日本政府に何らかの影響を与えられることが必要だと思います。現在、憲法のもとアイヌ個々人の権利というものは守られていますが、アイヌの人々の集団の権利というものは全く守られていません。そこのところをまず要求していくことが大事だと思います。

もう一つ大切だと感じることは、アイヌの人々の団体というものが、明治以来現在に至るまで、日本政府とアイヌの集団との間に交わされた様々な書面、あるいは、その二者間に培われた関係というものを今一度検討して、そして、現在における条約のようなものを日本政府と締結する必要があると思うのです。

政府間同士の条約のようなものを作ることによって、それに則り、いろいろなことをこれから進めていけるのではないかと思うのです。そのような関係が正式に打ち立てられれば、さっきからお話に出ていますような集団の権利というものも、そこから自ずと生まれてくるのではないでしょうか。

加藤：ありがとうございます。

そのためには、やはり裁判所の判断というのは、他の国の例を見ても大きい役割を果たすわけですよね。

ワトキンス：はい、その通りだと思います。しかし、日本の司法制度というのはアメリカのそれとはまた違っていますね。

アメリカにおきましては、ある地域で下された判決というものが判例となって、他の地域で似たような裁判が起きたときに、それを規範として判決が下されることがあります。

そのため、アメリカでは事情が違うのですが、日本におきましては、裁判官がそれぞれの地域において、それぞれの法律の解釈をするというやり方がされているように見受けられます。そういうわけで、北海道のある地域で何らかの権利を勝ち取ることに成功しても、必ずしもそれが判例となって、北海道の別の地域で同じような裁判に勝訴できるかどうかはわからないと思います。

そういうわけで、決して平坦な道ではないとは思いますけれども、例えば二風谷裁判での成功例のように不可能ではないと思います。

加藤：ありがとうございます。

スタートのところではどんな魚を獲っているのかということから話が始まったのですが、先住権に近づいていくと、裁判などのなかなか難しい話も出てまいります。このまま話を深めていくのもいいのですが、ちょうど1時間を少し過ぎておりますので、ここで10分程休憩を取りたいと思います。

＊　＊　＊　＊　＊　＊　＊　＊　＊

加藤：それでは時間になりましたので、再開したいと思います。

休憩の直前のところでは、先住権が認められている国でもなかなか漁業権を獲得することは難しいという状況の中で、カッツさんの方から、漁業権を勝ち取るために何が大切なのでしょうかという質問をいただきました。

こういった質問の背景には、先程のアスラックさんの報告で、フィンランドでは憲法に先住権が書かれている、ノルウェーでも2週間前に憲法の改正があって、先住権が書き込まれたという話がありましたが、日本ではまだ憲法に先住権が謳われておらず、法律には先住民族という文字が入りましたが、先住権には全く言及していないという状況があります。

先住権としての漁業権が認められていないということで裁判が起こされ、このシンポジウムも開かれているわけです。

カッツさんには引き続き聞きたいことがあるんですよね？

カッツ：自分はサケの権利を取り戻すためには、密漁して捕まってもいいと思ったこともあります。皆さんは権利を勝ち取るためにわざわざ違法な漁をして捕まって闘っていると知りました。それはどういう闘い方をしたのですか。詳しく教えてください。

加藤：現在は法的に違法であっても、先住権を形にするために敢えて法を犯すということが、その闘いの一環として行われているということだと思います。

先程アスラックさんからフィンランドの例としてご紹介がありました

が、先住民族が密漁で起訴されたケースで、最高裁判所では法律上は違法だが、先住民族の権利が優先されるという判断を下し、最終的には先住民族が勝訴したという話でしたが、もう少し背景を詳しく説明していただいてもいいですか？

〈密漁を先住権の行使として合法にする闘い〜サーミ〉

アスラック：先程、発表でもお伝えしましたように、意図的に行ったルール違反の漁です。獲ってはいけませんと書かれている看板の横で撮影をしながら、違反であることを明らかな形にして漁が行われました。

そのケース以外には、伝統として今も釣りをしている人はいます。その人たちは見つかっていないので捕まっていないという状態です。もちろん、捕まりたいと思っている人はいません。捕まりたくないが、ただ漁をしたいという人もいますので、そういった状況が今もあることを伝えておきます。

それから、最高裁の判決の後にも、合法的ではない禁止された方法で、伝統的な漁をして、捕まるという例もありましたが、その人たちは全員起訴されず解放されていますので、最高裁の判決がうまく機能しているとも言えるかもしれません。

ですので、まあ言いようによれば、現在のサーミは法律を破る権利があると言えるかもしれません。

しかし、これは決して安定した形・状況ではありません。法治国家において、ある特定のグループが法律を破っていいといったような状況が続くことは、決して持続可能なものではないでしょう。

それから、少し文化について話をしたいと思います。文化とは広い視野で見ていかなくてはいけません。私たちの文化というのは、何も音楽やストーリーや知恵といったような、手に取れない無形のものだけではありません。私たちが実際に行ってきた伝統であり、慣習であって、そういった有形のものも含めて、全て私たちの文化です。

そして、有形のものと無形のものは繋がりがあるわけで、両方が関わり合ってできているものが文化でしょう。

ですので、フィンランドでは最高裁判所の判決の中で、文化を認めるということが判決として出されていますが、実際のところ、それがどのような形でどのように有形のものを認めていくのかということは、これからの法律の施行、国内法にどのように反映されていくかを待たなければいけません。

加藤：ありがとうございます。

同じような話がオーストラリアでもあるという話を聞きましたので、キャサリンさんにも聞いてみましょうか。

〈密漁を先住権の行使として合法にする闘い
～監視されるアボリジナルの人々〉

ダニー：私から先にお話しさせてもらい、法律に関することは後でキャサリンさんにお話ししてもらいましょう。

私が育ったニュー・サウス・ウェールズの村では、ずっと妨害されずに漁をしてきました。そういった意味では、私たちの統治権があったと言えるかもしれません。

しかし、時を経て、いくつかの魚の種類がとても商業的価値が高いものとして見なされてしまいました。それが、アワビとロブスターで、海外に輸出されています。

1994年に漁業管理法という法律がニュー・サウス・ウェールズ州にできまして、その法律が私たちアボリジナルの漁業を追い出してしまいました。私たちの漁を追い出す一方で、商業的な漁業を受け入れ、また、趣味のような釣りも受け入れてきました。

そして、私の意見では残念ながら、ニュー・サウス・ウェールズ州において私たちには漁業権といったものは実際にはありません。漁業局というのは私たちを捕まえて、起訴して、投獄したいのだと私は信じています。

私たちは、大勢の監視担当官に監視されているといった状況にありますが、それ以外にもあと二つ、私たちが密猟者と見做されるような経験をしています。

その二つのうちの一つの方法、これは古い方法ですが、未だに使われている方法です。それは地域住民による監視です。アボリジナルの人が漁をしているところを地域住民が見つけた場合、それを怪しんで、漁業担当の監視官に連絡をする、もしくは警察に連絡するといったことがあります。そして、それが禁止された漁であった場合には、何かしらの報酬を得るといったことまでできてしまいます。

最近、ニュー・サウス・ウェールズ州の議会が通した法律によりますと、漁業担当官、監視官たちが怪しい人を見つけた場合には、その人の持ち物を調べることができるのですが、更にその人の車と家を調べることができてしまいます。

今までの話が悪い知らせですね。でも、キャサリンさんが今から前向きな話を少し説明してくれると思います。

〈密漁を先住権の行使として合法にする闘い　～アボリジナルの人々の集団訴訟〉

キャサリン：裁判の話が出てきましたが、先住民族には元々自分たちが行ってきた慣習や自分たちの生き方から生じる生来の権利があります。

先程のアスラックさんのお話の中でも、法律を破ることが認められているような権利の話がありましたが、その状況は私たちオーストラリアでも生まれています。

ヤナ対イートンの裁判で、ヤナさんがエンジンをつけたモーターボートに乗って、絶滅の危機に瀕している鳥を猟で撃ったことがありました。裁判では、法律では認められていないけれど先住民族の権利を持っている、ということが一つの争点になりました。そして、彼は先住民族の権利、つまり先住権を持っているから、その絶滅に瀕した鳥を撃っても罰せられないという結果となり、そのケースでは法律を破ることが許されたというようなことがありました。

このようないわゆる法律を破る権利といったような話は、決して持続可能なものではありませんが、こういった状況が生まれていまして、更に、様々な先住民族の権利が認められるような裁判の事例がたくさん出てきています。こうした事例が積み重なっていくことによって、私たちは先住民族には先住権があるんだというたくさんの証拠を積み上げていくわけです。

政府が先住民族の伝統的活動を犯罪としていこうとするようなやり方

に対して、私たちはずっと闘ってきているわけですが、現在、80件の集団訴訟を私たちはずっと続けてきています。裁判を続けていくための助成金を受けながら、裁判を進めていくわけですが、裁判所にとってもこのような大量の裁判をすることは手間暇のかかることで、面倒なわけです。そういった面倒な裁判を続けさせていくといった戦略も打ち出されています。このような動きの中で、私たちはいくつもの証拠を重ねてきて、先住権を認めさせてきているわけです。

加藤：ありがとうございます。

ご報告とオーストラリアの事例をお話しいただきました。そういった法的に認められないということによるトラブルというのも確かに一つの課題だと思うのですが、もう一つ、先住権としての漁業権というものを考えていく中で浮かび上がってくる問題には、漁業者同士の関係っていうのもあると思います。正樹さん、どうでしょう。その辺りで考えていらっしゃること、または、意見交換をしたいことはございますか？

差間：私たち北海道の漁業者の中には、アイヌがサケを自由に獲るようになると孵化増殖させるサケが減ってしまい、川に戻るサケが減るから認められないと考えている人たちがいます。

私たちも地元で漁をしているので、同じ漁師仲間の反対の声を無視することはできないでいます。皆さんはそういう反対意見にどのように立ち向かってきましたか？　それを聞きたいです。

加藤：ラスさん、どうでしょう？　カナダでも同じような状況はあるのでしょうか？

〈非先住民との対立を解消するハイダの戦略〉

ラス：商業的な非先住民の漁師たちとアイヌの漁師たちとの間に対立が起こりうるかもしれないというお話だと思うのですが、これを解決する上では、トレードオフといいますか、一つを獲るためには一つを捨てなければならないというふうに考え方を整理する必要があるかと思うのです。これは戦略としてとても大事な点だと思います。

私の発表の時にお話ししましたが、私たちハイダ・ネイションは三つの戦略を使ってきたということを申し上げたいです。一つは交渉、一つは裁判で、もう一つは直接行動です。

私はアイヌの事情についてはよくは知りませんけれど、現在はサケを 100 匹だけしか捕獲が許されないと聞いておりますが、これを例えば 1000 匹にするとか、あるいは 10000 匹にするとかいうような交渉を続ける余地というものはあるのでしょうか？そして、誰がその決定をするのでしょう？

差間：私たちが川でサケを獲るという行為は、私たちの文化を将来に向けて守っていくために、保存のための方法として、北海道知事から許可証を取り、地元の漁業協同組合、サケマス増殖事業協会の了承を得て行っているのです。知事の許可の限度としては200匹なのですが、地元の協議の結果、100匹になってしまったというわけです。

ラス：もしも交渉の余地がないということであれば、もう一つのやり方としては裁判の道があるかと思います。既に皆さん、裁判を始めておられますけれど、例えば、北海道知事が200匹以上に増やさないということであれば、裁判に訴えるということですね。

カナダにおきましては、こういった裁判を起こしますと、その問題に対していろいろな利権や考え方を持つ他の人たちがあれこれ加わってきます。それは、他の利益を大切にしたいと考えている人たちかもしれないし、利益団体かもしれませんし、アイヌの他のコタンの人たちかもしれませんし、環境擁護団体かもしれません。あるいは、先住民の権利を守るための手伝いをしたいという人たちが後押しをしてくれるかもしれません。いろいろな人たちが参加することが考えられます。

三つ目の選択肢が直接行動です。私たち水産物管理と計画の面で大変成功を収めてきています。もちろん、これらに関わっている他のいろいろな人たちや団体の同意を取り付ける必要はあります。しかし、例えば、その自然資源を枯渇させることなく守りつつ、どのような割り当てをしていくか、どのように管理していくか、どのように漁獲高をモニタリングしていくかといったようなシステムが作られなければなりません。

かつては私たち自身が、秘密に漁をするしかないという立場に否応なしに立たされたこともありますが、秘密にこそっと漁をするのではなく、誰もがこういう管理計画に則って漁をするということですね。

差間：ありがとうございます。

加藤：ありがとうございます。

何人かの方が既に指摘されていましたが、法律や憲法に書かれていない先住権を考えていく上で、いわゆる慣習法と言いますか、先住民族先祖代々長年持ち続けてきた権利というものを主張していくのが一つの方法だという話であるかと思います。

センドーさん、どうでしょう？他の国の方々に聞いてみたいことがあったら、どうぞお願いします。

センドー：日本ではアイヌの漁業権について、憲法も法律も全て無視しています。自分たちは、憲法や法律に書かれていなくても、先祖が持っていた権利を受け継いでいると思っています。

皆さんは日本のアイヌの漁業権について、どういう感想を持ちしましたか？

加藤：今までの議論の中で、皆さんも日本のアイヌ民族を取り巻く漁業権に関する状況に関して、少なからず情報を得られたと思いますが、先住権としての漁業権が認められていない現状について、皆さんの率直な感想を聞かせていただきたいのですが、まず、アウェイさんいかがでしょう？

〈国家ができる前から元々もっている権利〉

アウェイ：いわゆる一般の漁業権は、原住民族の権利とは通常考えられないです。

ただ、漁業を行っている人が原住民族であったり、その行っている方法が原住民族の慣習や文化である場合は、一般の漁業権と同様に考えることはできないと思います。

今回のゲストの皆さんとの間に一つの共通認識があります。それは、私たちの権利は元々あるものだと認識していることです。

私たち原住民族は、現行の国家に先んじてその地域に住んでいて、しかもその国家ができる以前から自分たちの民族なり国なりを既に作り上げていたものと考えられます。後から来た人たちはこのことを認めるべきだと思います。

台湾ではどのような道を歩んできたかということを少しお伝えしたいと思います。

私たちがよく国や非原住民の方から聞かれることなのですが、「あなたたち原住民族の人たちはその権利に関して主張していますが、まず、その原住民というのは誰のことですか？」と、また、「その権利というのは私たちの国家の規定にどのように適合していますか？」という質問をされます。

これらに対し、この数十年間努力し闘ってきたわけなのですが、それは、国が私たちを法律に合わせて生きるようにしなさいというのではなくて、私たちの現在の姿をそのまま認めるべきである、ということです。

アイヌの話に戻りますが、今回こうして見ると、私よりも若い方がこうやって、自分たちの権利の復興に関わっているということが見受けられます。それは、将来の希望になっていると思います。

加藤：ありがとうございます。

センドーさん、もう一つ聞きたいことがあるのですよね？

センドー：北海道では遡上するサケが自然産卵できる川がほとんどありません。川を遡上するサケのほとんどが孵化事業によって人工増殖されています。サケの孵化事業・増殖事業をどう思いますか？

加藤：まずアスラックさんから聞いてみたいと思います。

〈サーミに孵化・増殖事業は存在しない〉

アスラック：私たちには人工的な孵化施設といったものはありません。ですので、私の経験がないところからもお判りいただけますように、まずはそういった事業がない方が良かったのだと思います。

ですが、私も理解していますように、様々な事情があって、孵化をしないといけないという事情があります。孵化をすることによって、自然のプロセスを何とか復興しようとしていく試みを、私以外に経験されている方々がいらっしゃると思うので、ぜひ、そういう人たちに話を聞いてもらえたらと思います。

加藤：ラスさん、お願いします。

〈孵化増殖事業は多様性に反する〉

ラス：アメリカとカナダにおきましては、孵化場というものが全く普通になってしまいました。そうすることによって、自然の生息地が奪われて無くなってしまったことへの埋め合わせをしているわけですね。例えば、コロンビア川におきましてはダム建設によってサケの通り道が途中で邪魔されることになってしまいました。

そういうわけで、カナダとアラスカにおきましては、孵化場がサケの生産高を上げることに貢献したわけです。その結果、商業的な漁師もそれから先住民のコミュニティも恩恵を受けました。

しかしながら、孵化場にばかり頼ることによって問題も起きます。それは、生物的な多様性、遺伝子の多様性というものが失われてしまうということです。孵化場で使うサケというのは、特定の種のサケに限られてしまうわけで、他の種がだんだん孵化場で孵化されたサケの大きなグループに乗っ取られてしまい、少なくなってしまうというような問題が起きています。

そういうわけで、孵化場が、特に銀ザケのために使われていた孵化場が10年位で閉鎖されてしまったのですが、その後、商業的な漁師たちと協議をして、やはり孵化場を運営し続けることは必要だという結論になり、その操業が続いたという例もあります。そういうことが、この国で参考になるかどうかわかりませんが。

加藤：ありがとうございます。

これに関連して、サットさんから質問があるんですよね？

サット：魚が自然産卵できる健全な川や海を守るために、皆さんはどのような取り組みをしていますか？

加藤：どうでしょう、マラオスさん。蘭嶼諸島では何か取り組みがありますか？

〈祖父の言葉―「養殖魚はおいしくない」〉

マラオス：先程、権利に対する態度と人工増殖を認めるかどうかという話があったのですけれど、私たちは人も魚も自然に生きるべきだと考えています。

蘭嶼で暮らしていて思うことは、私たちが蘭嶼の原住民族として、その人らしく生きれば生きるほど、そして、私たちの伝統的な知識を使えば使うほど、政府の方も私たちの姿勢を尊重してくれているように思います。

30年から40年位前に10回ほど、核廃棄物を私たちの島に持ち込ませないようにするための活動を行いました。１人、２人から始まった活動に、100人が参加し、どのようにしたら私たちは伝統領域を守りながら生きていけるかということを自分たちに問いかけました。

お年寄りの前で、難解な説明や法律を説明してもそれは通じません。その経験から、私たちは抵抗するということは大変重要だと学びました。

自分たちを守るためには、秩序に則った行動をするべきだと考えています。例えば、どの季節にどの魚を獲っていいとかダメだとかというようなことです。

つい先日、私たちの集落で外から来た人が魚を獲っているところを私たちの村の十数人の若者が見咎めて、警察の方に検挙するように通報しました。自分たちの秩序を守ったり、魚を守ったりということが私たちの集落で行っている活動です。

先程の質問への直接の答えになると思うのですけれど、実は台湾はかなり養殖が盛んな国なのですが、私たち蘭嶼の人々は、自分たちの自然を守るために、そのようなことは一切行っていません。

最後に、私の祖父の言った言葉を皆様にお伝えしたいと思います。養殖した魚は臭いがあって食べられない、美味しくないという言葉です。

加藤：ありがとうございました。

今回のシンポジウムで、皆さん方のいろいろなお話や経験を聞かせていただいたことで、ラポロの人たちの中にも、非常にいろいろなメッセージとしてたくさんの思いが届いたと思います。

ここでラポロの若いメンバーから、このシンポジウムを通じて感じたことや出てきた問題・質問をぜひぶつけてほしいのですが、カイト君、どうですか？

カイト：皆さんがこのように活動するようになったきっかけを聞きたいです。アイヌに限らず、自分はこの民族だと言える人は多くないと思います。

今、全国で少子化が進み、その土地の伝統文化が引き継がれなかったり、知らなかったりということもあります。あるいは、勇気がなかったり、知ってても活動しない人も中にはいます。

その中で、何をきっかけにそのような志に至ったのか聞かせてください。そして、活動していくうちに周囲で変わったことなどがあったら教えてください。

加藤：なかなか核心を突いた質問だと思います。これは地域を変えて質問したいと思いますが、まずは、ワトキンス先生。ご自身の経験、先住民研究に関わるようになったきっかけというのは、どのようなものがあったのでしょう？

〈先住民の苦難の歴史を学び、知ってもらう〉

ワトキンス：私がいつも言いますことは、私は先住民として生まれ、ずっと先住民として生きてきましたが、世界の他の先住民の苦難について学ぶようになったのはつい最近のことだということです。

今まで、先住民の人口を抱える様々な国に行って、いろいろなお話を伺えるという幸運に浴してきました。

そして、わかったことは、世界の様々な国に暮らしている先住民と先住民の団体が、皆似たような苦難の道を歩んできたということです。

そして、苦労を重ねる中で、それぞれの先住民の人たちは、こんな苦労をしているのはきっと自分たちだけだ、そして何にもお手本がないというように感じていたことと思います。

そういうわけで、先住民研究というものには二つの目的があると感じています。

一つは、先住民族の人々に対して今まで成功してきた例、そして規範となるような例を示すことができるということです。

二つ目の目的というのは、先住民ではない人々に対して先住民が歩んできた苦難の道の歴史について、その背景知識というものを与えることができ、どれほど先住民族が不平等に扱われてきたか、どれほどの苦難に晒されてきたかということを知ってもらうことができるという点です。

こういった理由が、私が先住民研究を続け、なるべく多くの人々に支援をし、そして必要な情報を共有する、この動きに関わり続ける理由です。

とても良い質問をありがとうございました。

加藤：リンさんはいかがですか。いつ、何かきっかけがあって原住民族としての今のような活動に参加するようになったのでしょうか？

〈先住権を政策として実行していく仕組みが大切〉

アモス：いろいろな問題が出てきたので、それにもお答えしていきたいと思います。

原住民は各国に住んでいますが、それぞれに違った問題を抱えているとも思いました。

まず、台湾について紹介したいと思います。

今回、私たち３名の発表を聞いていただいて、おそらく皆さんも気が付かれたのではないかと思うのですけれど、私たちがその文化に基づく活動を行う際に問題は生じますが、実は法律の上ではあまり問題はありません。

何故かと言うと、私たち原住民族の権利は憲法で保障されているからです。また、この他に原住民族基本法というものがあります。それは35条ありますが、その中に漁業権、狩猟権、採取権、森林の復興の権利、石などを拾う権利、それから政治的な権利、そういうものが保障されています。

私たちの国には６人の原住民族の議員がいます。また、台湾には郷という日本でいうと市町村のような地区がありますが、その長も原住民が多い地域では原住民の人がなります。更に原住民族に関する国の機関があり、私たちが政治に参加できるような仕組みになっています。

ただ、法律に対する態度とそれを実行する態度が異なっています。条文はありますが、それを施行するための規則を細かく制定したことはまだありません。2005年に基本法ができてから現在まで、その政策をきちんと行えるような仕組みにはなっていません。例え法律が作られても、それを政策としてしっかり行わなかったり、偏っていたりすれば、私たち原住民族は幸せになることはできません。

非常におかしなことに、原住民族自治法というものを作ろうという動きがあって、これ自体は良い方向に向かっているのですが、実際それをやろうとしている人は何故か少ないのです。アイヌ民族のラポロアイヌネイションもそのような状況にあると思います。但し、少数でも私たちは抗議をし、私たちの態度をずっと保ち、進めていくべきだと考えています。

国連の先住民族宣言でも、政治権、経済権、それから社会権、それらのものを宣言していますので、どうぞ失望しないでください。

現在、日本で法律を作る際に、国会議員にアイヌの方がいないので、おそらく、その国会で作られる法律はアイヌ民族と関係ないと思います。また、アイヌ民族の議員がいないため、アイヌ民族の意見がなかなか法律に反映されないと思います。

加藤：ありがとうございました。

ゲストの皆さんがどういうきっかけで活動に目覚めたのかというのは、若い人にとって強い関心を引くことだと思います。

おそらくゲストの中で、カイトさんに一番歳が近いと思われるアスラックさん。アスラックさんは漁師さんであり、しかもサーミ評議会の議長まで務めていらっしゃいますが、この活動に力を注ぐようになったきっかけっていうのは何だったのでしょう？

〈若い人が伝統知識・自然環境・文化のすばらしさに触れ、国際交流を深め、声をあげることが大切〉

アスラック：私は、比較的幸運な状況にいたのだと思います。私は伝統と触れ合う環境の中で育ってきました。トナカイの飼育であり、サケ漁であり、そして、父親からサーミの言葉を聞かされて育ってきました。

ですので、こういった経験の中で、私はそういった知識の価値に気付くような経験を、私たちの自然環境の豊富さに気付くような経験を、そして、私たちの文化の素晴らしさに気付くような経験をずっとしてきました。

しかし、そういった経験を通して、私が価値を置いているようなものに対して、脅威や挑戦といったものを感じるようになってきました。私たちの様々な伝統的生活習慣であるとか、生き方であるとか、文化そのものが脅威にさらされています。

私たちのコミュニティにおいて、活動的に動いている人たち、特に若い男で活動に参加している人たちは、比較的少ないです。私のように政治的発言をするなどの動きをする人はとても数が少ないので、こういった場面で招待されたりするような者は私を含め数人の人になってきています。

ですので、私は、17 年前に初めて国際的な先住民族の集まりに若くして参加することができました。その際、台湾のファーリェン市、日本語では花蓮（カレン）市というところにお邪魔したわけです。

私は今まで話してきたような大事なものに価値を置いて活動してきましたけれど、自分の意見をしっかりと発言していくこと、そして、こういった集まりに参加することで、どんどんとネットワークができてきました。そして、そのネットワークのおかげで私は、日本のアイヌの場所には 3 度にもわたって来させていただいています。そして、このような活動の中でやるべきことは本当にたくさんありますので、皆さんにもできることはたくさんあると思います。

若いアイヌの皆さんにお伝えしたいことは、ぜひ声を上げてほしいということです。もちろん、地元のために声を上げてください。そして、国のためにも声を上げてください。そしてまた、国際的な舞台でも声を上げてください。そういった声が実際に必要なのです。情熱を持っていることがあれば、ぜひその声を大きく上げてください。その声をサポートできる人がたくさんいますし、やれることはたくさんあります。皆さんのご活躍に期待しています。

Ⅳ　フロアーからの質問

〈Q1　先住民は商業的漁業権をもつか？〉

加藤：車座トークで予定していた終了時間がちょうどまいりました。

ここからは、フロアの方からいただいた質問に皆さんにも答えていただきたいと思います。ゲストの方に対する質問、それから、ラポロの方々に対する質問もあります。

まず、一つ目の質問ですが、「先住民族、先住民が漁業権を求める場合、日本でもそうですが、伝統的漁業で自分たちだけが使う分の漁を、非営利目的で使うので許可して欲しいとする場合が多いと思います。これは、先住民が求める権利のゴールというふうに考えますか？少し乱暴な言い方をすると、先住民が伝統的漁法で経済的に成功したい、大儲けをしたいというのが権利の最終目標ではいけないのでしょうか？」という質問です。

ラス・ジョーンズさん、どうでしょう？

〈商業的な漁と交易はハイダの権利の一部である〉

ラス：カナダにおきまして、スパロー判決というものがありました。その際に、漁業省の大臣が来まして、先住民の漁師たちが魚を商業目的で獲るということに関してコメントをしました。その時に大臣が言ったことは、「魚を獲って、それを売らないなどということはちょっと想像できませんよね」ということでした。つまり、ハイダ民族というのは、太古の昔以来、他の先住民のネイションと交易をすることで生計を立ててきたわけです。つまり、交易をするということは、取りも直さず、私たちの権利の一部として定義されるべき行為というわけです。

先住民の漁業権に関して、例えば、自家用、そして、社会的あるいは儀式上の目的のためという言葉が何度も発表で出てきたと思いますが、この社会的目的という言葉ははっきりとは定義されていないのです。ということは、先住民が持っている慣習的な権利として社会的権利を捉えますと、また、交易の歴史を踏まえますと、社会的権利というのはつまりは生計を立てるための、もっと大きな規模で魚を獲る権利ということも含め得るわけですよね。ですから、こういうふうな歴史的にどういうやり方をしてきたかということを見ますと、それが私たちの文化の一部であるという考え方が導けるのではないでしょうか。

例えば、ブリティッシュコロンビア州にありますバンクーバー島の西岸に位置するニューチャルヌスネイションの例があります。このネイションにおきましては、岸から9海里にわたって商業的な漁をしてもいいという権利を勝ち取っています。これが他の漁業とどのようなバランスをとっていくのかということに関してはまだはっきりとはしていません。

〈Q2　国・企業・非先住民の抵抗や無理解の本質的な背景は何か？〉

加藤：ありがとうございます。

次の質問です。「先住民の様々な権利の権原、それから憲法への明記、漁業･狩猟･森林などの資源獲得などの、獲得、また、その回復をするのに、国や企業、入植者など、利害関係者の抵抗や無理解というものが背景にあると思います。このようなその利害関係者が先住民族の権利を理解できない、その本質的な背景は何でしょうか？」という質問なんですが。

いかがでしょう？アウェイ先生。

〈他の団体と連帯し、自ら主張し、主要な行動者となることが重要〉

アウェイ：これはおそらく、世界中の全部の先住民族にとっては最も難しい問題の一つと思います。でも確かに先住民以外の人々の理解を得られなければ、法律や政策を変えるのはとても無理だと考えられます。

これからの話はあくまでも私の個人的な経験に基づいて、台湾での実際について少し話したいと思います。

台湾は人口密度がすごく高い島ですし、自然資源をめぐる争いでは大変競争が激しいと知られています。

しかし、私たちは、過去から現在まで原住民族として先住権を主張しようとする時には、たくさんの連帯を作り、他の団体と一緒に闘ってきました。

例えば、スマクースというトライブに、森林資源の利用を巡る、結果的には画期的なものとなった訴訟がありました。

その際、原住民族団体と人権団体が手を組んで、一緒に訴訟を闘いました。

また、他のもう一つの判決なのですが、それはある東台湾の幹部で原住民族の伝統領域で観光ホテルの開発計画が起こり、それに反対して差止訴訟を起こした時に、私たち原住民族団体は環境保護団体、反開発団体と手を組みました。

権利を勝ち取るために、それぞれの分野で最大限の共有認識を求めて、最大限の連帯を作らなければなりません。

先程も言いましたけれど、台湾では自然資源が重要で、様々な競争が起こっていますが、様々な社会問題に対して私たちは自分たちの主張をしっかり行って、重要な行動者になることが大事だと思います。

私たちはこのシンポジウムで、先住民族の文化や伝統的な知恵、また、伝統的な価値など様々な議論を行いましたが、これからのチャレンジと課題として、今回議論されたことをどういう方法で先住民族以外の社会に広げるかということは、非常に大事な課題です。そうでなければ、内部で閉塞的な議論に留まってしまい、いつになっても権利の実現はできないと思います。

〈Q3　ラポロアイヌネイションが勇気づけられた話はなにか？〉

加藤：とてもよくまとめていただきました。ありがとうございます。難しい質問でしたね。

ラポロアイヌネイションにも質問が届いています。「今回のシンポジウム、いろいろな発表があったと思うのですが、各国の先住民の方々の報告の中で、今ラポロはまさに先住権としての漁業権の裁判に臨んでいるわけですけれど、それも踏まえて、非常に勇気づけられた話があったらご紹介いただけますか？」

〈世界の先住民は今も闘っている〉

差間：この度の国際シンポジウムを開く目的は、世界の先住民が既に先住権を獲得し、自然保護にも積極的な役割をその国々で担っている、だからその状況を私たちは教えてほしいと思って、開催したのですが、話を伺っているうちに、私たちは少し誤解していたのかもしれないと思いました。

なんと、世界の先住民は未だに一生懸命闘っている、その姿に本当に感動しました。憲法に認められている権利を行使するために、法律的に違反をしながら密漁をやってる、この姿には本当に感動しました。国も

そういった先住民に対して結局は罰することはできないのですね。これを日本に適用するとなると、少し考え直さなければならないと思うようになりました。

〈Q4　権利が認められたとき、どのように漁業権を使っていきたいか〉

加藤：まだ質問があります。

「裁判ですから、先住権としての漁業権が認められるのが一番いいわけですが、どのような形になってくるのか、まだ見えない部分もあると思います。そこで、これは仮にという話なのですが、日本のアイヌ民族がその先住権としての漁業権というものを、魚を獲る権利を裁判でもし仮に認めてもらうことができたとしたら、例えば、どのようにその権利というものを使っていきたいというふうに考えてらっしゃいますか？」

〈資源や漁獲高を管理し、環境保全策を実施していく〉

差間：私たちが先住権について勉強するようになって、アメリカのコロラド大学のロースクールのチャールズ・ウィルキンソン先生に言われたことを思い出しながら活動しているのですが、先住権を手に入れて魚が獲れるようになったら、その魚の管理は自分たちでしていかなければならない、当然のように、警察権にも私たちの行動は波及していくかもしれない、だから、自分たちがその地域を守る体制を作っていかなければならないと感じました。

アメリカに行ってつくづく感じたことは、港で厳格に自分たちの水産物を管理して、20のトライブがどの位魚を獲ったらいいのか、それ以上獲ったら環境へ悪影響をもたらすのか、そういったことを話し合いしながら実施していましたが、これを私たちもやっていかなければならないということです。もし私たちが漁業権を手に入れたら、すぐにでも考えていかなければならないことだと思っております。

加藤：ありがとうございます。

時間的にはちょうどこれで質疑応答の時間が終わる時刻だったので、まとめとして素晴らしい答えをいただき、ありがとうございます。

Ⅳ　共同宣言をまとめ、共に闘う仲間として連携する

加藤：これをもちまして、広げてきた車座トークは終了の時間を迎えました。今回のシンポジウムをお祭りのような形でこのまま終わらせてしまうのも誠に残念ですので、成果を形に残せるようなアイデアがあったら良いと思うのですが、キャサリンさん、何かアイデアありませんか？

キャサリン：まず、シンポジウムの参加者の皆さま方に、このシンポジウムを踏まえて、宣言のようなものを作成したいかどうかということを伺いたいと思います。

加藤：いかがでしょう、皆さん？共同声明というのは？

（会場から大きな拍手）

実はこういう時、よくもう既に仕込んであって、これにサインしましょうなんてことが起きるのですが、当然、ないんです。

キャサリン：私にとって今回の一番の成果は、強い連帯感を得ることができたということ、そして、それぞれの体験を共有することができたということでした。

加藤：いろいろな意見やケーススタディの報告がありました。議論のスタートはラポロアイヌネイションの先住権としてのサケを獲る権利というのがこのシンポジウムのテーマでしたので、ラポロの状況を基礎に置

きつつ、皆さんの中でこのシンポジウムで議論をして、まとめたことを、共同の声明とする形を取りたいと思います。いかがでしょう、よろしいでしょうか？

（拍手）

それでは、このシンポジウムのまとめに入りたいと思います。

まず、このシンポジウムは、先住民族の主催するシンポジウムなのだなというのが、本当に肌で感じた最初の印象です。それは、やはり語りであり、ストーリーなのだと思います。皆さんがそれぞれストーリーを持っていて、先住民族の文化として言葉を使って、自分たちの知識を共有する、誰かに対して提供する、それがまさに実践されたシンポジウムだったと思います。

現実のところに目を転じると、先程差間さんもまさに仰っていましたが、憲法で先住権が明記されていたとしても、実際の法の施行や実践的な状況の中では、なかなか地方政府や行政担当官の理解が得られずに、密漁になってしまうとか、自由に魚が獲れないとか、そういった状況がまだ世界の各地の中にもあるというのが明確に示されたのだろうと思います。

ダニーさんも仰っていましたが、我々は闘い続けなきゃいけないと、これは、今まさに裁判をしている最中のラポロの方々にとっては、一番胸に響く大きな言葉だったのではないかと思います。

もう一つは、結果論ですけれど、もしも、このシンポジウムが美しい絵物語のような結果になって、つまり、いろいろなところで権利が認められていて、先住民族がすごくハッピーな状況にあると、そういう事例ばかりを並べられる結果だったならば、おそらくラポロの人たちは逆に闘いにくかったんじゃないかと思うのです。むしろ今回のシンポジウムの最大の成果は、共に闘う仲間を世界中に見つけた、というところに成果があるように思います。

それで、実行委員の方々とも話をしたのですが、提案がもう一つありまして、今回のラポロアイヌネイションの人たちとゲストで来てくれたそれぞれの地域の人たちで、連携協議会を作ったらどうだろうかという提案です。

（拍手）

一番大事なことは、情報の共有、つまり、お互いに今何が起きているのか、どのように闘っているのか、困ったときに情報交換できる、意見を交換できる、仲間を作る、そのきっかけにこのシンポジウムがなるとすれば、おそらくこのシンポジウムはただ一回限りの国際シンポジウムでは終わらないと思います。

次はオーストラリアかカナダかフィンランドか台湾かアメリカか、わかりませんが、常に闘っている先住民族が繋がれる場所ができあがってきて、排他的ではなく、そこに関心のある人がどんどん入っていけるような、そういった協議会を作る一歩になれば素敵だなと、それを願って、私のシンポジウムのまとめの言葉にかえさせていただきます。

どうもありがとうございました。

アイヌネイションの訴訟と国際先住民漁業権

日本外国特派員協会（FCCJ）における記者会見

2023年5月29日(月) 13：00〜14：10

浦幌町で開催された国際シンポジウムの翌日、東京の日本外国特派員協会において、ラポロアイヌネイション会長の差間正樹さんとハイダ・ネイションの世襲チーフのラス・ジョーンズさん、そしてサーミ評議会議長のアスラック・ホルンバルグさんが記者会見を行いました。多くの質問が寄せられたため、予定を10分延長しての会見となりました。通訳は山之内悦子さんです。

ここでは紙数の都合から、主として差間正樹さんのコメントをご紹介します。

＊会見内容は下記のサイトでご覧いただけます。
Ainu Nation Lawsuit and International Indigenous Maritime Rights (youtube.com)

差間正樹

私はラポロアイヌネイションの差間正樹と申します。

現在、私たちは国と北海道に対してアイヌ古来の権利でありますサケの捕獲権の確認を求めて訴えております。

しかし、国も北海道も、私たちの古来の権利、明治時代より前にはずっと持っていた権利については、あるとも無いともいっておりません。国際的にはどこの国でも持っている先住民族の先住権について、現在の日本の法律に照らしてそれは全く存在しないと言っております。

それで、わたしたちラポロアイヌネイションは、世界的な例、カナダではどうなのか、フィンランドではどうなのか、それを世界の先住民の皆様に自分たちの先住権について私たちの地元で話してもらおうということで招待申し上げました。

私たちの招待に関しまして、アメリカ合衆国、台湾、カナダ、オーストラリア、フィンランドの先住民の方々が快く受けていただきました。そこでこの記者会見の場にはフィンランドのアスラックさん、カナダのラス・ジョーンズさんに同席していただいています。私たちの先住権に対する思いをこの二人にも共有していただきました。今日はこの三人でこの記者会見に臨んでおります。以上です。よろしくお願いいたします。

Q　タイムズ

裁判所に求めているのはどういう内容ですか。例えば、もし権利の獲得に成功したとき何人くらいの漁師が、何匹くらいの魚を獲ることができますか？

現在、私たちが裁判で訴えているのは、十勝川の河口域で私たちの先祖がそうであったようにサケを獲ることです。サケを獲ることによって、それを食料にしたり、交易に使ったりすることを目指しています。

私たちの先祖は十勝川河口域に2、3町ごとにコタンを作って住んでいたと言われています。ですから、十勝川沿岸にはかなりたくさんのアイヌがいたと思います。その人たちは全員が全員、サケを獲って暮らしていたはずです。私たちは今現在、浦幌町内のアイヌ12名ほどで組織していますが、浦幌町に住んでいるアイヌ、これは血統的にどこまでアイヌと言っていいのかわかりませんが、少なくとも190人以上はいると私たちはカウントしています。

わたしたちは今、現在、12名で組織されているのですが、サケを獲ることができるとなったら、そうですね…、孵化場でサケ・マス増殖事業協会がサケの再生産のために使うサケとして30万から40万尾とっているので、私たちは何千匹という単位は獲れるとは思っています。

Q　タイムズ

現在の日本でアイヌであるということは、差間さんにとって何を意味するでしょうか？

私も含めて現在ラポロアイヌネイションの構成員は、親からアイヌの習慣を伝えられている人は一人もいません。これは北海道各地がそうであるように、アイヌコタンは全く壊滅させられています。ごく一部、たとえば　白老町、例えば二風谷、そういったところではアイヌの習慣をほそぼそと繋いでいるとは思いますが、私たちの十勝川沿岸ではほとんどのアイヌがそこからいなくなっています。十勝では帯広周辺、北海道では札幌周辺。私たちの親戚もそうですが、現在浦幌町、私たちの地元で暮らしているアイヌは以前より少なくなってきています。

今、私は72歳ですが、私はアイヌであると公然と声を挙げたのは私が40歳を過ぎてからのことです。それまでは周りで起きているいろいろな差別に対して、隠れるように過ごしていました。でもですね、なんでこんな目にあわなければいけないのか？という思いにかられて、「そうだよ、私はアイヌだよ。それがどうしたんだ」というふうに現在は生活しています。

私は、生活と文化は切り離せないと思っています。私たちは、文化的には昔のアイヌから完全に切り離された生活を送ってきましたが、現在、北海道の各地の人と連絡しあいながら文化を勉強しています。そこで私は、現在十勝でサケを獲って生活できるようになったら、今よりも増してアイヌの文化について手に入れることができると確信しております。

今のままでは私たちの文化は博物館に押し込められて、やがては消え去ってしまうのでないかという恐れをいだいています。

Q　フリーランスジャーナリスト

現在の日本政府の政策というのは日本が民主化される前からアイヌに対してとられていた政策の継続だとお考えでしょうか。

明治政府になる前は、私たちの北海道、アイヌモシリ、人間の静かな大地という意味らしいのですけれど、そこでは私たちアイヌは、シカ、サケなどを自由に捕獲して生活していました。しかし、明治維新になってからは、私たちが川で捕獲すると密漁、山でシカを獲ると密猟と、私たちの生活の根本から否定されるようになりました。これは第二次大戦が終わって、新しい、…民主化？政治とは・・、ちょっと私も言葉の選び方はわからないのですが、新しい日本政府になってからもその態度は同じです。いろいろな法律を私たちに対して提示してきました。明治時代の旧土人保護法から、アイヌ文化振興法、そして2019年、最新のアイヌ施策推進法になっても、日本政府の立場は同じです。先住民族は北海道にはいるけれども団体としての先住民族はいない、よって先住権は認める必要がないというように、日本政府は私たちのことを見ていると思います。

Q　北海道新聞

今回のシンポジウムで成就できたことは何だとお考えですか。

私たちは、５か国からくる先住民の方たちからの話を聞いて先住権について勉強し、日本の皆様にも日本の先住権に対するこの情勢を理解してもらう、そのことを目的にこのシンポジウムを開催したのです。

５か国からの方たちが私たちの土地にきて、バスから下りてきたとき、私は本当にこんなうれしいことはないと思いました。５カ国から来た人たちのお話を聞いてびっくりしたのは、私たちと違って先住権はすでに確保してそれを運用している、なんていい状況の国だろうと思ったのですが、やはり、それぞれの国で憲法に先住民のことが書かれていたり、原住民基本法で先住民のことが書かれていたりしているにもかかわらず、その国々で実際的に法律を運用する末端の為政者たちから、いろいろな妨害を受けて、現在も闘っている状況にあるということが理解出来ました。

私たちは先住権をなんとか自分たちの手に入れようと頑張っているのですが、世界の先住民たちはその上でなおかつ、もっといい状況になれるように闘っているのだということを理解できて本当に勉強になりました。

Q　BBC ／フリーランスジャーナリスト

例えば中国では少数民族を統治するために自治区を作り、実際は中央政府が統治するということが行われています。日本で仮に、中央集権化されない形でアイヌの自治区が作られ、土地や資源についてアイヌの人々が決定できるとする政策がとられるとすると、どうお感じになりますか？

現在、私たちに対して、自治区のような体制を作ってくれたら、それはそれに越したことはないとは思いますが、そうすると今度は私たちがまわりの自然に対して、より節度をもって、より自分たちを厳格に規律して立ち向かっていかなければならない気がします。ただ、私たちは現在のまわりの自然に対して自由にふるまうことが全くできないでいます。しかし、もし、それが自由にできるようになれば、当然のように自分たちを律するばかりでなく、自分たちの周りの人たちにも、そういう厳格な規律をもって向かい合っていくような社会ができればいいなとは思っています。

Q　ニューヨーク・タイムズ

日本政府はアイヌの人々の権利を制限するうえでその理由として自然保護という理由を出しているのでしょうか？あるいは別の理由でアイヌの権利を狭めているのでしょうか？

そして、なぜサケはアイヌの人々にとって大事なのでしょうか？それは歴史的な権利ということでしょうか？それとも現状において必要ということでしょうか？

最初の質問に対する答ですが、私たちに対してサケを獲るなという規則を作ったのは、全く、私たちアイヌに対する尊敬もなにもない侮蔑的理由だと思います。というのは、日本国内では伝統的にサケをとっている地域があります。例えば新潟県では、今でも実際にサケを獲っています。ところが、北海道では私たちアイヌは伝統的な文化を保存するためにだけなら200本なら獲っていいと、他の地域と違う規則で抑え込んでいます。

２つ目の質問は、私たちにとってサケがどれくらい大事かという意味だと思います。私たちはサケのことは神がくれた魚、サケ自身は神様ではないのですが、それはシカも同じで、目の間に神が与えてくれた魚としてあると私たちには伝えられています。私たちはそれを食料にして、料理方法も何10種類もあるし、それを獲って他の地区との間の交易にも使っていました。

Q　AFP通信フランス・プレス

今日本政府を相手取って裁判を起こしていますが、最初の判決がでるのはいつくらいだと思っていますか？それに対して楽観的な考えを持っていますか？

私たちの裁判は続いているんですけれども、その結果がどうなるかはまったく予想できないでいます。

裁判の最初についた判事は、わたしたちの裁判について、国と北海道はわたしたちが過去、明治より前は私たちが自由にサケをとっていたことについては何ら答えていなかったのですが、それに対して、最初の判事は、国と道に対して、イエスかノーか答えませんかと裁判の中でおっしゃったんです。それで私はいい流れになるのではないかと思ったのですが、その判事がすぐ交代しまして、次の判事は、私たちと国や北海道との言い合いに対して「水掛け論」という言葉を使ったんですね。それで私はがっかりしまして、この裁判はこれは生半可ではいかないな、なんとかしなければいけないということで、今回の国際シンポジウムの開催を決めました。いつ裁判がわおるのかこの裁判が私たちにとってどういう結果になるのかは私には全く わかりません。

＊ ＊ ＊

Ainu Nation Lawsuit and International Indigenous Maritime Rights

Press Conference at the Foreign Correspondents' Club of Japan

Monday, May 29, 2023, 13:00 - 14:10

The day after the international symposium held in Urahoro Town, Masaki Sashima, Chairman of the Raporo Ainu Nation, Nang Jingwas Russ Jones, Hereditary Chief of the Haida Nation , and Skuvllaalbmá Áslat Niillas Áslat Aslak Holmberg, President of the Saami Council, held a press conference at the Foreign Correspondents' Club of Japan in Tokyo. Due to the many questions that were asked, the press conference was extended by 10 minutes from the scheduled time. The interpreter was Ms. YAMANOUCHI Etsuko.

Due to space limitations, we will mainly introduce Mr. Sashima's comments here.

＊ The conference can be viewed at the following website.
Ainu Nation Lawsuit and International Indigenous Maritime Rights (youtube.com)

Mr. Sashima

Thank you very much for this opportunity. My name is Sashima Masaki and I represent the Raporo Ainu Nation.

We Raporo Ainu Nation have been taking on both the national government and the Hokkaido government regarding our inherent

Indigenous fishing rights, that is, to catch salmon. We are trying to have the governments confirm these rights through litigation.

These are Indigenous inherent fishing rights that our ancestors used to enjoy up until the Meiji period and at this point the governments are not saying whether they exist or not. However, when you look around the world, in most other countries indigenous people have what's called Native rights or Indigenous rights and Indigenous native title. However the Japanese government is saying that these are not a part of the Japanese laws right now.

So, Raporo Ainu Nation, we've decided to invite representatives of Indigenous groups from various countries including Canada, Finland etc. to our nation so that they could talk about their indigenous rights to our Raporo Nation members.

In response to the invitation, Indigenous representatives from the USA, Taiwan, Canada, Australia, and Finland came over to attend the Symposium, much to our gratitude. And today we asked Aslak, a Sámi from Finland and Russ Jones from the Haida Nation of Canada to be here with me. So, the three of us will be entertaining your questions. These two Representatives have already heard how Raporo Nation people feel about this issue throughout the Symposium.

Q The Times

What exactly is it that you are asking the court for? For example, if you were successful, how many fishermen would be involved and how many fish would be taken as a result ?

Through this litigation, what we are trying to obtain is the rights to fish at the mouth of the Tokachi River just like how our ancestors used to catch salmon there. And that's what they used to use for their own consumption as well as for trading.

So, in olden days, alongside this Tokachi River, there used to be what are called Kotan, Ainu community, every 400 to 600 meters, and so there were lots of Ainu people living alongside the Tokachi River and all of them, I must say, must have caught salmon to make a living. And right now, our organization consists of 12 members in the town of Urahoro. Biologically speaking, it is rather difficult to ascertain how much Ainu blood you must have before you are regarded as Ainu but nevertheless, I feel there must be more than 190 Ainu people in our area, although there are only 12 members in our organization right now.

Since the organization that has been working towards increased production of salmon and trout, since that organization has been catching between 300 to 400 thousand salmon per year for their project for the hatchery, I feel we should be allowed some thousand salmon at least.

Q The Times

What does it mean to you to be an Ainu in Japan today?

Including myself, none of the Raporo Ainu Nation members has learned the Ainu way of life from our parents, nobody, and this is because the Ainu communities have been decimated for decades. There are only a few spots in Hokkaido where you can find Ainu communities in areas such as Shiraoi or Nibutani and there the Ainu customs still have been passed on in a feeble manner. Along the Tokachi River, most of the Ainu residents went away to bigger cities or towns such as Obihiro or Sapporo. So, in our town, there is a much smaller number of Ainu people living there now.

I'm 72 now, but it was only after I turned 40 that I started to admit openly that I'm Ainu. This time, too, for this litigation, a part of the reason is to tell the world that I am Ainu, and is in order to confirm that. Until I was in my 40s, I was basically hiding away from all sorts and all forms of discrimination and one day I thought to myself, why should I live like this? Why should I put up with all of this? So, today I tell the world openly that I'm Ainu, and what's wrong with that.

I believe that you cannot separate life from culture and unfortunately our way of life has been cut off from the traditional way of Ainu tradition, Ainu lifestyle, and Ainu culture over many years.

However, we are trying to revitalize our culture by working together with various Ainu communities across Hokkaido. So, we are working together towards that goal and if we win the fishing rights to catch salmon in the Tokachi River, I am certain that it will propel this movement forward even further. By being able to catch salmon like our ancestors did, we could gain back our own culture much more readily. If we don't change the status quo, our culture will be only exhibited in museums and nothing more and eventually it would disappear. That's my fear.

Q A freelance journalist
Do you see the Japanese government's policies as extensions of the discriminatory policies that existed before Japan's Democratic era?

Prior to the Meiji period, Ainu Moshiri which means the quiet land of people and used to be the Ainu name for today's Hokkaido, was our land and Ainu people were free to move around there and catch salmon or deer and so on freely. What changed since the Meiji Restoration is, first, the Japanese government decided that if Ainu caught fish that would be poaching, and if the Ainu caught deer that would also be poaching and illegal. So, that way the Japanese government denied our way of life completely. After World War II and I guess what you're referring to as democratization—I'm not sure if that's the proper term for that—but since the new type of Japanese government came in, this stance remained the same. The Japanese government came up with various different laws regarding the Ainu and one of the oldest ones is the Former Aboriginal law or former, in direct translation of the Japanese, Former Aboriginies Protection Act. After that the Japanese government came up with a law to promote the Ainu culture and now in 2019 they again came up with a new law to implement various policies regarding the Ainu people. However, throughout all of this, all these different names for different laws, the attitude of the Japanese government has remained the same. They are still saying that sure there are some indigenous people living in

Hokkaido, but they do not exist as a group or as groups, therefore there's no ground for recognizing indigenous rights. That is their stance.

Q Hokkaido Shimbun Newspaper
What actually is the achievement of the this weekend's International Symposium ?

The purpose of this Symposium was to hear from various indigenous representatives from five different countries and learn about indigenous rights and by sharing that information among us, we were hoping to spread the information to other Japanese who are non-indigenous to enhance their understanding.

When our foreign guests came out of the bus, when they arrived in our village, I was so touched. I felt nothing will make me happier than this. We felt that since in the countries our guests came from because indigenous rights have already been confirmed, I thought they were exercising their indigenous rights very smoothly and happily. However, our finding was quite different. When we heard their stories throughout the symposium, despite the fact that their indigenous rights are written into their Constitution or into Basic Laws regarding indigenous peoples, when it comes to the implementation of such laws, the people who actually come in contact with indigenous people are not in full understanding of indigenous rights, to put it mildly. And in fact, many of the indigenous guests told us how they've been harassed by compliance officers, or they've been prevented from fishing etc. So, they are still in a struggle, in order to have such laws that are supposed to protect their legitimate rights, be actually implemented. So, this is what we understood very much this weekend and that was very, very useful for us.

Q BBC/Freelance journalist
Countries like China follow a rule-by-custom policy toward their ethnic minorities, keeping them autonomous in their

domestic affairs but still governed by a central government. Japan is a different case, but would it make sense to adopt a highly decentralized policy toward the Ainu people and create autonomous regions which would allow the Ainu to decide how to use their over- and under-developed land resources?

If such an autonomous region was to be created for us that would be ideal in my way of thinking. That would give us an enormous responsibility to control ourselves, control our attitudes towards the protection of the natural surroundings. And not just us but other people around us should be educated to deal with the natural environment in a controlled and disciplined manner.

Q The New York Times

Is the Japanese government trying to restrict Ainu rights on the basis of sustainability and ecological preservation or does the Japanese government provide different justification? And why are salmon fishing rights important to the Ainu? Is it mainly about the preservation of historical rights or is salmon fishing currently important to Ainu culture?

The fact that the Japanese government prohibited the Ainu people from catching salmon was an entirely disdainful attitude on their part, a total lack of respect, because there are some areas in other parts of Japan where catching salmon in rivers is allowed. One such example is in Niigata Prefecture. However, in Hokkaido, we Ainu are allowed to catch only up to 200 salmon, only for ceremonial purposes.

So, to answer your second question about the importance of salmon to the Ainu people, we regard salmon as a fish that was given us by the gods just as we regard deer as an animal given to us by our gods. So, in that sense, salmon is a very special fish for us and there are dozens of ways to cook it and we've always used salmon for food as well as as a trading item throughout the centuries.

Q Agency France-Presse, AFP
What is the current stand of your legal struggle with the Japanese government? When do you expect a first court decision on this issue? Are you optimistic or not?

As for the results of the litigation we are in, I really have no idea. However, the first judge who was assigned to our case said that neither the national government nor the Hokkaido government are clear about whether or not the Ainu people freely fished salmon or hunted deer prior to the Meiji period. The judge appealed to the national government and Hokkaido government to answer yes or no regarding this question. So, I thought, well, this is a good beginning. However, this judge was replaced soon after and the new judge who came in called our argument against the national government and Hokkaido government a sort of useless argument where there is no winner or loser so to speak and so that showed me that this is not going to be an easy litigation. So, we felt we should do something about this and that's a part of the reason why we organized the Symposium we held this weekend and so I have no idea how this litigation is going to end.

国際シンポジウム

先住権としての川でサケを獲る権利

2023 ラポロ宣言

私たちは、2023 年 5 月 26 日から 28 日、北海道浦幌町において、ラポロアイヌネイションの呼びかけにより、先住民族の先住権に関する国際シンポジウム「先住権としての川でサケを獲る権利～海と森と川（イオル）に生きる先住民の集い」（以下「国際シンポジウム」という）を開催した。

国際シンポジウムは、ラポロアイヌネイションが、当初、先住権を全く認めようとしない日本政府との闘いにおいて、世界の先進的な先住民族から、各地の権利回復の状況、各地の闘いの経過を学ぼうと企画したシンポジウムであった。

しかし、国際シンポジウムを通じて、世界では、依然、先住民族が各地で国や州を相手に自らの固有の権利を守る闘いを続けていることが報告され、ラポロアイヌネイションが抱えている諸問題は、世界の先住民族が抱えている、共通の課題であることが明らかとなった。

その結果、国際シンポジウムの参加者は、植民地支配によって失った権利を取り戻すために今も続けられている先住民の闘いをアピールする声明を出すことが必要であると感じて、この宣言を作成した：

私たちは、世界の先住民族が連携し、連帯して、この共通課題である先住民族の権利の回復のために闘うことの重要性を認識し、共同して、以下の宣言をなすものである。

1　伝統・慣習に基づく先住権

私たち先住民は、植民地国家が成立するはるか以前から、各地域において伝統的、慣習的に使用する土地や資源に対する集団的権利を有している

2　先住権の憲法等への明記

先住権は、植民地政府の憲法や法律によって作られた権利ではなく、伝統・慣習に

基づく各集団の固有の権利である
各国政府は、この先住民族の固有の権利を憲法に確認的に明記し、その具体的な内容を法律に規定することを求める

3 先住権を尊重した法の執行

各国における法律を含む司法制度は、先住民の古来からの慣習に基づく生活や文化、伝統行事を保護しなければならず、

各国の法の執行者は、法の適用にあたっては、先住民族の各集団の固有の権利を侵すことのないように、先住民の権利の内容を十分に理解し、尊重しなければならない

各国の裁判所および法の執行者は、土地や自然資源に対する先住民の権利の行使に対して、不当な刑罰やその他の不利益を課してはならない

4 再活性化し発展させる権利

私たち先住民は、それぞれの地域集団(ネイション・トライブ)の伝統と慣習を実践し、維持し、保護し、かつ再活性化させ発展させる権利をもつ。いかなる国もこの権利を侵害することはできない

5 先住民の伝統的な知識による自然資源管理

各国は、自然資源を使用、利用するにあたっては、その支配地域における生物多様性についての深い知識を有する先住民の伝統的な知恵を参照すべきである

6 自然資源規制手続きへの先住民参加

各国は、自然資源に対する管理と規制を行う場合は、自然資源に対して固有の権利を有する先住民の各集団に対する事前の相談と十分な情報提供を行い、当該集団の十分な情報が提供されたうえでの自由な事前の承諾を得るべきである

7 優先的権利の確認

各国は、自然資源の利用にあたって、非先住民による資源の商業的及びリクリエーション的利用が先住民の各集団の資源利用を奪うことのないようにしなければならない

8　資源保護を名目にした先住権剥奪の禁止

代替的な保全措置が可能である場合、各国は、自国の自然資源保護を理由、名目として、先住民族の各集団の固有の権利を奪うことはできない

9　持続可能な漁業で資源を次世代に

私たちは、私たちこそが伝統の知恵を生かしながら持続可能な漁業を行っていることを確認し、私たちこそが、自然資源を次世代に残していくものであることを自負する

私たちは、以上の項目を確認するとともに、今後も私たちの固有の権利が不当に侵害されないように闘い続けることを決意し、常に情報を共有し、相互に連絡しあい、連帯するネットワークを形成し、連携して闘っていくことを誓うとともに、私たちのこの闘いをさらに世界に広げていくことを宣言する。

最後にシンポジウムにおいて私たちの共通の思いを語ったダニー・チャップマン氏の言葉を引用することにする。

> **この国際シンポに集まった私たち先住民のストーリーは決してこのシンポジウムで終わるものではありません。これからも私たちは闘い続けていく必要があります。私たちはお互いに連帯していく必要があります。また世界にも伝えていきたいと思っています。私が皆さんに伝えたいことはこの闘いを続けましょうということです。ぜひこれからもつながっていければと思います。**
>
> ダニー・チャップマン
> Danny Chapman

2023 年 11 月 30 日

アモス・リン（Amos Lin ）(林光義)：アミ族（Amis Nation)、台湾
マラオス（Maraos)（瑪拉歐斯） ：タオ族/ヤミ族（Yami Nation)、台湾
アウェイ・モナ（Awi Mona） ：セディック族（Seediq Nation)、台湾
ダニー・チャップマン（Danny Chapman）：アボリジナルの人々（Aboriginal Man ）
(the Walbunja Clan)，ニューサウスウェールズ・先住民土地評議会議長
（Chairperson of New South Wales Aboriginal Land Council (NSWALC)）
キャサリン・リッジ（Kathryn Ridge）:弁護士（Lawyer）
ジョー・ワトキンス（Joe Watkins）

：オクラホマ州チョクトー族（Choctaw Tribe）の登録メンバー
ラス・ジョーンズ（Nang Jingwas)（Russ Jones）
：ハイダ・ネイションの世襲首長（Hereditary Chief, Haida Nation）
アスラック・ホルムバルグ（Skuvllaalbmá Áslat Niillas Áslat)（Aslak Holmberg）
：サーミ評議会議長（Sámirádi Presideanta）（President of the Saami Council）
ラポロアイヌネイション（Raporo Ainu Nation）
会長・差間正樹(Chairperson: SASHIMA Masaki)

The International Symposium

The Right to Catch Salmon in the Rivers as Indigenous Right

2023 Raporo Declaration

On the 26th～28th May, 2023, in Urahoro Town, Hokkaido, Japan, as a result of a call to action from the Raporo Ainu Nation, we held the international symposium on Indigenous rights, *The Right to Catch Salmon in the Rivers as Indigenous Right- A Gathering of Indigenous People who Live from the Sea (i), the Forest (o) and the Rivers (ru)* (hereafter "International Symposium")

Against the background of the Raporo Ainu Nation's struggles against the government of Japan, which continues to completely deny their Indigenous rights to land and resources, initially, the International Symposium was planned with the intention of learning from progressive Indigenous peoples of the world about the state of their Indigenous rights recovery and the progress of their struggles.

However, during the International Symposium, as Indigenous participants from throughout the world reported that they are engaged in an ongoing struggle against national and provincial governments to protect their inherent rights, it became clear that the various problems being experienced by the Raporo Ainu Nation are common ones shared by the world's Indigenous peoples.

As a result, the participants of the International Symposium felt it necessary to issue a statement that calls attention to the on-going struggles of Indigenous people to regain the rights eroded by colonization, and have crafted this Declaration:

We, the Indigenous peoples of the world, recognizing the importance of cooperation and solidarity in the struggle against the shared problem of the recovery of Indigenous peoples' rights, hereby jointly issue the following Declaration.

1 Rights based on traditions and customs

We Indigenous peoples possess the collective rights to the lands and resources that we have used traditionally and customarily in each region since long before colonial states were established.

2 Explicit stipulation of Indigenous rights in Constitutions and other laws

Indigenous rights to land and resources are not rights which have been created by Constitutions or laws of colonial governments, but are rather inherent rights of each Indigenous group founded in tradition and custom.

We demand that each country confirm these inherent rights of Indigenous peoples by stipulation in their Constitution, and that they provide for the specific content in law.

3 Implementation of the law respectful of Indigenous rights

Justice systems including laws in each country must protect lives, cultures, and traditional ceremonies based on the ancient customs of Indigenous peoples,

When implementing the law, in order not to violate the inherent rights of any Indigenous group, law enforcement officers in each country must fully understand and respect the content of Indigenous rights.

Courts and law enforcement officers must never impose unjust punishments or other disadvantages for the exercise of Indigenous rights to land and resources.

4 The right to revitalize and develop

We Indigenous peoples possess the right to practice, maintain, protect, as well as revitalize and develop the traditions and customs of each of our Nations. No country can violate this right.

5 Natural resource management through the traditional knowledge of Indigenous peoples

Each country, when using natural resources, must act in accordance with the traditional wisdom of Indigenous peoples, who possess profound knowledge about the biological diversity in their territories.

6 The participation of Indigenous peoples in natural resources regulatory procedures

Each country, when managing and regulating natural resources, must engage in prior consultation with, provide full information to, and obtain the free, prior, and informed consent of each concerned Indigenous group which possesses the inherent rights to these natural resources.

7 The recognition of the priority of Indigenous peoples' rights

Each country, when using natural resources, must ensure that commercial and recreational use by non-Indigenous persons does not deprive any Indigenous group of their rights to these resources.

8 Prohibition of deprivation of Indigenous rights on the grounds of resource protection

States may not deprive Indigenous groups of their inherent right to natural resources on the grounds of, or under the guise of, resource protection if alternative conservation measures are possible.

9 Exercise of sustainable Indigenous rights

We confirm that in utilizing traditional knowledge, we are the ones who are engaged in sustainable fisheries, and we take pride in our practice of sustaining our natural resources for the next generations.

Hereby, we confirm the above items as well as resolve to continue the struggle against the unfair invasion of our inherent rights, pledge to always share information, mutually contact one another, form a network of solidarity, and struggle in collaboration, as well as declare that we will further expand this struggle to the world.

Finally, we close by quoting the words of Danny Chapman, who espoused our common feelings during the Symposium.

The story of the indigenous peoples gathered at this international symposium will not end with this symposium. We need to continue our struggle. We need to stand in solidarity with each other. We need to tell our story to the world. What I want to say to you is that we must continue this struggle. I hope that we will continue to be connected.

Danny Chapman

November 30, 2023

Amos Lin ：Amis Nation (Taiwan)
Maraos ：Yami Nation (Taiwan)
Awi Mona ：Seediq Nation (Taiwan)
Danny Chapman ：Aboriginal Man (the Walbunja Clan)
：Chairperson of New South Wales Aboriginal Land Council (NSWALC)
Kathryn Ridge ：Lawyer for Aboriginal Peoples
Joe Watkins ：Enrolled Member, The Choctaw Nation of Oklahoma
Nang Jingwas Russ Jones ：Hereditary Chief, Haida Nation
Skuvllaalbmá Áslat Niillas Áslat, Aslak Holmberg
：Sámiráđi Presideanta, President of the Saami Council
Raporo Ainu Nation（Chairperson, Masaki Sashima）

國際研討會
作為原住民族權利的河川鮭魚捕撈權

2023 RAPORO 宣言

我們受 RAPORO 愛努原住民族（Raporo Ainu Nation）之邀，於 2023 年 5 月 25 至 28 日在北海道浦幌町，共同參與了以原住民族權利，特別是漁業權為中心的國際研討會，主題是「作為原住民族權利的河川鮭魚捕撈權：來自海洋、森林與河川（IORU，愛努語的「傳統領域」）原住民族的共同凝聚」（以下簡稱「國際研討會」）。

RAPORO 愛努原住民族規劃辦理本次國際研討會的初衷，係源於面對日本政府漠視原住民族權利訴求的困境，冀向在原住民族法制發展較為進步的他國原住民族友人共同交流，進而了解其他原住民族如何在各自的國家進行抗爭，以及推動原住民族權利復振與保障的經驗。

然而，與會者在研討會中都提出各自在其國家對抗中央或地方政府的權利運動歷程，以及爭取原住民族權利的經驗。這讓 RAPORO 愛努原住民族醒悟到，其所面對的各種困境，其實也正是全世界原住民族正在面對的共同課題。

因此，本次國際研討會的全體與會者，均認為若要恢復被殖民體制剝奪的權利，則有必要聯合發表宣言，以喚起對當前原住民族抗爭的關注。

我們確知在爭取與復振原住民族權利的共同議題上，全球原住民族合作與團結的重要性。基於此一理解，我們發表以下聯合宣言：

1. **奠基於傳統與習慣的原住民族權利**
   我們原住民族在遭受近代國家殖民之前，各地區原住民族就其本於傳統與習慣管有的土地與自然資源，擁有集體權。
2. **憲法應明文保障原住民族權利**
   原住民族權利並非憲法所賦予或法律所創設，而是各原住民族基於傳統與習慣本即擁有的固有權利。

我們要求各國政府，應於憲法中明文承認原住民族先於國家建立之前所享有之固有權利，並以法律明定其具體內容。

3. **執法人員應確保原住民族權利之落實**

各國之司法制度，包含相關法律在內，應保障原住民族本於傳統與習慣之生活方式、文化及傳統祭儀。

各國政府之執法人員於解釋、適用法律時，須充分理解、尊重原住民族權利之內涵，不得侵害原住民族各部族及社群之固有權利。

各國法院及執法人員，不得對行使土地、自然資源管理權利之原住民族，課以刑罰或減損權利之不利益措施。

4. **復振與發展之權利**

我們原住民族擁有實踐、維持、保護、復振與發展自身社群之傳統及習慣之權利。國家不可侵害此一權利。

5. **基於原住民族傳統智慧之自然資源管理**

各國就自然資源之治理，應充分納入並遵循就生物多樣性保護，具有深厚積累的原住民族傳統生態智慧。

6. **自然資源管理之原住民族參與權**

各國就自然資源之管理與管制，應於事前對該自然資源擁有固有權利之各原住民族社群，提供完整資訊、進行諮商並取得該原住民族社群之同意。

7. **自然資源之優先利用權**

各國就自然資源之管理，必須確保非原住民之商業利用行為，不致剝奪原住民族各社群對該資源之利用權利。

8. **禁止以自然資源保護為由剝奪原住民族權利**

在尚有其他自然資源保護手段時，各國不得以保護自然資源為由，剝奪原住民族社群享有自然資源之固有權利。

9. **原住民族永續治理之漁業權利**

身為原住民族，我們確知只有活用原住民族的傳統智慧，才能夠充分發展永續漁業。我們以將自然資源傳承給下一代感到自豪。

在確認以上宣言內容後，我們今後亦將持續針對不當侵害原住民族固有權利的行為進行抗爭，並與彼此共享資訊、互相聯絡、建立連帶網絡，且持續共同抗爭下去。我們也在此宣示，要將原住民族權利的運動與行動，擴大到全世界。

最後引用道出我們共同心聲的 Danny Chapman 先生的一段話作結：

來自不同國家的原住民族朋友們共同集結在這次國際研討會，分享我們彼此爭取權利的歷程，但我們的故事絕不會就此結束。今後我們仍須繼續抗爭下去。我們必須團結在一起。我們必須向全世界說出我們的故事。我想說的是，讓我們一起持續抗爭下去吧！我希望我們能一直和彼此站在一起，攜手併進。

Danny Chapman

2023 年 11 月 30 日

Amos Lin (林光義) : Amis Nation (阿美族)，Taiwan 臺灣
Maraos（瑪拉歐斯）: Yami Nation (雅美族/達悟族)，Taiwan 臺灣
Awi Mona: Seediq Nation（賽德克族），Taiwan 臺灣
Danny Chapman: Aboriginal Man (the Walbunja Clan) Chairperson of New South Wales Aboriginal Land Council (NSWALC)
Kathryn Ridge: Lawyer for Aboriginal Peoples
Joe Watkins: Enrolled Member, The Choctaw Nation of Oklahoma
Nang Jingwas Russ Jones: Hereditary Chief, Haida Nation
Skuvllaalbmá Áslat Niillas Áslat, Aslak Holmberg: Sámiráđi Presideanta, President of the Saami Council
Raporo Ainu Nation (Chairperson, Masaki Sashima)

イナウと丸木舟

アシリチェプノミに捧げるサケ

Special Salmon Harvesting and Asir-Cep-Nomi

ラポロアイヌネイションと2023年のサケ捕獲

2023年9月9日、ラポロアイヌネイションは浦幌十勝川で刺し網によるサケ漁を開始した。知事の許可を得て伝統文化保存目的のみで認められる特別採捕による捕獲である。生業としての漁ではなく、先住権行使でもない。9月10日までに49尾を捕獲し、アシリチェプノミの儀式を行った。

渡辺勝己さんがかつて父親と一緒に刺し網を仕掛けていた場所（写真上）
浦幌十勝川河口付近（写真右）

〈資料〉

RAPORO AINU NATION

国際シンポジウム

先住権としての川でサケを獲る権利

——イオル——

海と森と川に生きる先住民の集い

2023年5月26日Fri.～28日Sun.

開催地 北海道十勝郡浦幌町

主催 ラポロアイヌネイション

共催 北大開示文書研究会、北海道大学先住民・文化的多様性研究グローバルステーション

開催あいさつ（主催者・共催者）

差間正樹
Masaki SASHIMA

ラポロアイヌネイション会長

現在私たちはアイヌの先住権としてサケの捕獲権を認めるよう国と北海道を訴えております。しかし国も北海道も歴史的な事実を認めようとせず、サケの捕獲権は存在しないとしております。そこで私たちは既に先住権を獲得し、自然保護にも積極的な成果を生んでいる世界の先住民と研究者を浦幌町に招いて国際シンポジウムを開催することにしました。このシンポジウムにおいて私たちは先住権について学び、日本の皆様にも理解していただける機会になればと思います。今回お集まりの皆様には心よりの感謝を申し上げます。

加藤博文
Hirofumi KATOH

北海道大学先住民・文化的多様性研究グローバルステーション長
北海道大学アイヌ・先住民研究センター長

北の大地を流れる川には多くのサケが遡上し、そこに住む人々はカムイの恵みに感謝して暮らしてきた。今、ラポロの人々が求めていることは、かつてのようにサケを捕り、その恵みに感謝を行うことである。今回のシンポジウムでは浦幌十勝川が太平洋へ注ぐラポロの地に世界各地の先住民族の代表が集う。彼らの何人かは自ら漁業に関わり、かつ権利回復に取り組んできた。皆、ラポロの人々の取り組みに共鳴し、このシンポジウムへの参加を表明している。
先住権をめぐる新たな議論がここから始まることを期待する。

清水裕二
Yuji SHIMIZU

北大開示文書研究会共同代表

日本国は近代国家をめざす明治維新以降、国策として徹底的にアイヌの権利を奪い、生活権や文化・言語・習慣にいたる全てを破壊つくし、150 年間の歴史を自ら直視することなく植民地主義な政策が続行されてきました。今回の国際シンポジウムは、我々アイヌが先住権を取り戻すための大きな一歩となることに期待しつつ、世界各地からお越しいただく先住民の皆様の経験と叡智に大いに学びたいと思います。このシンポジウムが成功裡に開催・終焉することを祈念いたします。

殿平善彦
Yoshihiko TONOHIRA

北大開示文書研究会共同代表

アイヌの人たちが先住権としての遺骨返還に取り組んでから 15 年が経ちました。遺骨を取り戻したラポロアイヌネイションは 2020 年 8 月、サケの捕獲権を主張して国と道を提訴しました。
日本では先住民の権利についての理解が進まないため、世界の先住民が獲得した成果を学ぼうとラポロの皆さんは世界 5 か国の先住民を招きました。遠方から来られたゲストを歓迎し、日本の植民地主義を超えるために私たち和人も学びます。

浦幌十勝川河口

国際シンポジウム

先住権としての川でサケを獲る権利

海と森（イオル）と川に生きる先住民の集い

シンポジウムのプログラム

5/27 Sat. ご自由にご参加ください

国際シンポジウム 第１日目

会場：コスミックホール（浦幌町字本町 100）
＊JR 浦幌駅前

14:00〜14:10 プレシンポジウム
歓迎儀式とフィールドワークの様子をスライド紹介

14:15〜14:25 開会あいさつ　ラポロアイヌネイション会長 差間正樹

PART Ⅰ　ゲスト講演

14:25〜15:55 ●台湾原住民

1 **The Dilemma of the Traditional Fishing and Hunting Lifestyles of Taiwan's Ami People**
台湾のアミ族の伝統的な漁業と狩猟生活のジレンマ
Amos Lin　アモス・リン【台湾】　林光義（漢名）

2 **Without the Ocean, There is no Ponso no Tao Island**
海なければ、蘭嶼（らんしょ）なし
Maraos　マラオス【台湾】　瑪拉歐斯（漢名）

3 **Indigenous Sovereignty over Natural Resource Rights in Taiwan : Review of Two Constitutional Court Decisions**
台湾における天然資源に関する権利をめぐる原住民の主権：憲法裁判所の２つの判決の再検討
Awi Mona　アウェイ・モナ【台湾】　蔡志偉（漢名）

16:10〜17:40 ●アボリジナルの人々

4 **5** **Katungal, Sea Country : Rights and Recognition South Coast of New South Wales, Australia**
海のカントリー、カトゥンガル：権利と承認
オーストラリア、ニューサウスウェールズ州のサウスコースト
Danny Chapman　ダニー・チャップマン【オーストラリア】NSWALC 議長
Kathryn Ridge　キャサリン・リッジ【オーストラリア】Lawyer 弁護士

17:40〜18:25 ●北米インディアン

6 **Federal Relationships with American Indian Tribes and Tribal Economic Development**
アメリカのインディアン・トライブと連邦政府の関係性とトライブの経済的発展

Joe Watkins　ジョー・ワトキンス【アメリカ】
Choctaw Nation of Oklahoma　チョクトー族

18:25〜18:30　司会アナウンス〈1日目終了〉

19:30〜21:30　**懇親立食パーティ**
※一般参加可能です（会費2,000円）
会場：コスミックホール

5/28 Sun. 国際シンポジウム 第2日目

ご自由にご参加ください

会場：コスミックホール（浦幌町字本町100）
＊JR浦幌駅前

09:00〜09:05　司会アナウンス

PART Ⅱ ゲスト講演

09:05〜10:25 ●ハイダ・グアイ

7 **The Haida Nation and the Recognition of Indigenous Fishing Rights in Canada**
ハイダ・ネーションとカナダにおける先住民族の漁業権の承認

Nang Jingwas Russ Jones　ラス・ジョーンズ【カナダ】

10:25〜11:45 ●サーミ

8 **Deatnu salmon and Sámi salmon fishing culture in a crisis**
危機的状況にあるデットヌ川 (Deatnu) サーモンとサーミの漁業文化

Skuvllaalbmá Áslat Niillas Áslat　Sámiráđi Presideanta（サーミ名・肩書き）
Aslak Holmberg　President of the Saami Council（英語名・肩書き）
アスラック・ホルンバルグ【フィンランド】　サーミ評議会議長

PART Ⅲ 車座トーク　司会進行：加藤博文

12:50〜15:50　〜ラポロメンバーと海外ゲストの語り合い

15:50〜16:10　質疑・応答　※受付にて質問表を配布し事前回収します

16:10〜16:20　シンポジウムのまとめ　北海道大学GSI代表 加藤博文

16:20〜16:30　閉会あいさつ　主催者より

関連行事

5/26（金）14:00
開会セレモニー〈ラポロアイヌネイションによる歓迎のカムイノミ〉 会場：浦幌町浜厚内生活館（浦幌町字厚内2-4-18）

5/27（土）午前
浦幌十勝川流域、チャシ跡などのフィールドワーク ※海外ゲスト限定です

ゲスト紹介・講演概要

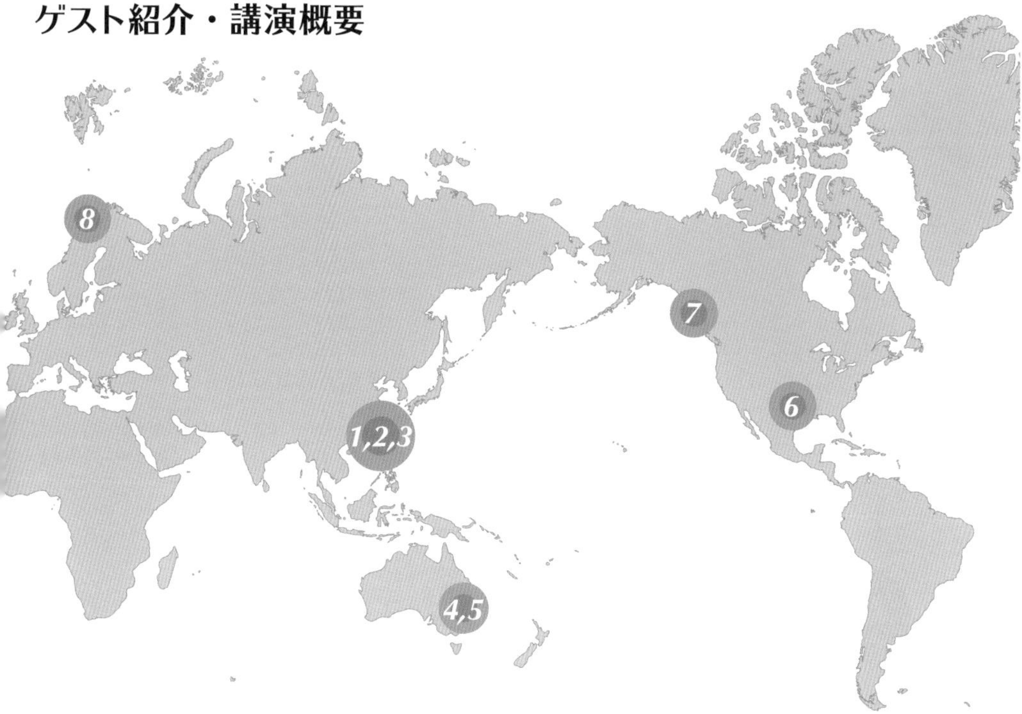

Amos Lin（属名）　林光義（漢名）　アモス・リン【台湾】

私は1961年に、海と川のある東台湾の小さな村に生まれ、父と兄から漁を学びました。進学で地元を離れましたが、警察官として戻って、趣味の海釣りで伝統漁法を継承しようとしています。また、大学院で観光と原住民族文化の関係性について修士論文を書きました。退職後も漁を続ける傍ら、レクリエーションや農業も好きです。また、台湾原住民族の真の自治を促進するために、自治運動に参加して台湾第一民族党の党首を務めました。

1 The Dilemma of the Traditional Fishing and Hunting Lifestyles of Taiwan's Ami People
台湾のアミ族の伝統的な漁業と狩猟生活のジレンマ

台湾の原住民族は台湾に数千年前から住んでおり、台湾の主である。アミ族は東台湾に点在し、人口は約 20 万人である。従来は農業、漁業、狩猟で暮らしていたが、現在は若者のほとんどは都市で暮らしており、休暇や儀式の際に地元に戻り、短時間しか伝統的な生活を体験していない。

私は故郷で暮らしており、様々な困難を痛感している。国は 2005 年に「原住民族基本法」を可決したが、後継となる立法が十分とは言えない。言語と文化の保護は一定の進歩を遂げたものの、土地と自治の問題も進んだわけではない。一般人と公務員は、先住権についてまだ十分に理解していない。例えば、祭りの期間中にアミ族が銛や小舟を使って魚を捕るのは、法律でも許されているにもかかわらず、取締の対象になる。政府は「原住民族基本法」の精神を踏まえ、先住権を尊重すべきだと考える。

今回、私は北海道のアイヌの方々にアミ族の事例を紹介する。原住民族は最初にこの土地にたどり着いた民族として、この土地に精通していると言いたいのである。後に移住してきた人々と政府には私たちの尊厳を蔑(ないがし)ろにした政策を行う余地がない。私たちは永遠にこの土地に住んで生きていくのである。

Maraos（族名）　瑪拉歐斯（漢名）　マラオス【台湾】

プロフィール　私は「蘭嶼（らんしょ）隊長」のマラオスです。
「蘭嶼」は政府がつけた名前ですが、元々は「ポンソ・ノ・タオ」（タオの島）でした。私は蘭嶼での放射性廃棄物処理場ができた時に生まれて、若い頃から反対運動を続けてきました。祖父と父から漁を教えられ、伝統に沿った小舟で一緒に漁に出たり、または潜って銛で魚を捕ったりすることが好きです。また、ジャーナリストとして「蘭嶼隊長」というフェイスブックを運営し、環境問題や伝統文化および先住権問題を発信し続けています。

2 Without the Ocean, There is no Ponso no Tao Island
海なければ、蘭嶼（らんしょ）なし

自然環境に対するタオ族の伝統的な哲学は、民族の生活のためだけではなく、生物多様性とサステナビリティにもつながっている。タオ族の漁は、季節が決まっている。毎年の2月から6月にかけ、トビウオを捕る季節である。期間中にはタブー、儀礼、祭り、歌、食器などの決まりがある。その中で、飲食に関するタブーは、食事だけではなく、漁にも制限をかけている。タオ族は魚を男性魚、女性魚と老人魚に分けている。臭みがない魚は子供を世話する女性に、生臭い魚は男性と老人にという決まりがある。そして、アナゴ、ウミヘビ、クジラ、カメ、サメ、ナマコ、カエルそして一部の魚は文化上、悪霊の使いになる恐れがあるとされ、捕ることも食べることも禁止されている。こうしたタブーによって乱獲を効果的に防げてきた。

しかし、戦後の台湾政府は、戒厳令を敷いて我々の漁場を奪った。民主化以降の環境政策も、タオ族の伝統的な組織や知恵をうまく取り入れるどころか、タオ族との話し合いもせずに土足でタオ族の伝統や暮らしに踏み込むものである。公権力を振り回すしか知らない公務員と、反発するタオ族との関係は緊迫している。タオ族が検挙されることはよくある。

Awi Mona（族名）　アウェイ・モナ【台湾】　蔡志偉（漢名）

台湾原住民セディック族出身の法学者・活動家。国立東華大学法学部准教授・学部長（原住民法）。台湾法律扶助財団原住民法務センター所長。台湾原住民で初めて法学博士号を取得。台湾の地域社会と共に、原住民の権利運動に関する活動を幅広く行っている。主な研究領域は先住民法、国際人権法、文化及び教育法。台湾原住民の法的問題についても、数多くの論文を執筆している。

3 Indigenous Sovereignty over Natural Resource Rights in Taiwan : Review of Two Constitutional Court Decisions
台湾における天然資源に関する権利をめぐる原住民の主権：憲法裁判所の２つの判決の再検討

台湾は原住民の存在が国の管轄内で認められている3つのアジアの国の1つである。台湾の原住民は、領土や主権をいずれかの国に割譲したことはないと主張している。台湾の民主化に伴い、国は1997年に制定された憲法や憲法に基づいて制定された法律に含まれる法律上の先住性を通して先住民の自治の復活要求に対応した。

しかし、2つの裁判所判決を調べてみると、自由主義的な先住性が個人を保護する一方で、原住民の主権を一貫して弱体化させていることが分かった。憲法裁判所は、自律的な狩猟体制をつくるという原住民の要求を無視して、狩猟を制限する法律を支持した（2021）。同じく片親が原住民である子どもは、原住民の名前を使用しなければならないと規定した法律（反差別措置の恩恵を受けられる）の一部を無効にした（2022）。両判決は、原住民の生活に対する国による管理を強化する一方で、原住民が独自の法律に従ってこれらの問題を調整する主権を否定している。

批判的人種理論（CRT）は善意で策定された反差別促進の法律が、いかに先住民の主権を損なう可能性があるかを理解する助けになる。同時に、原住民復権の研究は、CRTがしばしば無視してきた、体系的な人種差別に向き合い、先住民の主権性を肯定することの重要性という側面を強調している。

＊台湾では、先住民という漢字の表記では「すでに滅んでしまった民族」という意味になるため、台湾に昔から住んでいたという意味で「原住民」と呼んでいます

Danny Chapman
ダニー・チャップマン
【オーストラリア】
／Chairperson NSWALC
NSWALC 議長

ダニー・チャップマンは、先祖から受け継いだ土地に海域が含まれるユインネーションのワルブンジャのクランに属す。ベイトマンズベイで生まれ育ち、現在もこの地域に住む。土地権の申し立て、健康、教育、先住権や集団の権限について、様々な経験を持つ。これまで、サウスコーストとニューサウスウェールズ州の人々の代表として、国連や国際会議において、先住民族の人権や漁業権に関して権利推進活動を行ってきた。 NSW Aboriginal Land Council https://alc.org.au/

Kathryn Ridge
キャサリン・リッジ
【オーストラリア】
／Lawyer 弁護士

サウスコーストの先住民が漁業刑事告発を受けたとき、彼女は常に弁護を担当し、その全てに成功してきた。それによりアボリジナルの人々が先住権原による漁労をした場合には、漁業法違反による取り調べを免れるとの法改正がなされるにいたった。シドニー工科大学教養社会科学部の博士課程に所属し、これまでの植民地政府が自然資源（文化遺産、漁労、水域）に関するアボリジナルの人々の権利に与えた影響を研究している。

4 5 Katungal, Sea Country: Rights and Recognition South Coast of New South Wales, Australia
海のカントリー、カトゥンガル：権利と承認 オーストラリア、ニューサウスウェールズ州のサウスコースト

サウスコーストのアボリジナルの諸集団は、太古からの独自の言語と文化で結ばれています。カトゥンガルは漁労を生業としアイデンティティの核とする沿岸の集団です。そのことを初期のオーストラリア植民地権力は理解・尊重しました。

彼らに固有の権利は、1992年のマボ判決が判示したように、先住権原（native title）としてオーストラリアのコモン・ローによって承認・支持され得るものですが、コモン・ロー上の権利となっていません。1993年の先住権原法は、先住権原に基づく権利を、州法を含むオーストラリアの法律との関連で調整します。両者間に矛盾があれば先住権原法が優先されます。

紛争が生じるようになったのは比較的最近です。生息地の改変と汚染および乱獲による魚介の減少が背景にあります。商業漁業者に制定法上の権利が多く与えられ、趣味の釣り人が増えたことが、カトゥンガルとの紛争を増加させています。州の対応は、アボリジナルの文化的漁労を犯罪として扱うことでした。アボリジナルの漁師は「違法な密漁者」として役人に取り締まられ、起訴されることになりました。サウスコースト・アボリジナル漁業権グループは、この文化の違法化に対抗するキャンペーンを展開しています。そして先住権原を具体的な権利とするために、集団代表訴訟に取り組んでいます。

Joe Watkinss, Choctaw Nation of Oklahoma ジョー・ワトキンス【アメリカ】

アメリカ・オクラホマ州のチョクトー・ネイションのメンバー。子どもの頃には毎夏、南東オクラホマ州の家族の農場で、兄弟とともに、狩りや釣りをしたり、家族やチョクトー族の歴史の話を聞いたりして育つ。米国のグレートプレーンズ南部を主な関心の対象に、50年間以上、考古学研究に従事。現在は北海道大学先住民・文化多様性研究グローバル・ステーション客員教授（～ 2023年6月）。これまで、国や地域などの人類学学会や考古学学会で様々な役員を歴任し、直近では2019年～2021年に米国考古学会の会長をつとめた。

6 Federal Relationships with American Indian Tribes and Tribal Economic Development
アメリカのインディアン・トライブと連邦政府の関係性とトライブの経済的発展

アメリカ合衆国では、合衆国とトライブの間に結ばれた条約に基づき、アメリカのインディアン・トライブは国内で合衆国に依拠する国家（ネイションズ）として承認されている。つまり、合衆国との間に条約が結ばれたことが、トライブが国家として認められる法的概念を成立させたのである。最後に合衆国とトライブの間に条約が締結されたのは1871年だったが、現在連邦政府によって承認されているトライブは574あり、その内229がアラスカに所在し、アラスカ・ネイティブ・ヴィレッジやコーポレーションとして知られている。

それぞれのトライブの組織は独立しており、また限定的な主権および自己決定の権利行使により、トライブが持続的に機能するための司法、立法、行政の各機能、経済的開発、構成員のための社会福祉サービスを担っている。概ねこれらのトライブは連邦議会により資金提供される政府事業の恩恵もある程度享受しているが、議会が計上する金額はトライブの政府を運営するほど、十分ではない。そのため、資金を補充するのに、ほとんどのトライブが独自の経済開発プロジェクトを展開している。

オクラホマ州の南東部に位置するチョクト―・ネイションの事例を紹介する。チョクトー・ネイションは現在20万人以上のトライブのメンバーがいる。カジノ、レストラン、ガソリンスタンド、その他のトライブの事業を展開することを通じて、独自の病院、医療サービスおよび住宅事業の資金源を確立している。すべてのメンバーがリザベーション内に居住しているものではなく、リザベーション外のメンバーも一部のサービスを受けることができる。

Nang Jingwas Russ Jones　ラス・ジョーンズ【カナダ】

Nang Jingwas Russ Jonesはハイダ・ネーションの世襲チーフであり、30年以上にわたり漁業・海洋分野に取り組んできました。2011年のハイダの海洋に関する伝統知識の調査、2015年のハイダ・グアイ海洋計画やニシン再生計画など多くの関連分野で重要な役割を果たし、太平洋サケ委員会の委員でもあります。ハイダの倫理と価値観、漁業共同管理、ニシン漁に対する権利主張、カナダにおける海洋問題の和解など、多様なテーマで論文執筆もしてきました。

7 The Haida Nation and the Recognition of Indigenous Fishing Rights in Canada ハイダ・ネーションとカナダにおける先住民族の漁業権の承認

ハイダの人々は、カナダ北西海岸に位置するハイダ・グアイ（「人々の島」）という島々を中心とする伝統的な領域に居住します。この島々は、サケ、オヒョウ、クロダラ、ダンジネスクラブ、マテガイ、ニシンなどの水産資源に恵まれています。

ハイダ・ネーションは、主流社会による植民地化と同化を生き延び、領土と海域に対するハイダの権利と権原の承認に向けた道のりを歩んできました。カナダにおける先住民族の漁業権は、1982年のカナダ憲法の改正と、先住民族の権利に関連する多くの判決を経て大きく前進してきました。ハイダ・ネーションとカナダは、魚を含む自然資源と土地に関する継続的な和解プロセスに取り組んでいます。

本発表では、植民地主義の不正義と、過去40年間におけるハイダの統治、自然資源へのアクセス、文化的実践の回復におけるハイダ・ネーションの進展を振り返ります。その取り組みには選挙に基づくハイダ・ネーション評議会の設立、ハイダ・ネーションの憲法策定、資源管理に関する非暴力的な行動、ハイダ・グアイに対する権原をめぐりハイダの人々が明確に証拠を持つ裁判のこれまでの判決を含めたハイダ・グアイに対する権原のための継続した裁判、段階的な合意を通じた水産資源へのアクセスに関する進展、地元の非先住民コミュニティやグループとの協働を含む土地・海洋利用計画の共同策定、ハイダの領域における保護エリアの継続的な設立と共同管理が含まれます。

Skuvllaalbmá Áslat Niillas Áslat（サーミ名）　Aslak Holmberg（英語名）アスラック・ホルンバルグ【フィンランド】／ Sámiráđi Presideanta（サーミ語肩書）President of the Saami Council（英語肩書）　サーミ評議会議長

サーミ評議会議長。漁師、教師であり、先住民学にて修士号取得。議長を務めるサーミ評議会は、サーミの最大かつ最古の国際組織で、人権、専門知識、環境政策などの分野で活動をしている。過去10年間、NGOやフィンランドのサーミ議会、活動家、学術界を通じてサーミや他先住民の問題に取り組んできた。先住民族の権利と専門的知見は、彼の様々な分野での活動の中核をなしている。

www.saamicouncil.net

8 Deatnu salmon and Sámi salmon fishing culture in a crisis 危機的状況にあるデットヌ川 (Deatnu) サーモンとサーミの漁業文化

Deatnu (サーミ：デットヌ川、フィンランド：テノ川、ノルウェー：タナ川) はヨーロッパ最大のアトランティックサーモンが生息する河川の一つで、かつては最も豊かな川でした。サーミ固有の河川文化にとってサケは生命線ですが、過去5年間、遡上するサケが非常に少なくなっていて、2023年には3年連続で夏期休漁を余儀なくされます。サーミはサケを守る必要がありますが、同時にサケと河川に対する自分たちの権利も守る必要があります。資源保全のために自分たちの権利を手放せば、これらは永遠に失われるかもしれません。釣りが出来なければ、伝統的な釣りの知識を伝達することはできません。文化、知識、権利、そして資源維持とのバランスをどう取るべきでしょうか。

本講演では、デットヌ川におけるサケの状況、サーミの漁業文化に関して、そしてフィンランドとノルウェーにおけるサーミに対する先住権の状況をお話し、サーミが勝利を収めた裁判の例も紹介します。

生態系が危機に瀕している今、サーミのサケ漁師であることは何を意味するのでしょうか。北極圏は極めて急速に変化しており、私たちもこの状況に適応する必要があります。重要生物種が崩壊しつつある状況で、何が持続可能だと言えるのでしょうか。

講演通訳者紹介

山之内悦子　YAMANOUCHI Etsuko

通訳者、講師。バンクーバー在住。ブリティッシュ・コロンビア大学修士課程で少数者問題を中心に学ぶ。萱野茂氏カナダ講演、二風谷フォーラム、先住民ユースキャンプなどの通訳を務める。著書『あきらめない映画：山形国際ドキュメンタリー映画祭の日々』ではドキュメンタリー映画を通して見たカナダ先住民の苦難の歴史について執筆。

岡崎享恭　Taka Okazaki

アオテアロア・アイヌモシリ交流プログラム事務局長。過去十数年、アイヌとマオリとの交流において、北海道や東京、ニュージーランドに同行し通訳を務める。また国内外の先住民族の会合において、アイヌと北米やその他地域の先住民族との交流や講演等の通訳を務めている。

ティーター ジェニファー　Jennifer Teeter

アオテアロア・アイヌモシリ交流プログラム事務局。シカゴ出身、日本に22年間在住。過去十数年、アイヌとマオリとの交流において、北海道や東京、ニュージーランドに同行し通訳を務める。また国内外の先住民族の会合において、アイヌと北米やその他地域の先住民族との交流や講演等の通訳を務めている。

許 仁碩　Hsu Jen-Shuo

北海道大学メディア・コミュニケーション研究院助教、東アジアの社会運動と国際的な連帯を研究している。フリージャーナリストとしてアイヌ民族も含めて日本の社会問題を中心に執筆している。台湾人権促進会（台湾）、北大開示文書研究会（日本）、東アジア市民ネットワーク（日本）で先住権問題に関わっている。

ディヴァン スクルマン　Divan Suqluman

台湾基督長老教会牧師。原住民族ブヌン族。札幌市在住。日本キリスト教団北海教区宣教師としてアイヌ民族の権利回復のため16年活動。アイヌと台湾原住民との出会いや交流の機会を推進。ひとつひとつの出会いの機会を与えられて貴重な賜物を得ています。

石村明子　ISHIMURA Akiko

札幌市出身。中国語は趣味で学生時代から学習し、語学学習と仕事で中国本土（南部）に3年間在住。その後、仕事と留学で台湾・台北に10年間在住。留学中は台湾原住民族・タイヤル族の葬制を研究。2010年に帰国し、フリーランスで中国語通訳・翻訳に従事。仕事は台湾在住時のご縁を通じていただくことが多い。

ジェフ ゲーマン　Jeffry Gayman

日本に30年在住のアメリカ人。北海道大学メディア・コミュニケーション研究院及び教育学院教授。2007年から、アイヌの人々のサポートに従事。本国際シンポにおける通訳・翻訳チームのチームリーダー。

応援メッセージ

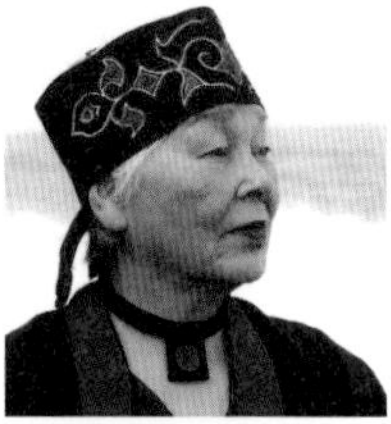

宇梶静江氏（詩人、古布絵作家）

浦幌十勝川を見たとき、「なんと雄大でいい川だろう」と思いました。
サーモンピープルに会うためにアメリカに行って、この川で先祖のようにサケを獲りたいと思うようになったラポロの皆さんの気持ちがよくわかります。
先住権の運動を力強くすすめるラポロアイヌネイションを応援しています。

写真：映画『大地よ　アイヌとして生きる』配給会社藤原書店より

沖津 翼氏（アオテアロア・アイヌモシリ交流プログラム実行委員会）

ラポロアイヌネイションとの出会いは 2019 年から始まりました。地元から盗掘された遺骨の返還を巡り地元の若者有志達と共に先祖を故郷に戻す遺骨返還のドキュメント映像に激しく心を打たれたのを思い出します。そして今、先祖達が所有していた漁労権の確認する裁判を行うまでに至りました。決して容易ではない険しい課題に挑む事は大変な勇気と決断が伴います。何があっても自分達を見失わず真っ直ぐに進んで行く事を心から期待しています。世界の仲間の経験から学び、自分達の糧にされる事を楽しみにしています。

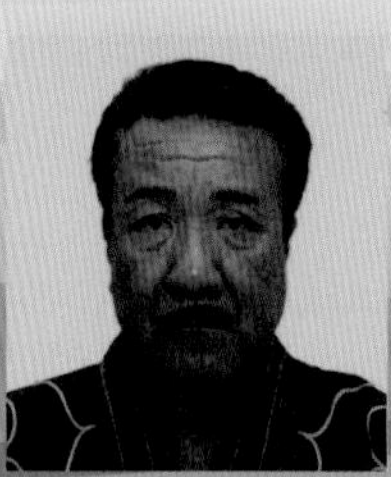

笹村昭義氏（帯広アイヌ協会会長）

日本書紀に出てくる蝦夷地の有史以前より、この北の大地には大勢のアイヌ民族が定住し、その大河のほとりにいくつものコタンが形成されてきました。これは言うまでもなく主食であるカムイチェプ（サケ）が豊富に捕れたからです。民族の名前にもウイランケ（お互い協力して・獲物を捕る・所）のように、そこにカムイ（神）のもたらした豊かな資源があり、人や自然がともに共生する平和なコタンの社会を醸成していく、その願いを子供の名前に付けて次代に伝承してきた先人たちの思いと文化が伺い知れます。あのシャクシャインの戦争も元々は和人が砂金採掘で川を汚しサケが捕れなくなったことへの抗議が発端であることも忘れてはならないことです。
サケを獲る権利は、漁獲だけを目的にしたものではなく、その資源を持続可能にする意味で、水質保全や清らかな川を守るための森林保護、地球環境の保全へと社会の取り組みは広がっていきます。
国際シンポジウムの開催にあたり、食料文化や自然との共生がいかに人類にとって大切か、先住民の立場から広く社会に提議されていくことを期待いたします。

浦幌十勝川下流

川村久恵氏 （川村カ子トアイヌ記念館副館長）

鮭はアイヌの国土に暮らす人々と生き物たちを育み、多くの暮らしを支えてきました。カムイが創造した世界は森も山も海も川も美しく、そこから得られる自然の恵みは、今を生きる一部の誰かが独占すべきではなく、多くの生き物や未来の人たちと共有すべきものです。シンポジウムの成功と、北の大地の主であったアイヌの先住権が前進することを願っています。

萱野志朗氏 （萱野茂二風谷アイヌ資料館館長）

ラポロアイヌネイションと北大開示文書研究会の共催による国際シンポジウム「先住権としての川でサケを獲る権利～海と森と川に生きる先住民の集い～」が、5月26～28日の予定で浦幌町で開催されると聞き、とても喜んでいると共に盛会をお祈り致します。現在、ラポロアイヌネイションは国を相手に「川でのサケ捕獲権の確認」を求めて戦っています。私もラポロアイヌネイションの主張に賛同し、一日も早く「川でのサケ捕獲権」が獲得できることを願っています。

テッサ・モーリス＝スズキ氏 （オーストラリア国立大学名誉教授）

「先住民族の権利に関する国際連合宣言」（2007年）に、日本政府は賛成票を投じました。しかし同時に、集団的権利を認めないとする態度を、変更しませんでした。先祖代々アイヌモシリでコタンを拠点に、狩猟・漁撈を営んできた先住民族たちの生活権は、現在に至るまで、否定されているのです。
ラポロアイヌネイションによる今回のシンポジウムは、先住民族が本来有するはずの漁業権にかかわり、越境的な交流を拡大する画期的な集まりになる、とわたしは信じます。

The Japanese government voted in favor of the United Nations Declaration on the Rights of Indigenous Peoples (2007). Despite this, it has failed to give legal recognition to the collective rights of Japan' s indigenous people, who, based in their kotan, have hunted and fished for generations in Ainu Moshir, but whose livelihood rights are denied even today.
I firmly believe that this symposium by the Raporo Ainu Nation will be an epoch-making gathering to expand cross-border exchanges related to the inalienable fishing rights of indigenous peoples.

アイヌの歴史とサケを獲る権利

アイヌの人々の祖先

アイヌの人々の祖先は先史時代から日本列島に暮らしていましたが、日本書紀（7～8世紀）に蝦夷(えみし)として記載されているのが最古の記録です。

北海道では7世紀頃に擦文文化の時代が始まります。この「文化」の担い手が、「オホーツク文化」の影響を受けながら、12、13世紀頃に物質文化としての「アイヌ文化」を形成したと考えられています。

アイヌの人々は、蝦夷ヶ島(えぞがしま／現北海道）や周辺の各地域に、「コタン」と呼ばれる集団として暮らしていました。独自の言語、口承文化を持ち、豊かな自然資源からその恵みを受けていたのです。

コタンは、サケが遡上(そじょう)する河川の流域や河口に多く存在し、それぞれが川や平原や森や沿岸の海も含む「イオル」と呼ばれる支配領域を持っていました。

それぞれのコタンには、外交、行政、司法をまとめ、神を祭る司祭も行う、「コタンコロクル」という「長」がいました。コタンはコタンコロクルを中心にした主権をもつ団体で、イオルにおける「独占的・排他的な採集・漁猟権」をもっていました。ほかのコタンのメンバーがイオルで漁をしてコタンの権利を侵害した時は処罰されます。ときにはコタン間で戦争になる場合もありました。

江戸時代のアイヌの人々

江戸時代になると、幕藩体制下、松前藩がアイヌとの独占交易権を得て、蝦夷ヶ島(えぞがしま／現北海道）を支配するようになりました。

松前藩は、渡島半島南部を「和人地」、それ以外を「蝦夷(えぞ)地」として区別しました。幕府・松前藩の支配が及んだのは「和人地」だけです。

幕府は、蝦夷(えぞ)地を「化外(けがい)の地」、アイヌの人々を「化外(けがい)の民(たみ)」と呼んでいました。幕府にとって蝦夷地やアイヌの人々は、支配が及ばない「外国」「外国人」だったのです。このため、幕府がアイヌの人々に対して税金を課したことはなく、人別帳(にんべつちょう)も作っていませんでした。

コタンは江戸時代を通じて、主権をもつ集団として、イオルと自然資源を保有し支配していたのです。

一方的に日本の領土に

1868年、日本は徳川幕府による支配から、王政復古した天皇による支配に代わりました。

翌年、明治政府は、蝦夷(えぞ)地を北海道と呼びあらため、「無主(むしゅ)の土地」であるという理由で一方的に日本の領土に組み込みました。

領土についての各コタンとの協議はなく、コタンの主権は無視されました。サケやシカなどの自然資源も明治政府の統制下におかれるようになったのです。

連邦政府がインディアン・トライブ（部族集団）と条約を締結しながら領土を拡大していったアメリカなどの世界の先住民の歴史と比べると、明治政府のやり方は無法そのものです。

さらに明治政府は、アイヌの人々に対してアイヌ語の使用を禁止し、伝統的な暮らしや風習も日本人と同じにするように強制していきました。同化政策が推進され、アイヌは「滅びゆく民族」とされたのです。このような状況は、第2次世界大戦が終了するまで続いていました。

民主主義と平等とアイヌ

第2次世界大戦後、日本に民主主義国家が樹立され、天皇の支配が終了しました。新憲法の制定によって、広く人権が保障されるようになり、アイヌは個人としては和人と等しく平等であり、和人と同様に権利を有するとされるようになりました。

しかし、かつて存在したアイヌコタンとしての集団の権利は憲法上明記されることはありませんでした。コタンの主権は回復されず、土地や自然資源への権利も否定されたままでした。

1980年代以降、中曽根元総理大臣が「日本は単一民族の国」と発言し、日本国政府はアイヌが先住民族であることを否定するようになりました。

先住権をもたない「先住民族」

2007年、国連は「先住民族の権利に関する国際連合宣言」（UNDRIP）を採択し、先住権をはじめとする先住民族の権利の回復を求めました。日本はこの宣言の採択に賛成するとともに、2008年には、「アイヌを先住民族とすることを認める決議」が国会で採択されました。

さらに、2019年の「アイヌの人々の誇りが尊重される社会を実現するための施策の推進に関する法律」（アイヌ施策推進法）の制定によって、アイヌは法律上はじめて「先住民族」と認められました。

しかし、この法律は先住民族であるアイヌに当然に認められるべきである「先住権」を一切認めていません。

また、この法律は、アイヌの伝統文化の伝承と啓蒙・啓発に重点がおいていますが、この点も、「和人にアイヌ文化を見てもらう」ための観光事業の推進となっていると批判されています。

政府は、「日本にはもはやかつてあったようなコタンは存在しない」という言い方で、アイヌの先住権を否定しています。しかし、そもそもアイヌの人々から土地と自然資源を奪ったのは日本国政府です。生活基盤を失った人々はコタンを離れざるを得なくなったのです。

アイヌの人々が現代の社会で豊かに暮らしていくことができるアイヌコタンの復活、再生、それが今一番求められていることです。

アイヌのくらしとサケ捕獲権

アイヌの人々はあらゆる生物を神（カムイ）とし独自の世界観、宗教観を持ち、多くの神話や物語りなどの口承文学を有するとともに、歌や踊りなどの文化を築きあげていました。言語は、和人とは全く異なる言語を使用していました。

サケは「神の魚」とされ、貴重な食糧源であると同時に重要な交易品にもなっていました。サケの調理方法は２０を超え、サケの皮から靴や衣服も製作していました。サケはアイヌ文化の中心的存在でした。

しかし、政府は明治以降現在まで、北海道内の川でのサケ漁を一切禁止しています。和人もアイヌも一律に禁止され、アイヌコタンの漁猟権は否定されたままです。

サケの初漁を祝うアシリチェプノミを行うために、知事の許可を得て、わずかのサケを捕獲することは認められています（特別採捕）。しかし、それは伝統儀式の伝承目的に限られています。本来はアシリチェプノミの儀式をしたあとに川でサケ漁を始めるのですが、現在はこの儀式だけで終わらなければなりません。何のための儀式でしょうか。大きな矛盾です。

先住権は固有の権利

国連先住民族の権利宣言（UNDRIP）には、「先住民族が伝統的に所有し、占有し、使用し、取得してきた土地や領域、資源に対する権利を有する」（26条）ことが明記されています。これが「先住権」です。

北海道の各地のコタンがもっていたイオルでのサケや自然資源への権利は、今もコタンの地で暮らす子孫たちが当然にもつ集団としての権利です。それは憲法や今の法律ができる前から存在していた「固有の権利」なので、明文がないからと否定することはできません。

私たちは、これまでの歴史に真摯に向き合い、歴史を正すべく、法制度を変えていく必要があります。

ラポロアイヌネイションとサケ捕獲権

浦幌十勝（うらほろとかち）川の下流域に暮らす「ラポロアイヌネイション」の人々は、アイヌコタンの権利として、川で自由にサケを捕獲することを求めています。

サケの恵みによって生きた先祖たち

十勝川の水系の流域の大正３遺跡で、1万4000年前の土器片が発掘されています。研究者らが土器に付着していた「おこげ」を分析した結果、遺跡において、サケなど海洋性の食料を煮炊きしていたことが明らかにされました。十勝平野に暮らしたアイヌの先人たちは、十勝川を遡（さかのぼ）ったサケなどを糧（かて）として暮らしと文化を築いていたと考えられます。

その営みは、アイヌの人々のチャシや住居跡を含む「十勝太遺跡群（とかちぶといせきぐん）」にも見ることができます。

ラポロアイヌネイションのメンバーの先祖は、浦幌十勝川（かつての十勝川）の河口流域に、愛牛（あいうし）コタン、十勝太（とかちぶと）コタンなどの複数のコタンを作り、川を遡上（そじょう）するサケなどの魚介類をとって生活していました。

１９世紀以降、他のコタンと同様に浦幌十勝（うらほろとかち）川での漁猟も禁止されましたが、ラポロアイヌネイションのメンバーは、かつてコタンがあった土地を離れることなく、今も現在の浦幌町に居住し、主に海での定置網（ていちあみ）漁などの漁業に従事して生活しています。

薄れゆく伝統と文化

かつてアイヌの人々は、アイヌの風習にしたがって、死者をコタンの墓地に埋葬し、埋葬後は墓地には近づかないようにしていました。イチャルパと呼ばれる先祖供養の儀式を行っていました。
明治期以降の同化政策によってアイヌ語の使用を禁止され、伝統的な暮らしや風習も日本人と同じにするように強制されたため、夜、子どもたちが寝静まってから儀式を行ったアイヌの親もいたといいます。
コタンの末裔(まつえい)であるラポロアイヌネイションのメンバーたちも、自分がアイヌであることを知らないで育ちました。彼らが自らのアイデンティティに気づいたのは、先祖の遺骨返還がきっかけでした。

おかえりなさい　安らかに

1888年以降、東京大学、北海道大学などの研究者によって全道各地のアイヌの墓が暴かれ遺骨が持ち去られました。長い間、真相は不明でした。愛牛(あいうし)コタンの長老の古川さんは遺骨の返還を強く望みながら亡くなっていきました。
「研究者に持ち去られ標本とされていた先祖の遺骨をとり戻したい」という小川隆吉エカシたちの杵臼墓地の遺骨返還訴訟に続いて、ラポロアイヌネイションも3つの大学を相手に遺骨返還訴訟を起こしました。
2017年、北海道大学から95体の遺骨返還を受け、その後も東京大学や札幌医科大学、浦幌町立博物館から8体、合計103体の遺骨の返還を受けて再埋葬することができました。
やっと先祖に、「おかえりなさい。故郷の地で安らかにお眠りください」と言うことができたのです。
毎年、神に祈り、先祖を慰霊するために、カムイノミやイチャルパの儀式を行っています。アイヌ文化を知らなかった彼らが、今は先祖とのつながりを深く感じ、アイヌとしての自覚をもった行動をとるようになりました。

川で自由にサケを獲りたい

コタンの墓地で死者を慰霊するというコタンの権利の行使したラポロアイヌネイションが次に目指したのは、川でサケを獲る権利の回復です。
(川でのサケ漁は密漁であるため、夜、人目を忍んでのサケ漁で亡くなったアイヌの人の悲劇も少なくないそうです。)
アメリカに「サーモンピープル」と呼ばれる人々がいます。長い闘いの結果、サケを獲る権利を回復し、2つの巨大ダムの破壊によってサケが遡上できる川をとり戻した、北米ワシントン州のインディアン・トライブ(先住民族団体)の人々です。
2017年の北米訪問によって、漁業権回復の闘いと成果について多くを学んだラポロアイヌネイションは、2020年、会の名称を「浦幌アイヌ協会」から「ラポロアイヌネイション」に改定。サケ捕獲権をはじめとする先住権の回復を目指すことを宣言しました。
そして、同年8月、国に対して、サケ捕獲権を求める訴訟を起こしました。日本で初めてのアイヌ先住権訴訟です。
サケを捕獲する権利を回復し、「地域のアイヌの人々が経済的に自立して生活できるようにしたい」と、ラポロアイヌネイションは考えています。
その活動は同時に、サケが遡上・産卵できる川とそれを支える森・平原・海の環境を保全する活動にもつながっていきます。

参考文献

【アイヌの歴史を学ぶ本】
「アイヌの歴史」榎森進
(草風館2007)
「いま学ぶ　アイヌ民族の歴史」加藤博文他編
(山川出版2018)

【先住権を学ぶ本】
「イチから学ぶアイヌ先住権」ラポロアイヌネイション、北大開示文書研究会
(かりん舎2023)
「アイヌの権利とは何か」テッサ・モーリス=スズキ他
(かもがわ出版2020)
「アイヌの法的地位と国の不正義」市川守弘
(寿郎社2019)
「サーモンピープル　アイヌのサケ捕獲権回復をめざして」ラポロアイヌネイション他
(かりん舎2021)

【ラポロアイヌネイション・サケ捕獲権訴訟を知るWEBサイト】
ラポロアイヌネイション：http://raporo-ainu-nation.com/

北大開示文書研究会：
http://www.kaijiken.sakura.ne.jp/fishingrights/index.html

十勝川と浦幌十勝川の河口部のMAPに見る アイヌの人々の祖先の暮らし

①浦幌町の主なコタンと遺骨発掘場所

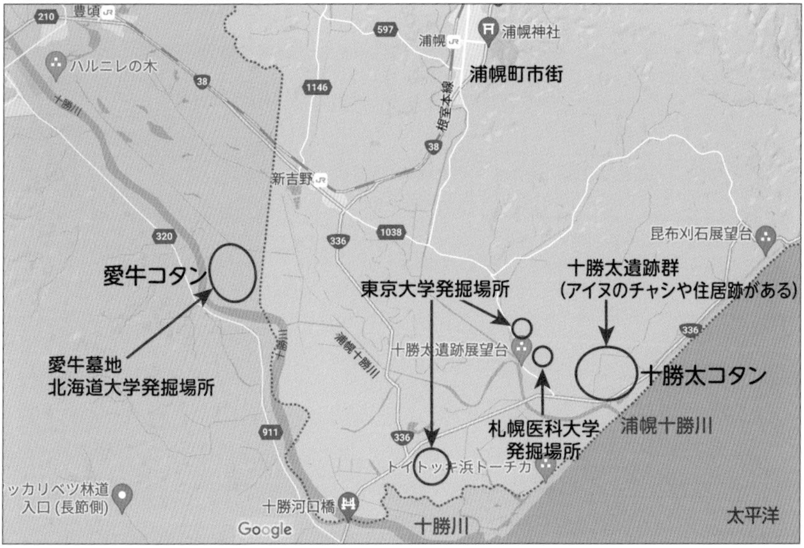

②浦幌町内の遺跡（資料提供：浦幌町立博物館）

浦幌町内の遺跡

浦幌町内には 58 カ所の遺跡があり、そのうち 34 カ所から縄文時代の土器や石器が見つかっています。浦幌町の縄文時代の遺跡の特徴は、縄文時代早期中頃（約 9,000～8,000 年前）が多いことです。

本州以南で鎌倉時代といわれる中世のころ、アイヌ文化期が始まります。やがて 14 世紀以降になると「チャシ」（砦と訳されることが多い）が築かれるようになり、浦幌町内からも多数その跡が確認されています。縄文時代から続く人々の営みの流れの先に、今日のアイヌ民族の営みも続いています。

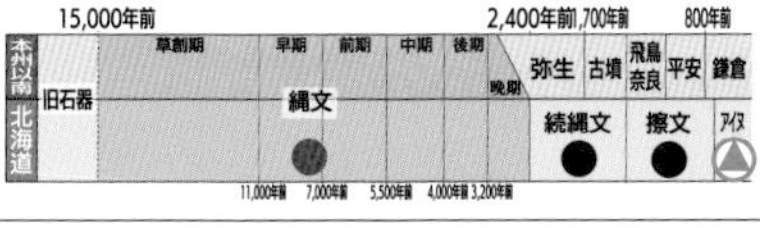

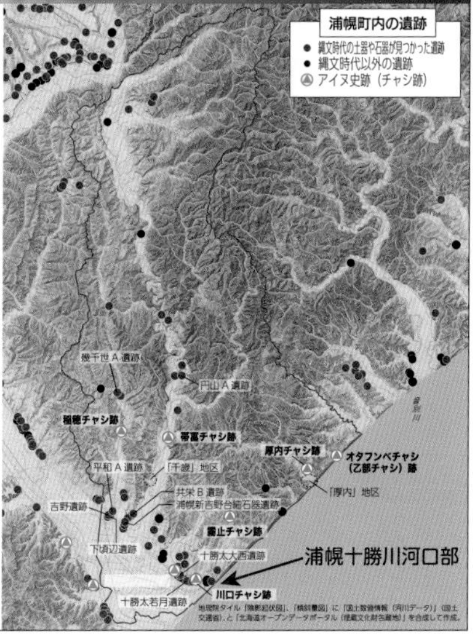

新刊情報

ラポロアイヌネイション＆北大開示文書研究会　オンライン学習会2021-2023［講演集］
『イチからわかるアイヌ先住権
―アメリカ・北欧・オーストラリア・台湾の歴史と先進的な取り組みに学ぶ―』

発行：ラポロアイヌネイション　北大開示文書研究会
発売：有限会社かりん舎　判型：A5判　224ページ（モノクロ）　定価：本体1000円+税

内容：オンライン講演　全7回
Chapter 1　イチからわかるアイヌ先住権
Chapter 2　歴史にみるアイヌ先住権　――江戸時代の幕藩制国家とアイヌ民族――
Chapter 3　アラスカ先住民族の権利と資源の活用法
Chapter 4　アイヌ、インディアンとサケ
Chapter 5　北欧先住民族サーミに見る先住権：川と陸の資源と管理
Chapter 6　アボリジナルの人々の土地権と主権をめぐって
Chapter 7　台湾原住民族の先住権：森と海の資源利用を中心に

本シンポジウム会場でも発売中！

関連行事

『ラポロアイヌネイション・ロビー展5/27～5/28』
コスミックホールにてシンポジウム２日間限定開催。
副葬品やラポロ作品（丸木舟、儀式用伝統民具）を公開します。
展示協力●浦幌町立博物館

浦幌町の魅力をご紹介
北海道浦幌ガイド
https://urahorokanko.jp

本事業は多くのみなさまのご支援・ご協力により運営いたします［敬称略］

後援●台北駐日経済文化代表処

協賛団体●浦幌町商工会、パタゴニア日本支社、日本森林生態系保護ネットワーク、カトリック札幌教区正義と平和協議会、日本基督教団北海教区、日本基督教団北海教区アイヌ民族情報センター、道北クリスチャンセンター、北海道クリスチャンセンター、NPO法人さっぽろ自由学校「遊」、コタンの会、十勝自然保護協会、NPO法人みみをすますプロジェクト、網走アイヌ協会、アイヌサケ捕獲権確認請求事件弁護団、川村カ子トアイヌ記念館、一般社団法人自然の権利基金、日本環境法律家連盟（JELF）、真宗大谷派北海道教区、日本カトリック正義と平和協議会、札幌地域労働組合、市民フォーラム十勝、森・川・海のアイヌ先住権研究プロジェクト、北海道宗教者平和協議会、静内アイヌ協会、一般社団法人メノコモシモシ、大雪と石狩の自然を守る会、北海道アジア・アフリカ・ラテンアメリカ連帯委員会、帯広アイヌ協会、沖縄合同法律事務所、一般社団法人北海道自然保護協会、有限会社かりん舎、エンチウ協会、日本国民救援会北海道本部、浄土真宗本願寺派北海道教区教務所、週刊金曜日、日本聖公会北海道教区宣教活動推進部、一般社団法人NARMAIモンゴル、日本宗教者平和協議会、少数民族懇談会、アオテアロア・アイヌモシリ交流プログラム実行委員会、自由法曹団北海道支部

賛同人●清末愛砂、宮内泰介、遠井朗子、Atuy、杉田聡、Tessa Morris-Suzuki、鄭炳浩、八重樫仁志、谷脇和仁、金井塚務、小泉雅弘、宇梶静江、木村真希子、黒田太士、平山裕人、植木哲也、上村英明、畑地雅之、高月勉、坂田美奈子、鵜澤加奈子、榎森進、小田博志、葛野次雄、神谷広道、常田益代、宇佐照代、小坂洋右、木村二三夫、小野有五、楢木貴美子、籠橋隆明、広瀬健一郎、沖津翼、忍関崇、石堂了正、石純姫、原島則夫、加藤裕、小川早苗、坂本工、加藤泰和、日笠和也、久保田真剛、豊田靖史、辰田真弥、生駒晃英、仙石裕子、島田あけみ、多原良子、田澤守、鈴木一、井上勝生、萱野志朗、亀田成春、粟原きよ子、米永明恵

クラウドファンディング3万円コース支援者●三石アイヌ協会 幌村 司

協力関係者●**アテンド通訳チーム**：　Ashleigh Dollin 、Jamie Mosel 、Silja Ijas 、Tatsiana Tsagelnik 、永井文也　●**翻訳チーム**：ジェフ・ゲーマン 、永井文也 、小田博志 、双木麻琴 、岡崎享恭 、アルバニース恵（メグ）、川井孝子 、上村英明 、加藤博文 、ディヴァン・スクルマン 、許仁碩（シュ・ジェンシュオ）、川合蘭 、飯沼佐代子　●**資料提供**：持田誠（浦幌町立博物館）　●**アイヌ文様**：廣川和子　●**レイアウトデザイン**：佐藤裕子（佐藤デザイン室）

本シンポジウムはパタゴニア環境助成金プログラムの支援により開催します　patagonia

RAPORO AINU NATION
ラポロアイヌネイション　http://raporo-ainu-nation.com

連絡先●〒077-0032　留萌市宮園町3-39-8 北大開示文書研究会内　国際シンポジウム事務局
電話・FAX　0164-43-0128　メール　ororon38@hotmail.com

発行●2023年5月10日

[講演の翻訳文とスライドについて]

・講演録（日・英・中）について

本書はできるだけ世界の方に読んでいただきたいとの思いから、それぞれの講演を日本語、英語、一部中国語で掲載しています。まず、英語と中国語で話されたスピーチを反訳（テープ起こし）し、次にそれらを日本語に翻訳しました。中国語のスピーチについては中国語、日本語のほかに、英語でも掲載しました。

和文と英語の講演内容は左右ページに併記し、中国語文があるときはそのあとに掲載しました。

・スライドと写真

国際シンポジウムで上映されたスライドは、講演者が作成したオリジナルのスライド（英語）に、事前に（主催者が）日本語訳を併記したものです。台湾の方のスライドは事前にすべて日本語に書き換えました。

本書では講演内容の理解を深めるためにそれらのスライドや写真を掲載しましたが、紙数の都合と著作権の問題から、一部の掲載にとどまりました。このため、本文の説明とスライドや写真が対応していない場合があります。

・本文とスライド、プログラム等の和訳の齟齬

シンポジウムの前に用意したプログラムやスライドと、本書の本文では、和訳が異なっている場合があります。本書の翻訳に際しては、できるだけ個々の翻訳者の判断を尊重しました。

・各国の法制度や歴史の理解

講演内容を理解するためには、5か国の先住民に関わる法制度や歴史等の理解が必要ですが、本書では一部に注や訳注を入れる程度にとどめました。

あとがき

海や川と私たちの繋がりには長い歴史がある。

この歴史は私たちが旅を重ね、今住む土地にたどり着き、根を降ろした時からつながる長い記憶の歴史であり、終わらない物語でもある。

2023 年 5 月にラポロアイヌの地で開催されたシンポジウムには、カナダ、アメリカ、オーストラリア、台湾、フィンランドそして北海道のアイヌと各地の先住民族が集い、自らの海や川との繋がりと紡がれてきた物語を語り合った。

この語りを通じて私たちが学んだことは、日々の生活の中で魚や貝をとり暮らしていくこと、そして海や川とのつながりが法律など後の時代に作られた規則によって与えられるものではないということである。海や川で魚を採ること、そして貝やエビや海藻を採ることは、幾世代も前から数百年、数千年、数万年にわたり、祖先たちから受け継いできたものであり、そこには自然との間のある種の不可分な関係性が存在することが明らかである。

ハイダ・グアイの世襲チーフであるラスさんは、ハイダが海から生まれた民族であると語り、オーストラリアの先住民族であるワルブンジャのダニーさんは、自らを「ソルトウォーターの男」であると述べた。

海や川と深く関係した人々に蓄積された先住民族の知識の深さと大きさも印象的である。ダニーさんは、文化としての漁が月の満ち欠けや星の流れに沿ったものであり、時計のように持続可能な形で続けられてきたと説明してくれたし、台湾の先住民族であるタオ族のマラオスさんは、魚が単に食べるためのものではないと主張した。魚には女性の魚と男性の魚とがあり、タオの人々の生活において神話や世界観と結びつく存在であるとも述べている。

またサーミのアスラックさんは、サケがサーミの文化において重要な役割を担う存在であり、川を遡上するサケは海とも深く繋がっていると主張した。さらに川の様々な場所に名前が付けられており、自らもまた、そのような地名を通じて知識を獲得し、文化を学んできたことを語ってくれた。

ラスさんが語った、人間同士の関係と同様に自然との間にも相手を尊敬する「ヤフグーダン (Yahguudang)」という思想があるというハイダの価値観は、おそらく世界の先住民族の多くが伝えてきた思想でないだろうか。

シンポジウムにおける各地から集った先住民族語りは雄弁であり、また力強いものであった。そこで語られたそれぞれの経験、そして語りには世界の先住民族に共通する物語が存在することが明確に示されていた。

ラポロの地でのシンポジウムは、多くの人々の支援があって成立したものである。しかし、このシンポジウムはラポロの人々やアイヌ民族が先住権としての漁業権について国際的な状況を把握するために企画し、それに各地の先住民族が答える形で成立させた真に先住民族が主催したシンポジウムであった。

先住民族の歴史や文化は言葉であると言われる。このシンポジウムでもまた、先住民族にとって重要なものは語りであり、物語なのだということを改めて認識することができた。登壇した皆さん一人一人がそれぞれにストーリーを持っており、先住民族の文化としての言葉を使い、自分たちの知識や経験を提供し、共有した。先住民族のやり方に沿って実践されたシンポジウムであった。

現実に目を転じると、多くの国において憲法で先住権が明記されていたとしても、実際の法の施行や実践的な状況の中で先住民族の漁が違法とされる状況が続いていること、自由に魚が獲れないという状況がまだあることが明らかにされた。

ダニーさんが主張した「先住民族の物語は決してこのシンポジウムで終わるものではない。我々は闘い続けなくてはいけない」という主張は参加者間で共感を呼んだ。このメッセージはこのシンポジウムが生んだ大きな成果の一つであろう。今回のシンポジウムを通じてラポロネイションは、共に闘う仲間を世界中に見つけたと言える。

この経験を他の北海道に暮らすアイヌ民族との間で広く共有していくことが次の課題であろう。ラポロから始まったこの繋がりがどのように広がり、継続していくのかを注視していきたい。次はオーストラリアか、カナダか、フィンランドか、台湾か、アメリカか、どこで開催されるのかは現時点ではわからないが、闘う先住民族が繋がれる場所は必ずできるであろう。ラポロの地でのシンポジウムは、その始まりの一歩であったと改めて思える。

北海道大学　先住民・文化的多様性研究
グローバルステーション（GSI）代表　加　藤　博　文

謝辞

この報告集は多くの皆さまのご協力により刊行にいたりました。

海外ゲストの皆さまには、国際シンポジウムに遠くから来道され、貴重な講演をしていただいた上に、本書の編集にあたってもさらに内容に検討を加えていただき、中身の濃い報告集となりました。

そして翻訳者の皆さまには、ゲストの講演をできるだけ忠実に、正確に、そしてわかりやすく翻訳するという課題を、ボランティアとしての仕事の範囲を超えてご尽力いただきました。

本書の土台となった国際シンポジウムの「プログラム」（本書巻末に収録）制作には、㈱ 佐藤デザイン室があたられ、また ㈲ かりん舎には、このたび『サーモンピープル』『イチからわかるアイヌ先住権』に続く第３弾として本書を出版していただきました。

ご尽力、ご協力いただいた皆さまに、心から感謝いたします。

本書と“2023 ラポロ宣言”が、日本国内と世界に広まり、先住権実現のための一助となることを願いつつ…。

発行者・編集委員会一同〈翻訳者・反訳者・通訳者〉（肩書・敬称 略）

【講演翻訳】
石村　明子　（アモス・リン、マラオス講演 / 日本語翻訳 ）
川合　　蘭　（アモス・リン、マラオス講演 / 英語翻訳 ）
川井　孝子　（アウェイ・モナ講演 / 日本語翻訳）
市川　守弘　（ダニー・チャップマン、キャサリン・リッジ講演 / 日本語翻訳）
アルバーニース恵（ジョー・ワトキンス講演 / 日本語翻訳）
双木　麻琴　（アスラック・ホルンバルグ講演 / 日本語翻訳）
伊藤　啓太　（ラス・ジョーンズ講演 / 日本語翻訳）
永井　文也　（ラス・ジョーンズ講演 / 監修）

【車座トーク反訳】
通訳：山之内悦子　岡崎　享恭　ティーター・ジェニファー　許　仁碩
　　　ディヴァン・スクルマン　石村明子
反訳：滝本裕美

【日本外国特派員協会における通訳と反訳】
通訳：山之内悦子（差間正樹会見）
反訳：市川　利美（差間正樹会見）

About Us

ラポロアイヌネイション　会長 差間正樹

Masaki SASHIMA, Chairperson, Raporo Ainu Nation

ラポロアイヌネイションは、北海道十勝郡浦幌町内に居住・就業するアイヌで構成される団体です。2017年には「北米サーモンピープルを訪ねる旅」で先住権について学び、2020年から、国と北海道に対してアイヌ先住権にもとづくサケ捕獲権確認請求訴訟をたたかっています。この度、国際シンポジウムを開催し、世界の先住民と連携して「ラポロ宣言」をとりまとめることができました。

北大開示文書研究会　共同代表 清水裕二／殿平善彦

Yuji SHIMIZU & Yoshihiko TONOHIRA, Co-Chairpersons, Hokkaido University Disclosure Documents Study Group

浦河町出身のアイヌ小川隆吉氏が、2008年に北海道大学から開示を受けた多数の文書を精査して、「研究」名目でおこなわれたアイヌ墓地「発掘」の真実を明らかにすることを目的に、発足した会です。アイヌの先住権の回復を目指し、先住権としてのサケ捕獲権等、アイヌ集団（コタン）の権限の獲得のための活動や訴訟への支援を行っています。

［連絡先］住所：〒077-0032　留萌市宮園町3-39-8
事務局長　三浦忠雄
Tel & Fax：0164-43-0128
E-mail：ororon38@hotmail.com

北海道大学
先住民・文化的多様性研究グローバルステーション(GSI)

代表 加藤博文

Hirofumi KATO, Director, Hokkaido University Global Station for Indigenous Studies and Cultural Diversity (GSI)

［WEBサイト］https://gi-core.oia.hokudai.ac.jp/gsi/

ラポロアイヌネイションとサケ漁業権訴訟に関するウエブサイト
Web site to know Raporo Ainu Nation and the Salmon fishing right lawsuit

- ラポロアイヌネイション
  Raporo Ainu Nation:
  http://raporo-ainu-nation.com/

- 北大開示文書研究会
  Hokkaido University Disclosure Documents Study Group:
  http://www.kaijiken.sakura.ne.jp/

- 国際シンポジウム：先住権としての川でサケを獲る権利 2023 ラポロ宣言
  International Symposium:The Right to Catch Salmon in Rivers as Indigenous Rights 2023 Raporo Declaration
  http://raporo-ainu-nation.com/?page_id=436/

〈参考文献〉

『アイヌ民族の歴史』　榎森進　草風館（2007）

『いま学ぶ　アイヌ民族の歴史』加藤博文他編　山川出版（2018）

『イチからわかるアイヌ先住権』ラポロアイヌネイション他　かりん舎（2023）

『アイヌの権利とは何か』テッサ・モーリス＝スズキ他　かもがわ出版（2020）

『アイヌの法的地位と国の不正義』市川守弘　寿郎社（2019）

『サーモンピープル　アイヌのサケ捕獲権回復をめざして』
　ラポロアイヌネイション他　かりん舎（2021）

日本で初めての本格的先住権訴訟をたたかい、世界の先住民と連携して歩みだしたラポロアイヌネイションにどうかご支援をお寄せください。

＊ご寄付は、ゆうちょ銀行振替口座〈02750−3−71188〉
「ラポロアイヌネイション」まで

本書の普及にご協力ください。

＊本のご注文は、ゆうちょ銀行振替口座〈02790−1−101119〉
「北大開示文書研究会」宛に住所・氏名・電話番号と希望冊数を明記の上、お申込みください。
料金：〈1 冊〉**1,800 円**（税込 **1,980 円**）送料〈1 冊〉**180 円**

▶ 10 冊以上ご注文の場合は 2 割引で、送料は無料（発行者の負担）となります。

【写真提供／協力】
藤野知明 Tomoaki FUJINO／淺野由美子 Yumiko ASANO／
三浦忠雄 Tadao MIURA／大竹英洋 Hidehiro OTAKE（p.248）

patagonia ＊本書はパタゴニアの環境助成金プログラムと市民の皆様からの寄付金により発行されました。

つながろう、たたかう世界の先住民！

国際シンポジウム2023報告集

「先住権としての川でサケを獲る権利」—海と森と川に生きる先住民の集い

Sharing Story: Indigenous Struggles in the World

Report of the International Symposium 2023

"The Right to Catch Salmon in Rivers as Indigenous Right"

— A Gathering of Indigenous People who Live from the Sea (*i*), the Forest (*o*), and the Rivers (*ru*) —

2024年1月27日　発行

発行　**ラポロアイヌネイション**／Raporo Ainu Nation
北海道大学 先住民・文化的多様性研究グローバルステーション（GSI）
／Hokkaido University Global Station for Indigenous Studies and Cultural Diversity（GSI）
北大開示文書研究会
／Hokkaido University Disclosure Documents Study Group

編者　**国際シンポジウム報告集 編集委員会**
ジェフ・ゲーマン（英語監修）Jeffry Gayman
市川守弘　Morihiro ICHIKAWA
滝本裕美　Yumi TAKIMOTO
市川利美　Toshimi ICHIKAWA

発売　**有限会社かりん舎**
札幌市豊平区平岸3条9丁目2-5-801
http://kwarin.jp/

制作　**有限会社かりん舎**

印刷　**（株）アイワード**

ISBN 978-4-902591-53-8 C0036